# PLUS DE GRAS
## moins de sucre !

Publication originale en 2016 sous le titre *The keto diet cookbook : 150 grain-free, sugar-free, and starch-free recipes for your low-carb, paleo, or ketogenic lifestyle* par Quarto Publishing Group USA Inc.
Texte © 2016 Martina Slajerova
Photographie © 2016 Quarto Publishing Group USA Inc.
Première publication aux États-Unis en 2016 par Fair Winds Press, une société de Quarto Publishing Group USA Inc.

Copyright © Marabout (Hachette Livre), 2016, pour la traduction française

Traduit de l'anglais (États-Unis) par Tina Calogirou

### Limitation de responsabilité

Les ressources énumérées dans ce livre n'ont pas vocation à être systématiques ni exhaustives. Le fait qu'elles soient citées n'équivaut aucunement à une approbation ni à une recommandation. Nous ne garantissons pas, ni implicitement, ni explicitement, la valeur ou l'utilité, à quelque fin que ce soit, des informations et ressources présentées ici. Il est conseillé de consulter votre médecin avant d'entamer ce régime, surtout si vous êtes enceinte, si vous allaitez ou si vous souffrez de pathologies comme le diabète, un dysfonctionnement de la thyroïde, etc., car votre médecin pourra être amené à adapter votre traitement en conséquence. De plus, ce livre n'est pas destiné à soigner ou à prévenir des maladies, pas plus qu'il ne saurait venir se substituer à un traitement médical ou servir d'alternative à un suivi médical. Les recommandations formulées dans ce livre ne doivent pas être suivies sans une étude complète des références scientifiques fournies et sans avoir consulté un médecin.

Martina Slajerova

# PLUS DE GRAS
## moins de sucre !

MARABOUT

*Je dédie ce livre à Nikos, mon fiancé et mon meilleur ami.
Sans ta patience et ton soutien indéfectible,
jamais je n'aurais pu accomplir mon rêve
et exercer un métier que j'adore.*

*Introduction*
6

*Régime cétogène :
qu'est-ce que c'est ?*
8

*Basiques faits maison*
18

*En-cas salés*
44

*Déjeuners santé*
58

*Soupes et salades
consistantes*
82

*Plats principaux*
100

*Accompagnements*
178

*Desserts et boissons*
192

Table des recettes
236

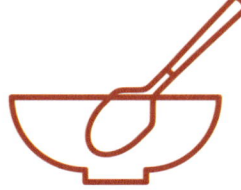

# *Introduction*

**Depuis toujours, la cuisine, la santé et l'alimentation me passionnent. D'ailleurs, je collectionne recettes et articles sur ces thèmes depuis mon adolescence.**

Plus jeune, comme beaucoup de filles de mon âge, je suivais ce qui me semblait être un régime équilibré, pour maîtriser mon poids et rester en bonne santé. Attentive à mes apports caloriques, je privilégiais les aliments peu gras et à base de céréales complètes. En revanche, j'évitais les produits riches en graisses saturées et en cholestérol, et je faisais du sport jusqu'à six fois par semaine, pour ne pas prendre de poids. Comme bien des gens, j'étais convaincue que manger moins et faire plus d'exercice était la meilleure solution pour rester mince et en bonne santé.

En 2011, j'ai commencé à ressentir une extrême fatigue et, souvent, je ne me sentais pas bien. Alors que je surveillais mon alimentation et faisais du sport régulièrement, je me suis mise à prendre du poids. Après une série d'analyses médicales, le diagnostic est tombé : j'étais atteinte de thyroïdite d'Hashimoto. Je me sentais vraiment mal, sans comprendre l'origine du problème : mon alimentation se composait de produits sains et je faisais du sport presque tous les jours. Cela ne m'a pas empêchée de tomber malade. Je savais que la thyroïdite d'Hashimoto, comme d'autres maladies auto-immunes, peut être déclenchée par le mode de vie et l'alimentation, mais cela ne constituait pas une explication pour moi, estimant avoir fait le nécessaire pour préserver ma santé. Cela m'a décidée à rechercher les mesures à prendre pour améliorer ma santé, activement, au lieu de me reposer sur des médicaments. Le jour même où le diagnostic est tombé, j'ai entamé des recherches sur les différentes alimentations et philosophies alimentaires, pour trouver la solution la mieux adaptée à mon cas. Après une phase de tâtonnement, j'ai découvert l'alimentation pauvre en glucides, ou low-carb. Tout d'abord, cela m'a laissée sceptique, ayant entendu dire qu'il s'agissait d'une mode, néfaste pour la santé. Après plusieurs mois passés à lire ouvrages et articles médicaux sur le sujet, j'ai compris qu'il n'en était rien. L'alimentation pauvre en glucides n'est pas un simple régime, c'est un véritable mode de vie, aux multiples bienfaits pour la santé. Désormais, je ne compte plus les calories, toute mon énergie est revenue et je fais du sport, mais pas plus de trois fois par semaine. Jamais je ne me suis sentie aussi bien.

Suivre un régime pauvre en glucides, paléo/ancestral, m'a aidée à trouver un poids de forme tout en mangeant des aliments authentiques. Cette philosophie inspire tous les plats que je crée. Toutes mes recettes sont sans céréales, sans sucre et sans gluten. Pour nombre d'entre elles, vous trouverez aussi une alternative sans laitages. Je privilégie toujours le bœuf et le beurre provenant d'animaux nourris à l'herbe, les laitages crus sans hormones et les matières grasses saines, comme l'huile de noix de coco.

Dans ce livre, vous allez découvrir les principes et les bienfaits du régime cétogène, ainsi que plus de 150 délicieuses recettes pauvres en glucides, du petit déjeuner au dessert – ainsi que quelques produits de base low-carb, faciles à préparer soi-même.

En deux mots, l'alimentation pauvre en glucides a changé ma vie. J'espère que ce livre en fera de même pour vous !

*Martina Slajerova*

# Régime cétogène : qu'est-ce que c'est ?

Depuis des décennies, on nous assène de mauvais conseils : mangez moins, ayez une alimentation pauvre en matières grasses, faites plus d'exercice. Aujourd'hui, les glucides représentent le groupe d'aliments occupant la part la plus importante dans notre alimentation, ce qui a des conséquences de taille sur notre équilibre hormonal. Ainsi, l'insuline, qui assure aussi le stockage des graisses dans l'organisme, pâtit considérablement d'une consommation excessive de glucides – ce qui signifie que les glucides sont, indubitablement, les éléments de notre alimentation qui font le plus grossir.

Pourtant, les conseils alimentaires standard prônent souvent une alimentation riche en glucides, modérée en protéines et pauvre en matières grasses (45 % à 65 % des calories provenant des glucides, 10 % à 35 % des protéines et 20 % à 35 % des matières grasses). Le régime cétogène, pour sa part, est riche en matières grasses, modéré en protéines et pauvre en glucides. La répartition des macronutriments, en termes de calories, est généralement de l'ordre suivant :

*60 % à 75 % (voire davantage) des calories proviennent des matières grasses*
*15 % à 30 % des calories proviennent des protéines*
*5 % à 10 % des calories proviennent des glucides*

Avec ces apports en macronutriments, le régime cétogène permet de perdre du poids. Il a de surcroît un effet bénéfique sur la santé en induisant un état du métabolisme appelé « cétose », qu'on atteint généralement en consommant environ 50 g de glucides au total par jour (soit 20 à 30 g de glucides nets). La cétose incite le foie à synthétiser des corps cétoniques – des molécules que le corps produit pour avoir de l'énergie durant les périodes de jeûne ou de restriction en glucides –, ce qui éloigne le métabolisme du glucose (la source d'énergie primaire que nous tirons des glucides) pour l'inciter à brûler des graisses.

Le régime cétogène présente notamment l'avantage d'améliorer la faculté de l'organisme à former du tissu musculaire et à le préserver. Cependant, ce régime n'est pas seulement efficace pour perdre du poids, son effet bénéfique a aussi été démontré sur diverses pathologies, comme le diabète, la maladie d'Alzheimer, la maladie de Parkinson, l'épilepsie et même le cancer.

Une comparaison de plusieurs études scientifiques a montré que les régimes pauvres en glucides sont plus efficaces que les régimes hypocaloriques pour aboutir à une perte de poids dans la durée et à des effets durables sur la santé. Restreindre la quantité de glucides permet de réduire l'appétit, ce qui explique pourquoi tant de gens parviennent à perdre du poids efficacement avec ce type de régime. Là aussi, l'insuline joue un rôle essentiel. Libérée dans l'organisme lorsqu'on consomme des glucides, elle a une incidence sur l'appétit : quand on mange moins de glucides, on a moins de fringales.

## AVONS-NOUS VRAIMENT BESOIN DE GLUCIDES ?

Selon une idée reçue, nos organismes – et surtout nos cerveaux – auraient besoin de glucose. Or, à l'exception de quelques fonctions basiques du métabolisme qui sont tributaires du glucose, nos organismes peuvent utiliser comme source d'énergie soit du glucose, soit des cétones : en réalité, le glucose est même beaucoup moins efficace que les corps cétoniques. Dès lors que l'on consomme suffisamment de protéines, l'organisme peut produire du glucose à la demande pour assurer ses fonctions métaboliques de base, par l'intermédiaire de la gluconéogenèse – un processus qui permet de transformer en glucose des sources autres que des glucides, comme les acides aminés (protéines) et les acides gras (graisses).

# Le régime cétogène

Le principe est très simple : c'est un régime pauvre en glucides, dans lequel on mange de *vrais* aliments.

L'engouement croissant pour les régimes pauvres en glucides a incité l'industrie agroalimentaire à lancer quantité de plats cuisinés low-carb. Si ces préparations sont effectivement pauvres en glucides, elles recèlent aussi souvent quantité d'ingrédients mauvais pour la santé, comme des édulcorants de synthèse, des conservateurs et autres additifs. Vous ne trouverez rien de tel dans mes recettes – elles ne contiennent pas non plus de céréales, de sucre, de pommes de terre, de légumineuses, ni d'huiles nocives (en revanche, je propose des options sans laitages pour certaines recettes).

Pour que le régime cétogène donne les meilleurs résultats, il est conseillé de surveiller de près ce que vous consommez, car il est très facile de dépasser la quantité de glucides préconisée. Mes recettes fournissent des informations nutritionnelles précises, qui permettent de savoir ce que vous mangez, notamment concernant les glucides. L'idéal est de planifier les repas quotidiens à l'avance, pour connaître exactement les quantités de glucides consommées. Souvenez-vous : certes, vous ne pourrez pas manger de gâteaux, ni chips ni pâtes, et *surtout* pas au début de ce régime, certes, ce sera difficile durant les premières semaines, mais les résultats seront au rendez-vous !

## LES PRINCIPES FONDAMENTAUX

Lorsque vous connaîtrez mieux les aliments adaptés au régime cétogène et que vous aurez pris l'habitude d'une alimentation cétogène/pauvre en glucides, vous saurez mieux ce qu'il est possible de manger et en quelles quantités.

### Glucides (5 % à 10 % de vos besoins quotidiens en énergie)

La tolérance aux glucides est très variable d'une personne à l'autre. Votre mission : trouver la consommation de glucides « idéale » pour vous. En entamant le régime cétogène, débutez avec un niveau faible de glucides nets, pour être rapidement en cétose – l'état dans lequel l'organisme produit des corps cétoniques. L'objectif pourrait être de consommer environ 20 g de glucides nets par jour. On trouve en pharmacie des lecteurs de glycémie qui mesurent aussi les cétones dans le sang, ainsi que des bandelettes réactives pour mesurer les cétones dans l'urine, qui sont toutefois moins efficaces. Effectuez une mesure au bout de deux ou trois jours de ce nouveau mode de vie. Puis ajoutez progressivement des glucides nets (environ 5 g par semaine) à votre alimentation, jusqu'à ce que vous commenciez à détecter un niveau très faible de cétones. C'est généralement la solution la plus rapide et la plus fiable pour déterminer votre limite de glucides nets.

### Glucides totaux ou glucides nets ?

Pour avoir une alimentation à teneur réduite en glucides et cétogène, il faudra limiter soit votre consommation de glucides totaux, soit votre consommation de glucides nets. Les glucides nets sont les glucides sans fibres. La plupart des gens qui mangent cétogène restent sous la barrière des 20 à 30 g de glucides nets ou 50 g de glucides totaux, comme le conseillent Jeff Volek et Stephen Phinney, auteurs de *The Art and Science of Low Carbohydrate Living*. À vous de trouver la formule qui vous convient.

Bien qu'on entende dire parfois que les fibres accroissent le taux de sucre dans le sang, des études récentes ont montré que les fibres pourraient avoir l'effet inverse et réduire la glycémie.

**Les symptômes désagréables et l'importance des électrolytes**
Quel que soit votre âge, votre organisme est probablement habitué au sucre et au glucose. Exclure ces aliments de votre quotidien pourra provoquer maux de tête, faiblesse ou fatigue extrême au début de votre nouveau mode de vie cétogène. Ces symptômes devraient se dissiper au bout de quelques jours ou de quelques semaines. Augmenter vos apports en électrolytes (sodium, magnésium et potassium) permettra de réduire ces effets secondaires désagréables. Consommez par exemple mon bouillon d'os maison (p. 30) et mangez des aliments riches en électrolytes : avocats, fruits à coque, poissons gras, légumes à feuilles sombres, épinards et champignons.

## Protéines (15 % à 30 % de vos besoins quotidiens en énergie)

Vos besoins en protéines alimentaires sont fonction de votre poids et de votre niveau d'activité. Ainsi, les personnes très actives ont des besoins plus élevés que celles aux modes de vie sédentaires. Une estimation plus précise, notamment pour les individus avec un important indice de masse graisseuse, peut être obtenue en calculant la consommation de protéines en fonction de la masse maigre, à savoir le poids total du corps moins la masse graisseuse.

Il est important de consommer assez de protéines pour construire la masse musculaire et la préserver. Cependant, un apport excessif en protéines peut vous faire quitter l'état de cétose, car l'organisme convertira l'excès de protéines en glycogène.

**Combien de grammes de protéines par jour ?**
Pour obtenir la quantité minimale de protéines à consommer par jour en grammes, multipliez votre poids en kilos par 1,3. La quantité maximale s'obtient en multipliant le poids par 2,2. Cette règle s'applique à la majorité des individus. À savoir toutefois : les sportifs ont des besoins en protéines plus élevés.

Veillez à ne pas passer en dessous de la quantité minimale de protéines, pour éviter toute perte de tissu musculaire pendant votre régime. En général, plus votre activité physique est importante, plus il est conseillé de tendre vers la limite supérieure.

## Matières grasses (60 % à 75 % de vos besoins quotidiens en énergie)

Votre consommation quotidienne de matières grasses devrait couvrir le reste de vos besoins en énergie. La quantité idéale de graisses varie d'un individu à l'autre. En général, il sera inutile de compter avec précision les calories ou la quantité de matières grasses en suivant un régime cétogène, car le risque d'en consommer trop est réduit : en mangeant des aliments naturellement pauvres en glucides, modérés en protéines et riches en graisses, vous serez rassasié plus longtemps. Des études ont montré que les protéines et les matières grasses sont les aliments qui apportent le plus de satiété, contrairement aux glucides. De plus, les lipides assurent un approvisionnement régulier en énergie, sans pics d'insuline. C'est pourquoi vous n'aurez ni fringales, ni baisses d'énergie, ni sautes d'humeur, comme ce serait le cas avec un régime pauvre en matières grasses et hypocalorique.

## HUILES ET GRAISSES BONNES POUR LA SANTÉ

Il est essentiel de distinguer les bonnes matières grasses des moins bonnes. Toutes ne se valent pas : le type de graisse et la qualité sont importants. Suivez les règles suivantes :

- Utilisez des huiles et des graisses riches en graisses saturées pour cuisiner (saindoux pur provenant de porcs élevés en liberté, ghee, beurre et suif de bovins nourris à l'herbe, huile de noix de coco, beurre de cacao et huile de palme rouge). Choisissez de l'huile de noix de coco vierge extra, riche en triglycérides à chaîne moyenne (TCM) ou de l'huile TCM pure, qui permet de brûler les graisses très efficacement.
- Privilégiez des huiles et des graisses riches en graisses mono-insaturées pour une cuisson légère ou pour l'assaisonnement des salades (huile d'olive vierge extra, huile d'avocat et huile de noix de macadamia).
- Servez-vous d'huiles et de graisses riches en graisses polyinsaturées que dans les salades et autres préparations froides : huiles de fruits à coque et de graines – noix, amande, noisette, lin ou de citrouille. Augmentez votre consommation en acides gras oméga-3, notamment d'origine animale, et évitez d'utiliser trop d'huiles riches en acides gras oméga-6 (huile de sésame, etc.).
- N'utilisez jamais de graisses nocives : margarine et huiles de tournesol, colza/canola, carthame, soja, de graines de coton ou de pépins de raisin. Ces huiles sont soit raffinées et génétiquement modifiées, soit dotées d'un très mauvais ratio oméga-6/oméga-3.

### Les calories, c'est important ?

Eh bien, oui. On entend souvent dire qu'il serait possible de consommer autant de calories qu'on veut en perdant du poids. En réalité, on peut même prendre du poids en ayant une alimentation pauvre en glucides. Même si cela reste rare, il est utile de comprendre quelques principes de base pour éviter des erreurs courantes.

L'alimentation cétogène pauvre en glucides rassasie naturellement et elle réduit l'appétit. Vous allez donc manger moins et n'aurez pas besoin de compter les calories. Cependant, si votre poids stagne pendant plus de deux à trois semaines, il sera peut-être utile de garder l'œil sur vos apports en énergie.

Cela dit, on peut atteindre un plateau dans sa perte de poids pour diverses raisons, pas nécessairement liées à une alimentation trop copieuse : en réalité, vous pourriez même découvrir que vous ne mangez pas assez. Éviter les édulcorants et le grignotage entre les repas peut aider à dépasser une phase de stagnation. De plus, mon expérience m'incite à dire que perdre de la graisse corporelle devient de plus en plus difficile à mesure qu'on approche du poids souhaité.

## LE RÉGIME CÉTOGÈNE EN BREF

Voici quelques conseils pratiques à garder en mémoire en appliquant votre nouveau mode de vie cétogène :

- Tenez-vous au ratio du régime cétogène : 60 % à 75 % des calories provenant des matières grasses, 15 % à 30 % des calories des protéines et 5 % à 10 % des calories provenant des glucides nets.
- Réduisez votre consommation quotidienne de glucides nets (glucides totaux sans fibres) à moins de 50 g, de préférence à environ 20 à 30 g.
- Ayez une consommation modérée de protéines (1,3 à 2,2 g par kilo de masse corporelle maigre).

- Consommez davantage de graisses bonnes pour la santé (saturées, oméga-3 et mono-insaturées).
- Mangez uniquement lorsque vous avez faim, même si vous ne prenez qu'un seul repas par jour. Inutile de restreindre délibérément les quantités de nourriture. En revanche, cessez de manger dès que vous êtes repu.
- Ne comptez pas les calories. Votre alimentation vous rassasiera naturellement.
- Buvez plus d'eau.
- Attention aux glucides cachés et aux ingrédients mauvais pour la santé. Lisez systématiquement les étiquettes de ce que vous mangez.
- Évitez de consommer quoi que ce soit comportant la mention « pauvre en graisses » ou « non gras ». Concentrez-vous sur les aliments authentiques, comme la viande, les œufs, les légumes sans amidon et les laitages entiers.
- Accroissez votre consommation d'électrolytes (sodium, magnésium et potassium). Intégrez à votre alimentation avocats, fruits à coque et légumes verts à feuilles. Si nécessaire, prenez des compléments alimentaires.
- Organisez-vous : prévoyez vos repas à l'avance, pour éviter les « accidents ». Restez motivé et concentrez-vous sur votre objectif !

## RÉGIME CÉTOGÈNE : QUELS ALIMENTS ?

Les indications suivantes vous serviront de lignes directrices pour avoir une alimentation cétogène et saine.

### Mangez à volonté

**Produits d'origine animale issus de bêtes nourries à l'herbe ou sauvages**
- viande d'animaux nourris à l'herbe (bœuf, agneau, chèvre et gibier) : évitez les saucisses, la viande panée, les hot-dogs et les viandes accompagnées de sauces sucrées ou contenant de l'amidon
- poissons et fruits de mer sauvages
- porcs et volailles élevés en plein air
- œufs de poules élevées en liberté
- gélatine
- ghee et beurre
- abats d'animaux nourris à l'herbe (foie, cœur, rognon et autres viandes provenant d'organes)

**Graisses bénéfiques**
- graisses saturées (saindoux pur provenant de porcs élevés en plein air, suif de bœufs nourris à l'herbe, graisse de poule, graisse de canard, graisse d'oie, beurre clarifié/ghee, beurre et huile de noix de coco)
- graisses mono-insaturées (huile d'avocat, de noix de macadamia et d'olive)
- oméga-3 polyinsaturés, d'origine animale notamment (poissons gras et fruits de mer)

**Légumes sans amidon**
- légumes verts à feuilles (blette, bok choy, épinard, salade verte, ciboulette, endive, radicchio, etc.)
- certains légumes crucifères (kale, chou-rave et radis)
- branches de céleri, asperge, concombre, pâtisson, courgette, courge spaghetti et pousses de bambou

**Fruits, fruits à coque et graines**
- avocat
- noix de coco
- noix de macadamia

**Boissons et condiments**
- eau, café (noir ou agrémenté de crème ou de lait de coco), thé (thé noir et infusions)
- couenne de porc séchée et moulue[1], à utiliser en chapelure
- mayonnaise, moutarde, pesto, bouillon d'os, cornichons et aliments fermentés (kimchi, kombucha et choucroute) – de préférence faits maison, sans additifs
- toutes les épices et herbes aromatiques, ainsi que le jus et le zeste de citron jaune ou vert

- protéines de lactosérum (attention aux additifs, édulcorants de synthèse, hormones et lécithine de soja), protéines de blanc d'œuf et gélatine (provenant d'animaux nourris à l'herbe et sans hormones)

## Mangez occasionnellement

**Légumes, champignons et fruits**
- certains légumes crucifères (choux blanc, rouge et vert, chou-fleur, brocoli, chou de Bruxelles, fenouil, navet et rutabaga)
- solanacées (aubergine, tomate et poivron)
- certains légumes racines (persil tubéreux), oignon nouveau, poireau, ail, champignons et potiron
- légumes de la mer (nori et kombu), okra, germes de soja, mange-tout, haricot beurre, artichaut, châtaigne d'eau
- fruits rouges (mûre, myrtille, fraise, framboise, cranberry, mulberry ou mûre blanche, etc.), rhubarbe et olives

**Produits d'origine animale et laitages provenant de bêtes nourries aux céréales**
- bœuf, volaille, œufs et ghee
- produits laitiers (yaourt nature entier, cottage cheese, crème, crème aigre[2] et fromage) : évitez les produits comportant la mention « allégé », souvent riches en sucre et en amidon et qui rassasient peu
- lard : attention aux conservateurs et aux amidons ajoutés

**Fruits à coque et graines**
- noix de pécan, amandes, noix, noisettes, pignons de pin, graines de lin, de potiron, de sésame, de tournesol et de chanvre
- noix du Brésil (attention toutefois à ne pas trop en consommer, car elles sont riches en sélénium)

**Produits fermentés à base de soja**
- produits fermentés à base de soja sans OGM uniquement (natto, tempeh, sauce soja ou sauce Coconut Aminos compatible avec le régime paléo)
- edamame (graines de soja vertes) et graines de soja noires – nature

**Condiments**
- édulcorants « zéro glucides » bons pour la santé (stévia, érythritol, etc.)
- épaississants : poudre d'arrow-root, gomme xanthane (*stricto sensu*, la gomme xanthane n'est pas paléo-compatible, mais certaines personnes suivant une alimentation paléo en consomment, dans la mesure où la plupart des recettes n'en contiennent qu'une toute petite quantité)
- produits à base de tomates sans sucre (purée de tomates, sauce pour pâtes et ketchup)
- poudre de cacao et poudre de caroube, chocolat extra-noir (plus de 70 % de cacao, l'idéal étant le chocolat noir à 90 %)
- attention aux chewing-gums et aux pastilles mentholées « sans sucre », qui contiennent des glucides

**Certains légumes, fruits, fruits à coque et graines contenant des glucides**
- légumes racines (céleri, carotte, betterave, panais et patate douce)
- abricot, pastèque, melon charentais/galia/miel, pitaya, pêche, nectarine, pomme, pamplemousse, kiwi, kiwaï, orange, prune, cerise, poire et figue fraîche
- fruits secs (dattes, fruits rouges, raisins secs, figues, etc.) uniquement en toutes petites quantités (voire pas du tout)
- pistache, noix de cajou et châtaigne

---

1. En France, la couenne de porc séchée se trouve principalement dans les épiceries asiatiques (sinon sur Internet, en provenance des États-Unis).
2. Appelée *« sour cream »* aux États-Unis ou « crème sure » au Canada, la crème aigre s'obtient en ajoutant quelques gouttes de jus de citron à de la crème fraîche épaisse.

**Alcool**
- vin rouge sec, vin blanc sec et spiritueux (sans sucre) : à éviter si vous souhaitez perdre du poids, à consommer uniquement durant la phase de maintien du poids

## Évitez totalement

**Aliments riches en glucides, viandes industrielles et aliments industriels**
- toutes les céréales, sous toutes les formes, y compris la farine complète (blé et boulgour, seigle, avoine, maïs, orge, millet, sorgho, riz, amarante, sarrasin et céréales germées), quinoa et pommes de terre ; tous les produits à base de céréales (pâtes, pain, pizza, biscuits, crackers, etc.)
- sucre et produits sucrés (sucre de table, sirop de maïs riche en fructose, sirop d'agave, crèmes glacées, gâteaux, crèmes dessert et sodas contenant du sucre)
- porcs et poissons issus d'élevages industriels, riches en acides gras oméga-6 provoquant des réactions inflammatoires ; de plus, les poissons provenant d'élevages industriels peuvent contenir des biphényles polychlorés (BPC)
- poissons riches en mercure (espadon, thazard, requin, etc.)
- aliments industriels contenant du carraghénane (comme les produits à base de lait d'amande), du glutamate de sodium (comme certains produits aux protéines de lactosérum), des sulfites (comme les fruits secs et la gélatine) et des BPC (notamment dans certains poissons d'élevage). Ces substances ne sont pas toujours mentionnées sur l'étiquetage !
- édulcorants de synthèse (Splenda, Equal, édulcorants contenant de l'aspartame, de l'acésulfame, du sucralose, de la saccharine, etc.)
- graisses et huiles raffinées (par exemple huile de tournesol, de carthame, de graines de coton, de canola, de soja, de pépins de raisin et de maïs) et les graisses trans comme la margarine
- produits « allégés en graisses », « allégés en sucre » et « zéro glucides » (les produits Atkins, les sodas et autres boissons light, les chewing-gums et les pastilles mentholées peuvent être riches en glucides ou contenir des additifs artificiels, du gluten, etc.)
- lait (seul est autorisé le lait cru entier, en petites quantités). Le lait est déconseillé pour plusieurs raisons. De tous les laitages, c'est le plus difficile à digérer, les « bonnes » bactéries ayant été éliminées à la pasteurisation. Il peut même contenir des hormones. De plus, il est assez riche en glucides (4 à 5 g de glucides pour 100 ml). Dans le thé et le café, remplacez le lait par la crème, en quantités raisonnables. Vous pouvez consommer du lait cru en petites quantités, mais attention aux glucides supplémentaires
- boissons alcoolisées et sucrées (bières, vins doux, cocktails, etc.), à l'exception des spiritueux et des vins secs en petites quantités
- fruits exotiques (ananas, mangue, banane, papaye, etc.) ainsi que certains fruits riches en glucides (mandarine, raisin, etc.). Évitez les jus de fruits (oui, même les jus frais 100 % fruit !). Préférez les smoothies, qui contiennent des fibres. Cependant, eux aussi sont à consommer en quantités limitées. Cela vaut également pour les fruits secs (dattes, raisins secs, etc.), à ne pas manger en quantités importantes
- produits à base de soja, à l'exception de quelques produits fermentés sans OGM, connus pour leurs bienfaits pour la santé
- gluten de blé, présent dans certains aliments pauvres en glucides
- produits pouvant contenir des substances toxiques, comme les cannettes ou les

boîtes de conserve. Si possible, achetez des produits dans des emballages en verre, ou préparez vous-même certains produits, comme le ghee, le ketchup, le lait de coco et la mayonnaise.

## Édulcorants adaptés, pauvres en glucides

Il est parfois difficile de s'y retrouver et de savoir quels édulcorants sont adaptés au régime cétogène ou à un autre régime pauvre en glucides. Tout d'abord, il est essentiel de renoncer à toute consommation de sucre pour adopter un régime cétogène. Ensuite, tous les édulcorants ne conviennent pas à une alimentation pauvre en glucides, et tous les édulcorants pauvres en glucides ne sont pas bons pour la santé.

Alors, quels sont ceux que vous pouvez consommer ? Miel non pasteurisé, mélasse verte, sirop de datte, sirop de malt de riz, sirop d'érable ou sucre de fleur de coco : tous ces produits sont souvent conseillés pour le régime paléo. Cependant, si votre objectif est de perdre du poids, n'en consommez pas. Un sucre reste un sucre. Même sain, il nuit à la perte de poids et risque de vous faire quitter l'état de cétose. Voici une liste des édulcorants les plus adaptés au régime cétogène :

### Stévia

La stévia est l'un des meilleurs édulcorants pauvres en glucides, et c'est aussi celui que je préfère. Produit à partir d'une plante, la stévia, cet extrait ne contient pas de calories et il est sans effet sur la glycémie. Pour les recettes de ce livre, j'utilise de la stévia en gouttes, mais vous pouvez opter pour la version en poudre si vous préférez. Le goût sucré des aliments contenant de la stévia peut être plus ou moins prononcé. Par conséquent, adaptez le dosage à vos préférences personnelles, en sachant que la stévia sous forme liquide est 200 à 300 fois plus sucrée que le sucre. N'oubliez pas qu'en quantités excessives, la stévia donne un goût amer. Par conséquent, associez-la à de l'érythritol pour éviter tout arrière-goût déplaisant (bien évidemment, renoncez aux édulcorants contenant du sucre, du dextrose et de la maltodextrine, qui font augmenter la glycémie).

### Érythritol

Naturellement présent dans les fruits, les légumes et les aliments fermentés, l'érythritol est un sucre alcoolisé sans effet sur la glycémie. Il est aussi très peu calorique. Cet édulcorant, qui compte parmi mes favoris, est beaucoup utilisé dans la cuisine pauvre en glucides ; je l'associe volontiers à la stévia liquide. Pour certaines recettes de ce livre, il vous faudra réduire l'érythritol en poudre avant de le mélanger à d'autres ingrédients : en effet, il reste granuleux tant qu'il n'a pas été chauffé.

### Luo han

Également appelé lo han, cet édulcorant est aussi sucré que la stévia, sans avoir l'arrière-goût amer de la plupart des produits contenant de la stévia. Les édulcorants à base d'extrait de luo han contiennent parfois d'autres ingrédients : renoncez aux produits avec du sucre ajouté, des édulcorants de synthèse, du dextrose ou de la maltodextrine.

### Xylitol

Le xylitol est un sucre alcoolisé naturellement présent dans les fibres de certains fruits et légumes. Ce substitut du sucre en a la saveur, avec moins de calories. Présentant un indice glycémique de 13, il contient 3 calories par gramme. Consommé avec modération, il n'a pas d'impact important sur la glycémie. Le xylitol peut toutefois provoquer des troubles digestifs, surtout si vous en consommez plus de 50 g.

### Édulcorants à base d'inuline

De tous ces édulcorants, celui produit à partir de la racine de chicorée est sans doute le plus apprécié. On lui prête des effets prébiotiques bénéfiques pour la santé. Certains prébiotiques de type inuline sont des fructo-oligosaccharides (FOS), une catégorie de glucides que l'organisme ne parvient pas à digérer entièrement. La consommation de FOS n'entraîne pas d'augmentation de la glycémie.

### Sirop de yacon

Avec son goût légèrement caramélisé, le sirop de yacon rappelle la mélasse et le sucre de fleur de coco. Il est composé à 50 % de FOS ainsi que d'une fibre, l'inuline, qui ne provoque pas d'augmentation de la glycémie. Le sirop, en revanche, a un léger effet sur le taux de sucre dans le sang – à consommer en très petites quantités.

## Les édulcorants à éviter

Renoncez à tous les édulcorants contenant des glucides : sucre, sirop de maïs riche en fructose et sirop d'agave, souvent présenté comme un produit « sain », alors qu'il contient beaucoup de fructose, mauvais pour la santé. Les édulcorants de synthèse – aspartame, saccharine, sucralose et acésulfame-K – ne sont pas adaptés au régime pauvre en glucides : non seulement ils provoquent des fringales de sucre, mais peuvent aussi provoquer des ballonnements, des migraines et une prise de poids. Certains ont même été liés à différents types de cancer.

## Cuisiner cétogène

Efforcez-vous d'utiliser les aliments sous leur forme la plus naturelle, autrement dit issus de l'agriculture biologique et sans additifs inutiles : œufs bio, citrons bio non traités, bœuf de prairie et beurre de vaches élevées en pâturage, porc élevé en plein air, poisson sauvage et huile de noix de coco vierge extra.

À savoir :
- Toutes les préparations de ce livre sont adaptées aux régimes cétogène, paléo et ancestral. Plusieurs recettes proposent des variantes sans laitages.
- Les valeurs nutritionnelles sont indiquées pour une portion, sauf mention contraire, sur la base d'informations provenant de l'USDA (National Nutrient Database) (http://ndb.nal.usda.gov).
- Les indications nutritionnelles concernent les parties comestibles de l'aliment. Par exemple, la mention « 200 g » pour un avocat concerne la chair, sans le noyau, ni la peau, sauf indication contraire.

### REMARQUE IMPORTANTE SUR LES QUANTITÉS

Si vous suivez un régime cétogène pour des raisons de santé, sachez que la précision est essentielle pour que ce régime porte ses fruits. Servez-vous systématiquement d'une balance de cuisine pour peser les ingrédients. L'utilisation d'unités comme des cuillères à soupe peut entraîner un manque de précision qui aura un impact sur la composition en macronutriments du repas. Or il suffit de quelques grammes de glucides en plus pour que l'organisme quitte l'état de cétose. De plus, le volume des produits secs (psyllium, farine de lin, etc.) pouvant varier d'une marque à l'autre, les cuillères à soupe ne conviennent pas pour mesurer les quantités. L'utilisation d'une quantité approximative d'un ingrédient affectera la qualité de la recette, notamment pour les préparations cuites au four, et le résultat final laissera à désirer.

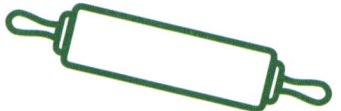

# *Basiques faits maison*

Entamer un régime cétogène contraint souvent à renoncer à ses aliments-réconfort favoris – notamment des produits cuits au four ou à base d'amidon, comme des tortillas et du pain. C'est pourquoi j'ai décidé de créer pour ces spécialités des produits de remplacement sains et pauvres en glucides. Dans ce chapitre, vous apprendrez à préparer des pains, des pancakes et des tortillas exquis et satisfaisants, qui se dégustent seuls ou associés à des préparations salées ou sucrées pour faire un repas. De plus, vous allez découvrir comment confectionner des versions maison de condiments courants – des versions santé des ingrédients incompatibles avec une alimentation pauvre en glucides. En préparant vous-même votre mayonnaise, votre ketchup ou votre moutarde, vous éviterez le sucre et les additifs dont regorgent souvent ces produits (ce qui ne gâche rien, ils sont aussi bien meilleurs que leur équivalent acheté dans le commerce).

# Céto-pain ultime

En toute modestie, mon céto-pain ultime est l'un des meilleurs pains pauvres en glucides qui soient. Riche en graisses mono-insaturées excellentes pour le cœur, ce pain est délicieux avec du beurre provenant de vaches nourries à l'herbe !

12 tranches | 15 min | 1 h 15

## Ingrédients

**Ingrédients secs**
- 150 g de noix de macadamia
- 30 g de farine de noix de coco
- 50 g de protéines de lactosérum en poudre ou de blanc d'œuf en poudre provenant de poules élevées en liberté, nature
- 80 g de téguments de psyllium en poudre
- 1 cuill. à café de bicarbonate de soude
- 2 cuill. à café de crème de tartre
- 1 cuill. à café de sel

**Ingrédients humides**
- 4 gros œufs de poules élevées en liberté, entiers
- 2 gros blancs d'œufs de poules élevées en liberté
- 240 ml d'eau, à température ambiante

## Infos nutritionnelles par portion

- Glucides totaux : 8,2 g
- Fibres : 6,3 g
- Glucides nets : 1,9 g
- Protéines : 7,6 g
- Matières grasses : 11,5 g
- Énergie : 143 kcal
- Répartition des macronutriments : calories provenant des glucides (6 %), des protéines (21 %), des matières grasses (73 %)

Préchauffez le four à 175 °C (thermostat 5-6). Tapissez un grand moule à cake (d'environ 18 × 12 cm) de papier cuisson ou utilisez un moule à cake en silicone. Réduisez les noix de macadamia en poudre à l'aide d'un moulin à noix manuel ou électrique (si vous n'avez pas de noix de macadamia, utilisez une quantité équivalente de farine d'amande et ajoutez 60 ml d'eau supplémentaires aux ingrédients humides).

Dans un saladier, mélangez tous les ingrédients secs, à l'exception de la crème de tartre (n'utilisez pas des téguments de psyllium entiers ; si vous n'en trouvez pas en poudre, réduisez les téguments entiers dans un blender ou un moulin à café jusqu'à obtention d'une poudre fine).

Cassez les œufs et séparez les jaunes des blancs, dans deux saladiers différents. Mélangez les jaunes d'œufs avec l'eau, jusqu'à obtention d'une préparation homogène. Battez les six blancs en neige jusqu'à ce qu'ils forment des pics souples (pas trop fermes). Ajoutez la crème de tartre pendant que vous les battez.

Versez les ingrédients secs dans le mélange à base de jaunes d'œufs, puis ajoutez les blancs et mélangez soigneusement. Remuez sans trop de précaution, mais efforcez-vous malgré tout de ne pas trop faire retomber les blancs en neige. Une fois battus, les blancs d'œufs sont beaucoup plus faciles à incorporer.

Versez la pâte dans le moule tapissé de papier cuisson, puis enfournez pour 60 minutes environ. Pour vérifier si le pain est bien cuit, piquez la pâte avec une longue brochette en bois. Si elle ressort sans miettes et propre, le pain est cuit. Si vous utilisez un moule traditionnel tapissé de papier cuisson, démoulez le pain en tirant sur le papier : cela évitera qu'un excédent d'humidité s'accumule autour du pain. Laissez bien refroidir le pain avant de le trancher. Pour le conserver, entourez-le d'un torchon. Se garde 3 jours. Vous pouvez aussi le conserver au congélateur, dans un récipient hermétique.

# Pain léger aux graines de tournesol, sans céréales

Délicieusement léger et aéré, ce pain aux graines de tournesol est une merveille avec du beurre de fruits à coque, du cream cheese[3], du beurre ou ma confiture de fruits rouges épicée (p. 40).

12 tranches · 15 min · 1 h 15

### Ingrédients

**Ingrédients secs**
40 g de farine de lin
80 g de téguments de psyllium en poudre
1 cuill. à café de bicarbonate de soude
1 cuill. à soupe (7 g) de graines de carvi
1 cuill. à café de sel
2 cuill. à café de crème de tartre
70 g de graines de tournesol

**Ingrédients humides**
4 gros œufs de poules élevées en liberté, entiers
2 gros blancs d'œufs de poules élevées en liberté
2 cuill. à soupe (30 ml) d'huile de sésame grillé
2 cuill. à soupe (30 g) de ghee ou de beurre
120 ml d'eau, à température ambiante

## Conseils

- *Suivez bien toutes les étapes de la recette, en respectant les quantités. La plus infime variation peut changer la texture de la pâte, qui va faire des grumeaux ou devenir trop liquide. Par exemple, si vous versez l'eau dans la préparation après avoir incorporé les jaunes d'œufs, au lieu de l'ajouter dans les jaunes d'œufs, la pâte prendra une texture grumeleuse et caoutchouteuse.*

- *Si le pain devient d'une surprenante couleur verte, pas de panique – cela ne représente aucun danger ! Les graines de tournesol contiennent de l'acide chlorogénique, un anti-oxydant responsable de la couleur verte que prennent les graines lorsqu'elles sont associées à des ingrédients alcalins, comme le bicarbonate de soude.*

Préchauffez le four à 175 °C (thermostat 5-6). Tapissez un grand moule à cake (environ 18 × 12 cm) de papier cuisson ou utilisez un moule à cake en silicone. Commencez par les ingrédients humides : séparez les jaunes des blancs d'œufs et réservez les blancs dans un saladier.

Mélangez les jaunes avec l'huile de sésame grillé et le ghee ou le beurre fondu. Incorporez l'eau et mélangez soigneusement.

Dans un autre saladier, réunissez la farine de lin, les téguments de psyllium en poudre, le bicarbonate de soude, les graines de carvi et le sel (n'utilisez pas de téguments de psyllium entiers ; si vous n'en trouvez pas en poudre, passez-les au blender ou au moulin à café jusqu'à obtention d'une poudre fine).

Battez les blancs en neige jusqu'à ce qu'ils forment des pics souples, en incorporant la crème de tartre : ainsi, la neige restera bien aérienne.

À l'aide d'un mixeur électrique, incorporez la préparation à base de jaunes d'œufs aux ingrédients secs et mélangez soigneusement. Ensuite, ajoutez progressivement les blancs en neige : inutile d'être très précautionneux, évitez simplement de les laisser retomber complètement.

Incorporez les graines de tournesol à la pâte, puis versez celle-ci dans le moule. Enfournez pour 60 minutes environ. Pour vérifier si le pain est bien cuit, piquez la pâte avec une longue brochette en bois. Si elle ressort sans miettes et propre, le pain est cuit. Si vous utilisez un moule traditionnel tapissé de papier cuisson, démoulez la préparation en tirant sur le papier : cela évitera qu'un excédent d'humidité s'accumule autour du pain. Laissez refroidir sur une grille 15 à 20 minutes au moins. Se garde 3 jours à température ambiante, couvert avec un torchon. Vous pouvez aussi placer le pain dans un sachet en plastique à zip pour le conserver au congélateur.

3. Le *cream cheese*, ou fromage à la crème, se trouve principalement sous la marque Philadelphia en France.

### Infos nutritionnelles par portion

Glucides totaux : 8 g
Fibres : 6,4 g
Glucides nets : 1,6 g
Protéines : 4,8 g
Matières grasses : 10,7 g

Énergie : 124 kcal
Répartition des macronutriments : calories provenant des glucides (5 %), des protéines (16 %), des matières grasses (79 %)

# Pain au levain pauvre en glucides

Il m'a fallu des semaines et des semaines pour mettre au point la recette parfaite du pain au levain. Cependant, le jeu en aura valu la chandelle ! Le résultat n'est pas aussi croustillant que du pain au levain classique, mais en le faisant griller avant de le servir, vous obtiendrez un résultat absolument sublime.

12 tranches  15 min  1 h 30 + temps de repos

## Ingrédients

**Ingrédients du levain**
300 g de noix de macadamia
120 ml d'eau
Le nombre de gélules de probiotiques nécessaire pour obtenir 30 à 40 milliards de bactéries (environ 16 gélules)

**Ingrédients secs**
80 g de téguments de psyllium en poudre
75 g de farine d'amande
30 g de farine de noix de coco
1 cuill. à café de bicarbonate de soude
1 cuill. à café de sel
2 cuill. à café de crème de tartre

**Ingrédients humides**
5 gros œufs de poules élevées en liberté, entiers
1 gros blanc d'œuf de poule élevée en liberté
120 ml d'eau

Réunissez les noix de macadamia et l'eau dans le bol d'un blender. Mixez jusqu'à obtention d'une préparation très lisse. Le mélange doit être assez épais, n'ajoutez pas d'eau (si vous n'avez pas de noix de macadamia, utilisez la même quantité d'amandes émondées en poudre).

Transférez la poudre de noix dans un saladier. Ouvrez les gélules de probiotiques, une par une, et versez leur contenu dans le saladier. Mélangez jusqu'à obtention d'une préparation homogène. J'aime bien le pain assez acide, c'est pourquoi j'ai utilisé 16 gélules contenant chacune 2,5 milliards de bactéries. Plus on ajoute de gélules, plus le résultat est acide.

Couvrez le saladier avec une assiette et enfournez-le. Allumez la lumière du four, cela fera monter lentement la température jusqu'à 40 à 45 °C – l'idéal pour faire fermenter les noix de macadamia. Attention : n'allumez pas le four, simplement la lumière. Une température trop élevée tuerait les bactéries et empêcherait la pâte de fermenter. À l'inverse, si la température est trop basse, la pâte va fermenter trop lentement, voire pas du tout. Une autre solution consiste à utiliser un déshydrateur alimentaire ou une yaourtière.

Au bout de 12 à 24 heures (plus la pâte reste dans le four, plus elle devient acide), sortez-la du four. Préchauffez le four à 175 °C (thermostat 5-6). Tapissez un grand moule à cake (environ 18 × 12 cm) de papier cuisson ou utilisez un moule à cake en silicone.

Dans un autre saladier, réunissez les téguments de psyllium en poudre, la farine d'amande, la farine de noix de coco et le bicarbonate de soude, et mélangez soigneusement.

**Infos nutritionnelles par portion**
Glucides totaux : 11,2 g
Fibres : 8,2 g
Glucides nets : 3 g
Protéines : 6,9 g
Matières grasses : 24,6 g
Énergie : 264 kcal
Répartition des macronutriments : calories provenant des glucides (5 %), des protéines (10 %), des matières grasses (85 %)

Séparez les jaunes d'œufs des blancs, en les mettant dans deux saladiers différents (pour cette recette, il vous faut 4 saladiers : un pour les jaunes d'œufs, un pour les blancs, un pour le mélange sec et un pour la préparation aux noix de macadamia). Réservez un jaune d'œuf : vous vous en servirez pour badigeonner le dessus du pain. Mettez de côté un autre jaune d'œuf, que vous pourrez utiliser dans une autre recette. Ajoutez dans le saladier l'eau qui reste ainsi que les 4 jaunes d'œufs restants, et mélangez soigneusement.

Battez les blancs en neige jusqu'à ce qu'ils forment des pics souples, en incorporant progressivement la crème de tartre. Réservez. Versez le mélange à base de jaunes d'œufs dans les ingrédients secs et mélangez soigneusement (l'idéal est d'utiliser un blender).

Ajoutez la pâte aux noix de macadamia et mélangez soigneusement. Incorporez les blancs d'œufs et remuez jusqu'à obtention d'une pâte homogène. Inutile d'être trop précautionneux, efforcez-vous simplement de ne pas faire retomber complètement les blancs d'œufs – faites tourner le blender à vitesse lente.

Versez la pâte dans le moule tapissé de papier cuisson ou dans le moule en silicone. Badigeonnez le dessus avec le jaune d'œuf réservé (si le jaune d'œuf est trop épais ou sec, diluez-le avec une cuillère à café d'eau). Cette préparation donnera au pain une finition croustillante et dorée. Enfournez pour 60 minutes.

Lorsque le pain est cuit, le dessus doit être arrondi et doré (à savoir : si vous utilisez un moule trop grand, vous n'obtiendrez peut-être pas cette forme arrondie). Se conserve 3 jours à température ambiante, couvert d'un torchon. Vous pouvez aussi garder le pain au congélateur, dans un sachet à zip.

### Conseils

*Suivez cette recette à la lettre : un infime écart peut tout faire rater. L'un de mes échecs les plus cuisants s'est produit lorsque j'ai fait fermenter tous les ingrédients ensemble (les noix de macadamia, la farine d'amande, la farine de noix de coco et le psyllium) au lieu d'ajouter les ingrédients secs juste avant de mettre la préparation au four. Le pain était tout sauf appétissant et il avait pris une texture gélatineuse (beurk !). Attention aussi à ne pas trop ajouter d'eau, cela empêche la pâte de lever correctement.*

# Céto-crêpes incontournables

Festives et délicieuses, les crêpes sont si faciles et rapides à préparer... De plus, elles se dégustent salées ou sucrées, selon votre humeur du moment. Vous pouvez aussi les utiliser comme des tortillas ou des wraps.

4 portions   5 min   15 min

## Ingrédients

2 gros œufs de poules élevées en liberté
6 gros blancs d'œufs de poules élevées en liberté
2 cuill. à soupe (24 g) de farine de noix de coco
1 cuill. à soupe (8 g) de téguments de psyllium en poudre ou de graines de chia moulues
90 ml de lait de coco, de crème ou de lait d'amande
½ cuill. à café de bicarbonate de soude sans gluten
1 cuill. à café de crème de tartre
2 cuill. à soupe (30 g) de ghee ou d'huile de noix de coco
2 cuill. à café d'ail en poudre ou d'oignon en poudre
Sel

## Infos nutritionnelles par portion

Glucides totaux : 5,5 g
Fibres : 2,6 g
Glucides nets : 2,9 g
Protéines : 10,2 g
Matières grasses : 19,4 g
Énergie : 239 kcal
Répartition des macronutriments : calories provenant des glucides (5 %), des protéines (18 %), des matières grasses (77 %)

Séparez les blancs des jaunes d'œufs. Il vous faudra seulement 2 jaunes d'œufs et 8 blancs : les crêpes se tiennent mieux lorsqu'elles contiennent plus de blancs. Réservez les jaunes restants pour une autre recette.

Mettez les œufs entiers, les blancs d'œufs, la farine de noix de coco, les téguments de psyllium en poudre ou les graines de chia, le lait de coco, le bicarbonate de soude et la crème de tartre dans un saladier et mélangez soigneusement (vous pouvez remplacer le lait de coco par de la crème fraîche épaisse ou du lait d'amande si vous préférez : ces produits contiennent moins de glucides et de graisses).

Ajoutez l'ail en poudre et mélangez soigneusement. Ou bien, si vous souhaitez manger les crêpes sucrées, ajoutez quelques gouttes de stévia ou 2 cuillères à soupe (20 g) d'érythritol à la place de l'ail en poudre.

Laissez reposer la pâte 5 à 10 minutes, pour que la farine de noix de coco et le psyllium aient le temps d'absorber le liquide. Puis mélangez de nouveau.

Si la pâte est trop épaisse, ajoutez de l'eau (si vous ne trouvez pas de téguments de psyllium en poudre, passez des téguments entiers au blender ou au moulin à café jusqu'à ce qu'ils soient finement moulus).

Faites chauffer à feu moyen une poêle antiadhésive bien huilée avec du ghee. Versez la pâte dans la poêle, en faisant tourner celle-ci de manière à ce que le mélange couvre tout le fond de la poêle. La pâte doit être suffisamment liquide pour s'étaler facilement. Si elle est trop épaisse, ajoutez 1 cuillère à soupe (15 ml) d'eau. Faites les crêpes une par une, en huilant la poêle entre deux crêpes avec une petite quantité d'huile. En fonction de la taille des crêpes, vous en obtiendrez deux grandes ou quatre moyennes par recette. Vous pouvez les utiliser comme des wraps avec de la viande et des légumes. Laissez-les refroidir, puis conservez-les dans un récipient hermétique au réfrigérateur. Elles se gardent 5 jours.

# Tortillas sans céréales

Les tortillas peuvent être croustillantes ou moelleuses, selon la durée de la cuisson. Utilisez ces merveilles pour entourer de la viande et des légumes, puis ajoutez de la sauce : vous obtiendrez un repas nourrissant.

10 portions   20 min   1 h

### Ingrédients

**Ingrédients secs**
100 g de farine d'amande
110 g de farine de lin
30 g de farine de noix de coco
2 cuill. à soupe (8 g) de téguments de psyllium, entiers
2 cuill. à soupe (16 g) de graines de chia, moulues
1 cuill. à café d'ail en poudre ou d'oignon en poudre
1 cuill. à café de sel

**Ingrédients humides**
240 ml d'eau tiède
2 cuill. à soupe (30 g) de saindoux ou de ghee

### Infos nutritionnelles par portion

Glucides totaux : 7,4 g
Fibres : 5,7 g
Glucides nets : 1,7 g
Protéines : 5 g
Matières grasses : 13,8 g
Énergie : 165 kcal
Répartition des macronutriments : calories provenant des glucides (5 %), des protéines (13 %), des matières grasses (82 %)

Mélangez tous les ingrédients secs dans un saladier, puis ajoutez 235 ml d'eau (si la pâte est trop sèche pour que vous puissiez l'abaisser, ajoutez quelques cuillères à soupe [45 à 60 ml] d'eau. Attention : s'il y a trop d'eau, la pâte sera très collante et deviendra difficile à abaisser). Malaxez bien avec les mains, puis façonnez une boule ovale. Laissez reposer la pâte au réfrigérateur jusqu'à 1 heure.

Lorsqu'elle est prête, sortez la pâte du réfrigérateur et coupez-la en six parts égales (vous utiliserez ce qui reste de pâte après avoir découpé les tortillas à l'étape suivante, pour confectionner les quatre autres).

Posez un morceau de pâte entre deux feuilles de papier cuisson, et abaissez-le très finement. Vous pouvez aussi utiliser un rouleau à pâtisserie et un tapis en silicone.

Retirez la feuille du dessus et pressez un grand couvercle de 20 cm de diamètre sur la pâte (ou utilisez un morceau de papier cuisson coupé en cercle, puis incisez la pâte à l'aide d'un couteau en faisant le tour de votre modèle).

Procédez de même pour les autres morceaux de pâte. Ajoutez les « chutes » de pâte au dernier morceau, puis réalisez les 4 tortillas restantes. S'il reste encore de la pâte, abaissez-la et découpez-la en triangles, pour réaliser des tortillas-chips.

Huilez une grande poêle avec le ghee ou le saindoux, et faites cuire les tortillas une par une, à feu moyen, pendant 2 à 3 minutes de chaque côté, jusqu'à ce qu'elles soient bien dorées. Attention à ne pas trop les faire cuire, elles deviendraient trop croustillantes. Laissez-les refroidir, puis conservez-les dans un récipient hermétique. Elles se gardent une semaine. Si nécessaire, réchauffez-les dans une poêle à sec avant de les déguster.

Nota : Utilisez bien des téguments de psyllium entiers pour cette préparation. Contrairement à d'autres recettes présentées dans ce livre, celle-ci ne se prépare pas avec de la poudre ; les téguments entiers rendent les tortillas plus compactes et souples.

# Petits céto-pains ultimes

Le « vrai » pain vous manque ? Voici la solution : ces petits pains pauvres en glucides, qui sont une vraie merveille. Moelleux et délicieux, ils ressemblent à s'y méprendre à du pain traditionnel !

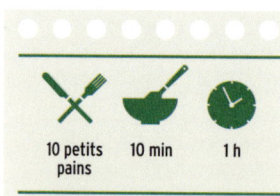

10 petits pains — 10 min — 1 h

## Ingrédients

**Ingrédients secs**
150 g de farine d'amande
40 g de téguments de psyllium en poudre
60 g de farine de noix de coco
75 g de farine de lin
2 cuill. à café d'ail en poudre
2 cuill. à café d'oignon en poudre
1 cuill. à café de bicarbonate de soude
2 cuill. à café de crème de tartre
1 cuill. à café de sel
5 cuill. à soupe (40 g) de graines de sésame (ou de graines de pavot, de tournesol ou de carvi)

**Ingrédients humides**
Les blancs de 6 gros œufs de poules élevées en liberté
2 gros œufs de poules élevées en liberté
470 ml d'eau bouillante

Préchauffez le four à 175 °C (thermostat 5-6). Dans un saladier, mélangez tous les ingrédients secs, à l'exception des graines de sésame (n'utilisez pas des téguments de psyllium entiers ; si vous n'en trouvez pas en poudre, mixez les téguments dans un blender ou un moulin à café jusqu'à obtention d'une poudre fine).

Dans un autre saladier, mélangez les œufs entiers et les blancs d'œufs, puis versez l'ensemble sur les ingrédients secs. Ajoutez l'eau bouillante. Mixez soigneusement au robot jusqu'à obtention d'une pâte épaisse.

À l'aide d'une cuillère, formez des boules de pâte de taille régulière pour obtenir les petits pains, puis posez-les sur une plaque de cuisson antiadhésive ou une plaque tapissée de papier cuisson (vous pouvez aussi utiliser des moules à tartelettes). Les petits pains vont lever à la cuisson : espacez-les suffisamment.

Parsemez tous les petits pains d'un peu de graines de sésame, en appuyant légèrement sur la pâte pour empêcher les graines de tomber. Enfournez pour 45 minutes environ.

Sortez les petits pains du four, laissez refroidir la plaque de cuisson, puis transférez les petits pains sur une grille, pour qu'ils refroidissent à température ambiante. Si vous prévoyez de consommer les petits pains dans les deux jours, conservez-les à température ambiante. Sinon, congelez-les. Dégustez-les avec votre salade préférée ou servez-vous-en pour préparer mon guacburger (p. 146). Vous pouvez aussi les façonner en bagels pour les bagels santé au saumon (p. 66).

**Infos nutritionnelles par portion**
Glucides totaux : 12,4 g
Fibres : 8,1 g
Glucides nets : 4,3 g
Protéines : 10,1 g
Matières grasses : 15,2 g
Énergie : 208 kcal
Répartition des macronutriments : calories provenant des glucides (9 %), des protéines (21 %), des matières grasses (70 %)

## Conseils

- *Le psyllium absorbe énormément l'eau. Lorsque vous cuisinez avec cet ingrédient, pensez à boire suffisamment d'eau pendant la journée, pour éviter tout risque de constipation !*
- *Pour vous faciliter la tâche, vous pouvez mélanger tous les ingrédients secs à l'avance, et les conserver dans un sachet à zip. Étiquetez le sachet, en indiquant le nombre de portions qu'il contient. Pour préparer les petits pains, il ne restera plus qu'à ajouter les ingrédients humides.*
- *Pesez bien tous les ingrédients à l'aide d'une balance. Dans cette recette, le moindre petit écart dans les proportions peut affecter le résultat final.*
- *S'il y a de grandes bulles d'air dans les petits pains, c'est peut-être du au psyllium. Pensez bien à utiliser de la poudre, et non des téguments entiers.*
- *Si les petits pains ne lèvent pas bien, recommencez la recette en utilisant uniquement des blancs d'œufs, sans aucun jaune.*
- *Si le résultat final est trop humide, ne réduisez pas la quantité d'eau indiquée dans la recette – le psyllium formerait des grumeaux. Faites plutôt sécher les petits pains au four, à température très basse (100 °C), pendant 30 à 60 minutes. Si nécessaire, coupez-les en deux et faites-les griller au grille-pain.*
- *Ne laissez pas reposer la pâte trop longtemps : enfournez les petits pains dès que vous avez fini de les façonner.*
- *La plupart des conseils ci-dessus s'appliquent à toutes les recettes à base de téguments de psyllium en poudre.*
- *La crème de tartre et le bicarbonate de soude sont des agents levants. Mode d'emploi : pour obtenir 2 cuillères à café de levure chimique sans gluten, mélangez ½ cuillère à café de bicarbonate de soude et 1 cuillère à café de crème de tartre.*

# Mayonnaise

La mayonnaise est un condiment extraordinaire, très « céto ». Pour réussir cette recette, pensez à sortir tous les ingrédients du réfrigérateur suffisamment à l'avance et à les laisser sur votre plan de travail pour qu'ils soient à température ambiante lorsque vous préparerez la mayonnaise.

240 g — 15 min — 15 min

### Ingrédients

1 jaune d'œuf de poule élevée en liberté
1 cuill. à café de moutarde de Dijon (p. 31)
180 ml d'huile d'olive douce (ou d'huile de noix de macadamia, d'avocat ou de noix)
1 cuill. à soupe (15 ml) de jus de citron
1 cuill. à soupe (15 ml) de vinaigre de cidre
¼ cuill. à café de sel
Facultatif : 3 à 5 gouttes de stévia liquide
1 cuill. à café d'ail en poudre ou d'oignon en poudre

### Infos nutritionnelles par portion

(1 cuill. à soupe/15 g)
Glucides totaux : 0,1 g
Fibres : 0 g
Glucides nets : 0,1 g
Protéines : 0,2 g
Matières grasses : 12,5 g
Énergie : 111 kcal
Répartition des macronutriments : calories provenant des glucides (0 %), des protéines (1 %), des matières grasses (99 %)

Lorsque tous les ingrédients sont à température ambiante, séparez le blanc du jaune d'œuf (réservez le blanc pour une autre recette). Mettez le jaune et la moutarde de Dijon dans un saladier, et mélangez soigneusement.

À l'aide d'un robot ou d'un fouet, remuez sans discontinuer, en ajoutant l'huile tout doucement.

Continuez à incorporer l'huile en filet jusqu'à ce que le mélange prenne la consistance d'une mayonnaise. Continuez à fouetter jusqu'à ce que la préparation soit suffisamment épaisse. Si elle vous paraît trop liquide, ajoutez un peu plus d'huile. Incorporez le jus de citron et le vinaigre – qui donnera à la mayonnaise une couleur jaune pâle – puis salez. Si vous trouvez le résultat trop acide, ajoutez quelques gouttes de stévia liquide et mélangez soigneusement. Pour la relever, ajoutez une cuillère à café d'ail ou d'oignon en poudre, et mélangez bien.

Transférez la mayonnaise dans un bocal en verre et fermez soigneusement.

Se garde une semaine au réfrigérateur. Pour que la mayonnaise se conserve plusieurs mois, ajoutez une cuillère à soupe ou deux (15 g à 30 g) de petit-lait.

### Conseil

*À savoir si vous utilisez des œufs crus : en raison du risque de salmonellose ou d'autres intoxications alimentaires qui n'est jamais à exclure, prenez exclusivement des œufs frais, propres, et ayant été conservés au frais dans de bonnes conditions, dont les coquilles sont intactes. Évitez tout contact entre le contenu de l'œuf et la coquille. Pour éviter tout risque, utilisez de préférence des œufs dont la coquille a été pasteurisée.*

# Ketchup

Les condiments du commerce contiennent souvent des sucres ajoutés et des conservateurs — ce qui ne signifie pas pour autant que vous devrez renoncer à vos condiments préférés. Vous allez voir, préparer du ketchup maison est un jeu d'enfant !

240 g    5 min    15 min

### Ingrédients
1 petit oignon blanc (60 g), pelé et coupé en petits morceaux
2 gousses d'ail, pelées et hachées
240 g de purée de tomates, sans sucre
60 ml de vinaigre de cidre
⅛ cuill. à café de piment de la Jamaïque
⅛ cuill. à café de clous de girofle moulus
3 à 6 gouttes de stévia liquide
2 cuill. à soupe (20 g) d'érythritol
1 cuill. à café de sel
Poivre noir du moulin
60 ml d'eau

### Infos nutritionnelles par portion
(1 cuill. à soupe/15 g)
Glucides totaux : 1 g
Fibres : 0,2 g
Glucides nets : 0,8 g
Protéines : 0,2 g
Matières grasses : 0 g
Énergie : 4,8 kcal
Répartition des macronutriments : calories provenant des glucides (77 %), des protéines (7 %), des matières grasses (6 %)

Réunissez tous les ingrédients dans une petite casserole. Mélangez, couvrez et laissez frémir à feu doux 5 à 10 minutes. Si la préparation vous paraît trop épaisse, ajoutez une goutte d'eau. Lorsque la cuisson est terminée, transférez le tout dans un blender et mixez jusqu'à obtention d'une préparation lisse. Mettez le ketchup dans un bocal en verre. Se garde un mois au réfrigérateur.

### Conseil
*Le ketchup maison sert à préparer quantité d'autres sauces et dips, comme ma sauce barbecue épicée au chocolat (p. 34) !*

# Bouillon d'os

Consommer ce bouillon est l'une des meilleures solutions qui soient pour s'approvisionner en électrolytes (sodium, magnésium et potassium) et pour éliminer les symptômes désagréables susceptibles d'apparaître lorsqu'on entame un régime cétogène.

1,4 à 1,9 L | 10 min | 2 h ou plus

### Ingrédients
2 carottes de taille moyenne (120 g)
1 panais de taille moyenne (90 g)
1 oignon blanc de taille moyenne (100 g), pelé et coupé en deux
5 gousses d'ail
2 branches de céleri (80 g)
1,5 kg de queue de bœuf ou d'un assortiment d'os (pattes de poulet, os à moelle, etc.)
2 cuill. à soupe (30 ml) de vinaigre de cidre ou de jus de citron
2 à 3 feuilles de laurier
1 cuill. à soupe (18 g) de sel rose de l'Himalaya ou de sel de mer
1,9 à 2,4 litres d'eau (suffisamment pour couvrir les os, sans excéder le niveau maximum de l'autocuiseur, les ¾ de la contenance de la cocotte ou de la mijoteuse électrique)

### Infos nutritionnelles par portion (235 ml)
Glucides totaux : 0,9 g
Fibres : 0,2 g
Glucides nets : 0,7 g
Protéines : 3,6 g
Matières grasses : 6 g
Énergie : 72 kcal
Répartition des macronutriments : calories provenant des glucides (4 %), des protéines (20 %), des matières grasses (76 %)

Pelez les carottes et les panais, et coupez-les en trois. Tranchez l'oignon en deux, pelez les gousses d'ail et coupez-les en deux (en laissant la peau sur l'oignon, vous donnerez au bouillon une jolie couleur dorée). Lavez le céleri et coupez les branches en trois. Mettez tous les ingrédients dans l'autocuiseur ou dans la mijoteuse électrique.

### Cuisson à l'autocuiseur
Fermez le couvercle de l'autocuiseur et faites-le chauffer à feu vif. Lorsque la pression est élevée, baissez le feu à la température la plus basse et réglez la minuterie de l'autocuiseur sur 90 minutes. Une fois la cuisson achevée, retirez l'autocuiseur du feu et laissez la vapeur s'évacuer naturellement pendant 10 à 15 minutes avant d'ouvrir le couvercle. Filtrez le bouillon en le versant dans un grand récipient à travers une passoire. Retirez les légumes et réservez les os sur lesquels il y a de la viande, pour les laisser refroidir. Retirez la chair à l'aide d'une fourchette. S'il reste de la gélatine sur les os, vous pourrez les réutiliser la prochaine fois que vous ferez du bouillon d'os ; dans ce cas, conservez-les au congélateur.

### Cuisson à la cocotte en fonte ou à la mijoteuse électrique
Mettez le couvercle et faites cuire au moins 6 heures à feu doux ou jusqu'à 48 heures à feu très doux (température élevée ou douce à la mijoteuse). Si vous optez pour un temps de cuisson plus long, retirez la queue de bœuf à l'aide d'une pince, retirez la chair à la fourchette, puis remettez les os dans la casserole.

Consommez le bouillon ou gardez-le au réfrigérateur une nuit, où il se figera en partie. La queue de bœuf est très grasse et la couche graisseuse sur le dessus – le suif – va se solidifier. Prélevez la plus grande partie du suif en grattant et jetez-la ou réutilisez-la pour cuisiner. Conservez le bouillon au réfrigérateur si vous prévoyez de le consommer dans les 5 jours. Sinon, répartissez-le dans des petits récipients et placez-les au congélateur.

# Moutarde de dijon

Vous allez voir, préparer soi-même de la moutarde est très simple — et très gratifiant. Prête en quelques minutes seulement, elle est délicieuse après quelques semaines de maturation au réfrigérateur.

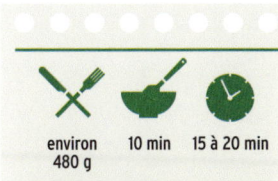

environ 480 g — 10 min — 15 à 20 min

### Ingrédients
- 1 oignon de taille moyenne (110 g)
- 2 gousses d'ail
- 60 ml de vinaigre de vin blanc (que vous pouvez remplacer par 60 ml de vinaigre et 180 ml d'eau si vous le souhaitez)
- 240 ml de vin blanc sec
- 120 ml d'eau
- 120 g de poudre de moutarde/graines de moutarde moulues
- 1 cuill. à café de curcuma moulu
- 3 à 5 traits de Tabasco ou d'une autre sauce pimentée sans sucre
- 5 à 10 gouttes de stévia liquide
- 2 cuill. à soupe (30 ml) d'huile d'olive vierge extra (ou d'huile de noix de macadamia ou d'huile d'avocat)
- 1 cuill. à café de sel

### Infos nutritionnelles par portion
(1 cuill. à soupe/15 g)
Glucides totaux : 1,1 g
Fibres : 0,4 g
Glucides nets : 0,7 g
Protéines : 0,8 g
Matières grasses : 1,7 g
Énergie : 27 kcal
Répartition des macronutriments : calories provenant des glucides (13 %), des protéines (15 %), des matières grasses (72 %)

Pelez et hachez grossièrement l'oignon et l'ail, puis mettez-les dans une casserole neutre (voir ci-dessous). Ajoutez le vin, le vinaigre et l'eau, puis portez à ébullition à feu moyen. Laissez frémir 5 minutes environ.

Laissez refroidir, puis filtrez le mélange pour ôter les éléments solides. Mettez la poudre de moutarde dans une casserole, ajoutez le liquide filtré et mélangez jusqu'à obtention d'un ensemble homogène. Laissez frémir la préparation à feu moyen 2 à 5 minutes environ, jusqu'à ce qu'elle épaississe. Relevez avec le curcuma, le Tabasco, la stévia, l'huile et le sel.

Mélangez jusqu'à ce que le tout soit homogène. Se garde 6 mois au réfrigérateur. La moutarde sera meilleure après quelques semaines de maturation.

### Conseil
*Pour varier la saveur de la moutarde, on peut ajouter quantité d'ingrédients facultatifs : raifort, herbes aromatiques ou graines de moutarde entières.*

### Qu'est-ce qu'une casserole neutre ?
*C'est une casserole dont la matière ne réagit pas à l'acidité des ingrédients. Par exemple, l'acier inoxydable est neutre, tandis que le cuivre réagit rapidement au contact de produits acides comme le jus de citron ou le vinaigre.*

# Sauce hollandaise

Préparer une sauce hollandaise n'a rien de sorcier et le résultat est délicieux. C'est aussi un excellent moyen de consommer des graisses bénéfiques pour la santé et de cuisiner des jaunes d'œufs inutilisés.

1 portion    10 min    10 min

### Ingrédients
- 2 cuill. à soupe (30 g) de beurre
- 1 gros jaune d'œuf de poule élevée en liberté
- ½ à 1 cuill. à soupe (7,5 à 15 ml) d'eau, plus 250 ml pour la cuisson à la vapeur
- 1 cuill. à soupe (15 ml) de jus de citron
- ¼ cuill. à café de moutarde de Dijon
- 1 pincée de sel

### Infos nutritionnelles par portion
Glucides totaux : 1,5 g
Fibres : 0 g
Glucides nets : 1,5 g
Protéines : 3,1 g
Matières grasses : 29 g
Énergie : 274 kcal
Répartition des macronutriments : calories provenant des glucides (2 %), des protéines (4 %), des matières grasses (94 %)

Faites fondre le beurre à feu doux, puis réservez-le : il doit être fondu, mais pas trop chaud. Mélangez le jaune d'œuf avec ½ à 1 cuillère à soupe (7,5 à 15 ml) d'eau, le jus de citron, la moutarde de Dijon et le sel. Versez ce qui reste d'eau dans une casserole et portez à ébullition. Réduisez la température à feu moyen, puis posez le récipient contenant le mélange à base de jaune d'œuf sur la casserole et remuez sans discontinuer (le récipient doit être plus grand que la casserole et l'eau bouillante ne doit pas toucher le récipient : c'est la vapeur d'eau qui chauffe le récipient). Continuez à mélanger jusqu'à ce que l'ensemble commence à épaissir : ensuite, incorporez tout doucement le beurre fondu, jusqu'à ce que la sauce prenne une consistance épaisse et crémeuse. Remuez sans discontinuer pour éviter les grumeaux. Si la sauce est trop épaisse, ajoutez une goutte d'eau. Servez sans attendre, sur des œufs pochés ou du saumon cuit au four.
Ne réchauffez pas la sauce hollandaise : elle ferait des grumeaux. Préparez autant de portions que de personnes, sans confectionner de sauce à l'avance.

# Sauce marinara

Très facile à préparer, cette sauce peut s'utiliser pour garnir des pizzas, avec des tagliatelles de courgettes, comme dip avec des crudités ou sur du pain pauvre en glucides.

490 g    5 min    5 min

### Ingrédients
150 g de tomates cerises
20 g de basilic frais
2 gousses d'ail
1 petite échalote (30 g)
4 cuill. à soupe (60 g) de purée de tomates
60 ml d'huile d'olive vierge extra
¼ cuill. à café de sel
Poivre du moulin

### Infos nutritionnelles par portion (60 g)
Glucides totaux : 3,5 g
Fibres : 0,8 g
Glucides nets : 2,7 g
Protéines : 0,7 g
Matières grasses : 9,8 g
Énergie : 101 kcal
Répartition des macronutriments : calories provenant des glucides (10 %), des protéines (3 %), des matières grasses (87 %)

Lavez les tomates et le basilic, puis laissez-les égoutter. Pelez l'ail et l'échalote. Réunissez tous les ingrédients dans le bol d'un robot, puis mixez jusqu'à obtention d'un mélange lisse. Si vous préférez une texture plus grossière, réservez quelques tomates que vous concasserez avec du basilic. Ajoutez-les dans la sauce mixée. Se garde une semaine au réfrigérateur, dans un récipient hermétique.

# Sauce barbecue épicée au chocolat

Vous êtes lassé de la sauce barbecue classique ? Goûtez cette version sucrée et épicée, que vous pourrez utiliser pour y faire mariner vos viandes ou comme dip pour vos frites de courgettes (voir Accompagnements).

375 g — 10 min — 10 min

### Ingrédients
2 gousses d'ail
240 g de ketchup (p. 29)
2 cuill. à soupe (30 ml) de vinaigre de cidre
2 cuill. à soupe (30 ml) de sauce Coconut Aminos ou de sauce de poisson (nuoc-mâm)
2 cuill. à soupe (10 g) de cacao en poudre sans sucre
2 cuill. à soupe (20 g) d'érythritol
5 à 10 gouttes de stévia
2 cuill. à café de paprika (nature ou fumé)
1 cuill. à café de piment en poudre (fort ou doux)
2 cuill. à soupe (30 g) de beurre ou de ghee
½ cuill. à café de sel fumé ou de sel de mer nature

### Infos nutritionnelles par portion
(1 cuill. à soupe/15 g)
Glucides totaux : 1,3 g
Fibres : 0,4 g
Glucides nets : 0,9 g
Protéines : 0,3 g
Matières grasses : 1,1 g
Énergie : 15 kcal
Répartition des macronutriments : calories provenant des glucides (24 %), des protéines (8 %), des matières grasses (68 %)

Pelez les gousses d'ail, puis écrasez-les. Réunissez tous les ingrédients dans une casserole et laissez frémir à feu moyen 5 à 10 minutes. Transférez dans un bocal en verre. Se garde un mois au réfrigérateur.

### Conseil
*La sauce Coconut Aminos est une alternative à la sauce de soja, bien meilleure pour la santé. Elle est souvent conseillée pour remplacer cette sauce dans les régimes paléo. Les produits à base de soja doivent être consommés avec modération, certains sont même à proscrire totalement. Malheureusement, la plupart des produits à base de soja sont fabriqués avec du soja génétiquement modifié (OGM). Or l'effet des OGM sur notre santé est encore mal connu. Si vous choisissez de consommer des produits à base de soja, préférez ceux produits avec du soja fermenté, non raffinés, sans OGM et sans gluten.*

# Pesto, trois variantes

Facile à préparer, le pesto maison est excellent pour la santé. Il permet aussi d'enrichir vos plats en saveurs et en bonnes graisses, sans les additifs souvent contenus dans les versions du commerce.

160 g — 5 min — 5 min

### Ingrédients
50 g de noix de pécan ou de noix, ayant trempé dans de l'eau pendant au moins 1 heure
30 g de basilic
20 g de roquette
4 gousses d'ail
1 cuill. à café de zeste de citron frais
1 cuill. à soupe (15 ml) de jus de citron fraîchement pressé
60 ml d'huile d'olive vierge extra
Sel et poivre noir du moulin
Facultatif : 45 g de parmesan râpé

### Infos nutritionnelles par portion
(2 cuill. à soupe/30 g)
Glucides totaux : 2,2 g
Fibres : 1 g
Glucides nets : 1,2 g
Protéines : 1,1 g
Matières grasses : 15 g
Énergie : 141 kcal
Répartition des macronutriments : calories provenant des glucides (3 %), des protéines (3 %), des matières grasses (94 %)

Égouttez les noix et jetez l'eau. Lavez le basilic et la roquette. Réunissez tous les ingrédients dans le bol d'un robot et mixez jusqu'à obtention d'une pâte lisse. Transférez dans un bocal et conservez au réfrigérateur. Dans de bonnes conditions, le pesto se garde une ou deux semaines au réfrigérateur. Pour améliorer sa conservation, versez un peu d'huile d'olive sur la surface avant de le remettre au réfrigérateur.

### Variantes

Les variations sur le thème du pesto sont infinies : il suffit d'associer vos herbes aromatiques préférées, des fruits à coque, des graines, des herbes aromatiques et vos épices (si vous êtes allergique aux fruits à coque, utilisez des graines de tournesol). Quelques idées :

***Pesto aux épinards :*** dans le bol d'un robot, réunissez 60 g d'épinards, 65 g de noix de macadamia ayant trempé dans de l'eau, 68 g de pignons de pin ou 75 g d'amandes, 4 gousses d'ail, 2 oignons nouveaux, 60 ml d'huile d'olive, sel, poivre noir du moulin et 45 g de parmesan (facultatif), puis mixez jusqu'à obtention d'une préparation lisse.

***Pesto rouge :*** dans le bol d'un robot, réunissez 15 g de basilic, 65 g de noix de macadamia ayant trempé dans de l'eau, 28 g de tomates séchées au soleil, 2 cuillères à soupe (30 g) de purée de tomates, 1 cuillère à soupe (15 ml) de jus de citron fraîchement pressé, 2 gousses d'ail et 45 g de parmesan (facultatif), puis mixez jusqu'à obtention d'une préparation lisse.

### Conseil

*Si possible, utilisez des fruits à coque secs, que vous mettrez à tremper dans de l'eau. Pour conserver le pesto maison plus longtemps, congelez-le en petites portions, que vous verserez à la cuillère dans un bac à glaçons. Ainsi, il se gardera 6 mois au congélateur. Lorsque vous en aurez besoin, mettez la quantité souhaitée dans un bol et laissez décongeler à température ambiante.*

Plus de gras moins de sucre

# Riz de chou-fleur

Parfait pour remplacer pommes de terre et riz, le chou-fleur permet aussi d'épaissir les sauces sans ajouter de glucides et de préparer des fonds de pizzas. Si vous suivez un régime pauvre en glucides et sain, ayez toujours du riz de chou-fleur sous la main.

600 g — 5 min — 10 à 15 min

**Ingrédients**
1 chou-fleur (600 g)

**Infos nutritionnelles pour 120 g**
Glucides totaux : 6 g
Fibres : 2,4 g
Glucides nets : 3,6 g
Protéines : 2,3 g
Matières grasses : 0,3 g
Énergie : 30 kcal
Répartition des macronutriments : calories provenant des glucides (54 %), des protéines (35 %), des matières grasses (11 %)

Retirez les feuilles et le cœur dur du chou-fleur, puis coupez-le en fleurettes. Lavez-les soigneusement et laissez-les égoutter. Lorsqu'elles sont sèches, râpez-les avec une râpe manuelle ou passez-les au robot équipé d'une lame à trancher ou d'un disque à râper : ce dernier donnera un aspect plus proche du riz. Mixez jusqu'à ce que les morceaux de chou-fleur ressemblent à des grains de riz (attention à ne pas trop mixer – quelques secondes de trop suffisent à transformer le riz de chou-fleur en purée !). Se garde 4 jours au réfrigérateur dans un récipient hermétique.

Pour faire cuire le riz de chou-fleur, utilisez les méthodes suivantes :

**Cuisson à la vapeur :** mettez le « riz » dans un cuit-vapeur avec de l'eau bouillante et faites cuire 5 à 7 minutes.

**Cuisson au micro-ondes :** mettez le chou-fleur râpé dans un plat allant au micro-ondes puis faites-le cuire à puissance moyenne à élevée pendant 5 à 7 minutes. Inutile d'ajouter de l'eau.

**Cuisson à la poêle :** faites rapidement revenir le riz de chou-fleur dans une poêle huilée avec du ghee ou du beurre ou ajoutez-le directement dans la casserole, avec la viande ou la sauce avec laquelle vous souhaitez le servir. Cette méthode donne davantage de goût.

**Cuisson au four :** préchauffez le four à 200 °C (thermostat 6-7). Répartissez le riz de chou-fleur sur une plaque de cuisson tapissée de papier cuisson, et enfournez pour 12 à 15 minutes, en le secouant deux ou trois fois en cours de cuisson. Cette méthode est parfaite si le riz de chou-fleur doit être le plus sec possible.

# Beurre de fruits à coque grillés

*Riches en graisses mono-insaturées, les noix de macadamia sont un élément indispensable du régime cétogène — et ce qui ne gâche rien, elles sont délicieuses dans ce beurre facile à préparer.*

400 g | 10 min | 25 à 35 min

**Ingrédients**
130 g de noix de macadamia
150 g d'amandes émondées
120 g de noix de coco séchée, en copeaux

**Infos nutritionnelles par portion**
(2 cuill. à soupe/32 g)
Glucides totaux : 5,9 g
Fibres : 3,6 g
Glucides nets : 2,3 g
Protéines : 4 g
Matières grasses : 20,2 g
Énergie : 206 kcal
Répartition des macronutriments :
calories provenant des glucides (4 %), des protéines (8 %), des matières grasses (88 %)

Préchauffez le four à 175°C (thermostat 5-6). Étalez uniformément les fruits à coque et la noix de coco sur une plaque de cuisson, puis enfournez pour 12 à 15 minutes, jusqu'à ce que le tout soit bien doré. Surveillez les fruits à coque : s'ils brûlent, ils prendront une saveur désagréable.

Sortez la plaque du four et laissez refroidir 10 minutes. Réunissez les fruits à coque et la noix de coco dans le bol d'un robot, et mixez jusqu'à obtention d'une pâte lisse et crémeuse. Dans un premier temps, vous obtiendrez une poudre sèche. Si elle adhère aux parois du bol, raclez-les à plusieurs reprises avec une spatule en caoutchouc. Le processus pourra prendre jusqu'à 10 minutes, en fonction de la puissance du robot.

Transférez le beurre dans un bocal en verre. Se garde au réfrigérateur ou à température ambiante. Vous pourrez en ajouter une cuillère (15 g) dans un smoothie, vous en servir pour épaissir des sauces ou l'utiliser pour confectionner des cookies (voir Cookies à l'orange et aux pépites de chocolat, p. 222).

# Confiture de fruits rouges épicée

Dégustez cette confiture sans sucre avec du yaourt entier ou utilisez-la comme arme secrète pour confectionner d'exquis desserts pauvres en glucides. Prenez les fruits rouges de votre choix, frais ou surgelés.

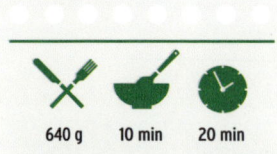

640 g   10 min   20 min

### Ingrédients
140 g de fraises
125 g de framboises
140 g de mûres
75 g de myrtilles
½ cuill. à café de gingembre moulu ou 1 cuill. à café de gingembre frais râpé
½ cuill. à café de cannelle
1 cuill. à soupe (6 g) de zeste d'orange
¼ cuill. à café de clous de girofle moulus
1 étoile d'anis, moulue
2 cuill. à soupe (20 g) d'érythritol
10 à 15 gouttes de stévia liquide
2 cuill. à soupe (16 g) de graines de chia

### Infos nutritionnelles par portion
(2 cuill. à soupe/40 g)
Glucides totaux : 4,8 g
Fibres : 2,2 g
Glucides nets : 2,6 g
Protéines : 0,7 g
Matières grasses : 0,6 g
Énergie : 24 kcal
Répartition des macronutriments : calories provenant des glucides (57 %), des protéines (14 %), des matières grasses (29 %)

Lavez les fruits rouges et mettez-les dans une casserole. Ajoutez tous les autres ingrédients, à l'exception des graines de chia. Portez à ébullition, puis baissez le feu. Laissez frémir 5 à 8 minutes. Retirez du feu.

Ajoutez les graines de chia et mélangez soigneusement. Laissez reposer la confiture 15 minutes environ avant de la transférer dans un bocal avec un couvercle. Se garde deux semaines au réfrigérateur.

# Beurre de noisette au chocolat

Vous aimez le Nutella ? Alors vous allez adorer cette recette, qui est une variante beaucoup plus saine de la célèbre pâte à tartiner. Riche en graisses mono-insaturées bonnes pour le cœur, ce beurre ne contient de surcroît pas de sucre. Dégustez-le sur des pancakes ou des gaufres pauvres en glucides ou utilisez-le dans les truffes au chocolat (p. 204).

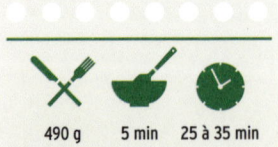

490 g   5 min   25 à 35 min

### Ingrédients
150 g de noisettes
130 g de noix de macadamia
75 g d'amandes
100 g de chocolat extra-noir, 85 % de cacao ou davantage
1 cuill. à soupe (15 g) d'huile de noix de coco vierge extra
1 gousse de vanille ou 1 cuill. à café d'extrait de vanille sans sucre
1 cuill. à soupe (5 g) de cacao en poudre, non sucré
2 cuill. à soupe (20 g) d'érythritol en poudre
10 à 15 gouttes de stévia liquide
Facultatif : 120 ml de lait de coco ou de crème fraîche épaisse

Préchauffez le four à 190 °C (thermostat 6-7). Répartissez les noisettes, les noix de macadamia et les amandes sur une plaque de cuisson, et enfournez pour 10 minutes environ, jusqu'à ce que le tout soit bien doré.

Sortez la plaque du four et laissez refroidir 15 minutes environ. Pendant ce temps, faites fondre le chocolat avec l'huile de noix de coco au bain-marie : pour cela, posez un bol sur une casserole contenant de l'eau bouillante et laissez fondre le chocolat, en remuant régulièrement. Attention : l'eau ne doit pas toucher le fond du bol.

Frottez les noisettes entre vos mains pour retirer les peaux : ainsi, le beurre sera plus crémeux et ne prendra pas la saveur amère des peaux.

Réunissez les fruits à coque dans le bol d'un robot et mixez jusqu'à obtention d'un mélange lisse. Coupez la gousse de vanille dans le sens de la longueur et prélevez les graines. Ajoutez le cacao en poudre, les graines de vanille, l'érythritol en poudre et la stévia liquide au chocolat fondu (pour réduire l'érythritol en poudre, mettez-le dans un blender ou dans un moulin à café, et mixez 15 à 20 secondes, jusqu'à obtention d'une poudre). Versez la préparation chocolatée dans le mélange de fruits à coque et mixez jusqu'à ce que l'ensemble soit lisse. Si vous utilisez du lait de coco, ajoutez-le à la préparation et mixez de nouveau. Versez le beurre dans un récipient en verre. Se garde 4 semaines au réfrigérateur.

**Infos nutritionnelles par portion**
(2 cuill. à soupe/32 g)
Glucides totaux : 5,9 g
Fibres : 2,9 g
Glucides nets : 3 g
Protéines : 3,9 g
Matières grasses : 18,7 g
Énergie : 193 kcal
Répartition des macronutriments : calories provenant des glucides (6 %), des protéines (8 %), des matières grasses (86 %)

# En-cas salés

Il y a des jours comme ça, où vous n'aurez tout simplement pas le temps de cuisiner un repas entier adapté à votre régime cétogène. Veillez à avoir des réserves de ces en-cas salés : ils permettent de résister à la tentation des plats cuisinés, pleins de sucre ou de glucides. Faciles à préparer et à emporter avec soi, riches en bonnes matières grasses et pauvres en glucides, ces spécialités sont vos alliées. C'est exactement ce qu'il vous faut lorsqu'une journée chargée vous attend au bureau ou si vous avez besoin d'un petit en-cas pour tenir jusqu'au dîner.

# Truffes salées

Ces bouchées riches en matières grasses sont parfaites pour un en-cas rapide.

6 truffes — 10 min — 1 h

**Ingrédients**
100 g de cream cheese
55 g de beurre
2 grandes tranches de lard (60 g)
1 oignon nouveau de taille moyenne (15 g) ou ciboulette
1 gousse d'ail, écrasée
Sel et poivre noir du moulin

**Infos nutritionnelles par portion**
Glucides totaux : 0,6 g
Fibres : 0,1 g
Glucides nets : 0,5 g
Protéines : 2,1 g
Matières grasses : 11,7 g
Énergie : 108 kcal
Répartition des macronutriments : calories provenant des glucides (2 %), des protéines (7 %), des matières grasses (91 %)

Mettez le cream cheese dans un saladier. Coupez le beurre en morceaux, puis ajoutez-le au fromage. Laissez ramollir l'ensemble à température ambiante.

Pendant ce temps, préparez le lard. Chauffez une poêle, puis faites-le revenir des deux côtés jusqu'à ce qu'il soit bien croustillant. Réservez. Laissez-le refroidir légèrement avant de le casser en morceaux.

Hachez l'oignon nouveau et mettez-le à tremper 1 minute dans un bol d'eau : la terre ira se déposer au fond du bol. Retirez l'oignon haché de l'eau et séchez-le soigneusement sur du papier absorbant.

Lorsque le fromage et le beurre sont à température ambiante, ajoutez l'ail. Mélangez soigneusement à l'aide d'un mixeur électrique ou d'un fouet.

Ajoutez la graisse et les morceaux de lard, en gardant quelques morceaux pour garnir. Salez, poivrez, puis mélangez bien.

Tapissez un plateau de papier cuisson, puis à l'aide d'une cuillère, formez des petits tas de pâte (environ 2 cuillères à soupe/30 g) sur la feuille. Réservez au réfrigérateur 30 à 60 minutes, pour que la préparation se fige. Vous pouvez aussi transférer le mélange dans un récipient hermétique et le placer au réfrigérateur : pour servir, prélevez simplement 2 cuillères à soupe (30 g) par portion, à l'aide d'une cuillère. Se garde 3 jours au réfrigérateur.

# Röstis low-carb

Incroyable, mais vrai : voici des röstis sans pommes de terre ! Servez-les accompagnés de crème aigre, d'un œuf sur le plat ou d'un peu de guacamole (voir guacburger, p. 146).

8 röstis — 15 min — 40 min

### Ingrédients
1 rutabaga de taille moyenne (400 g)
1 cuill. à café de sel
1 petit oignon blanc (70 g), pelé et émincé en fins anneaux
1 gros œuf de poule élevée en liberté
40 g de farine de lin
1 cuill. à soupe (8 g) de téguments de psyllium en poudre
2 cuill. à café de marjolaine séchée
Poivre noir du moulin
4 cuill. à soupe (60 g) de ghee, de saindoux ou d'huile de noix de coco

### Infos nutritionnelles par portion
(2 röstis)
Glucides totaux : 14,6 g
Fibres : 7,1 g
Glucides nets : 7,5 g
Protéines : 4,9 g
Matières grasses : 20,7 g
Énergie : 252 kcal
Répartition des macronutriments : calories provenant des glucides (13 %), des protéines (8 %), des matières grasses (79 %)

Pelez le rutabaga puis, à l'aide d'un couteau à julienne ou d'un spiraliseur, réalisez des « spaghettis » de rutabaga. Parsemez de ½ cuillère à café de sel et laissez reposer 20 minutes.

À l'aide de papier absorbant, tamponnez le rutabaga pour le sécher, puis mettez-le dans un saladier. Ajoutez l'oignon, l'œuf, la farine de lin, le psyllium en poudre et la marjolaine. Saupoudrez avec ce qui reste de sel et poivrez, puis mélangez soigneusement.

Faites chauffer 2 cuillères à soupe (30 g) de ghee, de saindoux ou d'huile de noix de coco dans une poêle à feu moyen. À l'aide d'une cuillère, versez la préparation dans la poêle, de manière à former deux à quatre röstis à la fois. Aplatissez-les avec le dos d'une spatule et faites-les revenir 10 minutes de chaque côté, jusqu'à ce qu'ils soient bien dorés.

Huilez de nouveau la poêle avec du ghee, puis faites cuire les röstis restants. Servez sans attendre.

# Hoummous céto

Le hoummous traditionnel, à base de pois chiches, est riche en glucides. Cette variante est à la fois low-carb et adaptée au régime paléo !

4 portions    5 min    10 à 15 min

### Ingrédients
150 g de noix de macadamia
Facultatif : une poignée de noix de cajou (30 g)
3 gousses d'ail, pelées
60 g de tahini
60 ml d'huile d'olive vierge extra
2 à 4 cuill. à soupe (30 à 60 ml) de jus de citron jaune ou vert
60 ml d'eau
2 cuill. à soupe (4 g) d'estragon frais ciselé (ou de basilic ou de persil)
½ cuill. à café de sel
Poivre noir du moulin

### Infos nutritionnelles par portion
Glucides totaux : 10,3 g
Fibres : 4,8 g
Glucides nets : 5,5 g
Protéines : 5,8 g
Matières grasses : 50,5 g
Énergie : 490 kcal
Répartition des macronutriments : calories provenant des glucides (4 %), des protéines (5 %), des matières grasses (91 %)

Préchauffez le four à 175 °C (thermostat 5-6). Posez les noix de macadamia (et les noix de cajou le cas échéant) sur une plaque de cuisson, puis faites-les dorer au four 10 minutes environ, en remuant une ou deux fois pour les empêcher de brûler.

Écrasez l'ail pelé avant de le passer au blender, pour éviter d'avoir des morceaux dans le hoummous.

Réunissez les noix grillées, l'ail et le tahini dans le blender. Ajoutez l'huile d'olive vierge extra, le jus de citron jaune ou vert et l'eau. Mixez jusqu'à obtention d'une crème lisse et transférez dans un saladier.

Ajoutez les herbes aromatiques ciselées. Salez et poivrez, puis mélangez soigneusement. Servez avec des crudités fraîchement découpées, comme du concombre, des tiges de céleri ou du poivron.

# Frittata

Consistant et facile à préparer, ce plat à teneur réduite en glucides se déguste à tout moment de la journée.

6 portions — 10 min — 40 à 45 min

### Ingrédients
300 g de steak haché
1 cuill. à soupe (15 g) de moutarde de Dijon (p. 31)
2 gousses d'ail, écrasées
1 cuill. à café de sel
2 cuill. à soupe (30 g) de ghee, de saindoux ou d'huile de noix de coco
250 g d'épinards frais ou 275 g d'épinards surgelés
10 gros œufs de poules élevées en liberté
2 cuill. à soupe (4 g) de persil frais ciselé
1 cuill. à café de marjolaine séchée
Poivre noir du moulin
250 g de fromage de chèvre frais, émietté
4 fines tranches de lard (60 g), hachées

### Infos nutritionnelles par portion
Glucides totaux : 3,4 g
Fibres : 1,4 g
Glucides nets : 2 g
Protéines : 29,9 g
Matières grasses : 34,8 g
Énergie : 450 kcal
Répartition des macronutriments : calories provenant des glucides (2 %), des protéines (27 %), des matières grasses (71 %)

Préchauffez le four à 200 °C (thermostat 6-7). Dans un saladier, mélangez soigneusement le steak haché, la moutarde de Dijon, l'ail écrasé et la moitié du sel. Façonnez des petites boulettes avec la préparation et réservez.

Si vous utilisez des épinards frais, lavez-les et séchez-les. Huilez une grande poêle avec le ghee, le saindoux ou l'huile de noix de coco, et faites-y fondre les épinards. Retirez du feu.

Dans un autre saladier, cassez les œufs et battez-les avec une fourchette. Ajoutez les herbes aromatiques, salez et poivrez. Versez le mélange dans un grand plat allant au four. Ajoutez les épinards, le fromage de chèvre émietté et les boulettes de viande crues dans le saladier contenant les œufs. Complétez avec le lard coupé en tranches. Enfournez pour 40 à 45 minutes. Laissez reposer la frittata quelques minutes avant de servir.

# Œufs mimosa au lard

Les œufs et le lard ne sont pas réservés au petit déjeuner ! Ces œufs mimosa sont un en-cas parfait pour le régime cétogène, à déguster à toute heure de la journée.

4 portions   10 min   20 min

### Ingrédients
Eau
4 gros œufs de poules élevées en liberté
3 grandes tranches de lard (90 g)
½ cuill. à café de sel
Poivre noir du moulin
55 g de mayonnaise

### Infos nutritionnelles par portion
Glucides totaux : 0,6 g
Fibres : 0,1 g
Glucides nets : 0,5 g
Protéines : 9,5 g
Matières grasses : 21,8 g
Énergie : 237 kcal
Répartition des macronutriments : calories provenant des glucides (1 %), des protéines (16 %), des matières grasses (83 %)

Préchauffez le four à 190 °C (thermostat 6-7). Remplissez une petite casserole aux trois quarts d'eau. Faites cuire les œufs durs, puis placez-les dans un grand bol rempli d'eau froide.

Pendant ce temps, répartissez les tranches de lard sur une grille de cuisson, puis posez celle-ci sur une plaque de cuisson, pour recueillir la graisse. Enfournez pour 10 à 15 minutes environ, jusqu'à ce que le lard soit bien doré (le temps de cuisson total est fonction de l'épaisseur des tranches).

Coupez les œufs en deux dans le sens de la longueur. À l'aide d'une cuillère, prélevez les jaunes d'œufs et mettez-les dans un bol. Réservez les blancs vides. Ajoutez la graisse du lard aux jaunes d'œufs, salez et poivrez. Écrasez l'ensemble à la fourchette. Ajoutez la mayonnaise, émiettez le lard dans le bol et mélangez soigneusement. Gardez un peu de lard pour servir. Garnissez les blancs d'œufs avec la préparation aux jaunes d'œufs et le lard restant, puis servez les œufs, tels quels ou sur des feuilles de salade.

# Crêpes aux épinards et à la feta

Cette spécialité d'inspiration grecque est excellente pour la santé et elle rassasie parfaitement : une crêpe est parfaite pour combler un petit creux !

2 portions    10 min    30 min

### Ingrédients

2 portions de céto-crêpes incontournables (4 crêpes de taille moyenne) (p. 24)
150 g d'épinards frais ou 160 g d'épinards surgelés
2 cuill. à soupe (30 g) de ghee, de saindoux ou d'huile de noix de coco
1 gousse d'ail, écrasée
2 cuill. à soupe (4 g) de persil frais ciselé
1 cuill. à soupe (6 g) de menthe fraîche ciselée
Facultatif : 1 pincée de sumac moulu
Poivre noir du moulin
1 gros œuf de poule élevée en liberté
150 g de feta émiettée
Sel

### Infos nutritionnelles par portion

Glucides totaux : 12,4 g
Fibres : 4,5 g
Glucides nets : 7,9 g
Protéines : 26,4 g
Matières grasses : 53,1 g
Énergie : 630 kcal
Répartition des macronutriments : calories provenant des glucides (5 %), des protéines (17 %), des matières grasses (78 %)

Préparez les crêpes. Si vous utilisez des épinards frais, lavez-les et séchez-les. Huilez une grande poêle avec le ghee, le saindoux ou l'huile de noix de coco, puis mettez-la sur le feu. Lorsqu'elle est chaude, faites-y dorer l'ail écrasé pendant 1 minute. Ajoutez les épinards et laissez revenir jusqu'à ce qu'ils soient fondus ou décongelés. Relevez avec les herbes ciselées, le poivre noir et le sumac, le cas échant.

Ajoutez l'œuf et prolongez la cuisson de 2 ou 3 minutes, en remuant régulièrement. Incorporez la feta et faites cuire 1 minute de plus, en continuant à remuer. Retirez du feu et salez si nécessaire.

Répartissez la garniture sur les 4 crêpes, puis pliez chaque crêpe en quatre. Servez sans attendre. Pour une alternative sans laitage, remplacez la feta par du blanc de poulet émietté (p. 114).

# Chips de coco au curry

Croyez-moi : vous allez adorer ces chips spéciales régime cétogène. Elles font un excellent en-cas pour qui souhaite éviter les sucreries.

4 portions   5 min   10 min

### Ingrédients
2 cuill. à soupe (30 ml) d'huile de noix de coco vierge extra, fondue
1 cuill. à café de curry en poudre
1 cuill. à café d'ail en poudre
¼ cuill. à café de piment de Cayenne
½ cuill. à café de sel
120 g de noix de coco séchée, en copeaux

### Infos nutritionnelles par portion
Glucides totaux : 8 g
Fibres : 5,2 g
Glucides nets : 2,8 g
Protéines : 2,3 g
Matières grasses : 26,3 g
Énergie : 261 kcal
Répartition des macronutriments : calories provenant des glucides (4 %), des protéines (4 %), des matières grasses (92 %)

Préchauffez le four à 175 °C (thermostat 5-6). Dans un saladier, mélangez l'huile de noix de coco fondue, les épices et le sel, puis incorporez les copeaux de noix de coco. Mélangez. Étalez les copeaux de noix de coco sur une plaque de cuisson tapissée de papier cuisson, puis enfournez pour 4 à 7 minutes (surveillez bien le beurre de noix de coco, qui brûle facilement. De plus, s'il cuit trop longtemps, il devient amer). Lorsque les chips sont prêtes, sortez-les du four et laissez-les refroidir. Elles se gardent un mois à température ambiante dans un récipient hermétique.

# Crackers à l'oignon et aux graines de pavot

Pour un en-cas rapide, dégustez ces crackers parfumés accompagnés de guacamole, de crème aigre ou de pâté.

16 crackers   15 min   20 min + réfrigération

### Ingrédients
200 g de farine d'amande
40 g de farine de noix de coco
2 cuill. à soupe (18 g) de graines de pavot
1 cuill. à café de sel
1 oignon de taille moyenne (110 g)
1 gros œuf de poule élevée en liberté
Facultatif : 60 g de parmesan

### Infos nutritionnelles par portion
Glucides totaux : 4 g
Fibres : 2 g
Glucides nets : 2 g
Protéines : 3,8 g
Matières grasses : 7,7 g
Énergie : 96 kcal
Répartition des macronutriments : calories provenant des glucides (9 %), des protéines (16 %), des matières grasses (75 %)

Réunissez tous les ingrédients secs dans un saladier. Mettez l'oignon dans un blender et mixez jusqu'à obtention d'un mélange lisse. Ajoutez l'oignon mixé dans le saladier, avec l'œuf et le parmesan (le cas échéant) et mélangez soigneusement.

Aplatissez la pâte entre vos mains et laissez-la reposer au réfrigérateur 30 à 60 minutes.

Préchauffez le four à 200 °C (thermostat 6-7). Sortez la pâte du réfrigérateur et placez-la entre deux feuilles de papier cuisson ou d'aluminium. Abaissez-la au rouleau à pâtisserie ou aplatissez-la avec vos doigts pour couvrir une plaque de cuisson de 20 × 30 cm.

À l'aide d'une roulette à pizza ou d'un couteau très tranchant, coupez la pâte en 16 parts égales puis enfournez la plaque de cuisson pour 12 à 15 minutes.

Lorsque la pâte est cuite, sortez-la du four et laissez refroidir. Servez les crackers avec des rillettes de poisson fumé (p. 56) ou du hoummous céto (p. 48).

### Conseils
*Ces crackers sont légèrement mous. Si vous les préférez plus croustillants, utilisez 75 g de farine d'amande ou de farine de lin à la place de la farine de noix de coco. Vous pouvez aussi prolonger la cuisson de 20 à 30 minutes à basse température (110 °C).*

# Crackers au pesto

Pourquoi ne pas utiliser votre pesto préféré pour préparer votre propre version de ces crackers salés à la texture souple ?

16 crackers — 15 min — 20 min + réfrigération

### Ingrédients
200 g de farine d'amande
40 g de farine de noix de coco
30 g de graines de chia, moulues
½ cuill. à café de sel
1 gros blanc d'œuf de poule élevée en liberté
125 g de pesto rouge ou autre
Facultatif : 60 g de parmesan

### Infos nutritionnelles par portion
Glucides totaux : 4,4 g
Fibres : 2,6 g
Glucides nets : 1,8 g
Protéines : 4 g
Matières grasses : 11,5 g
Énergie : 130 kcal
Répartition des macronutriments : calories provenant des glucides (5 %), des protéines (13 %), des matières grasses (82 %)

Réunissez tous les ingrédients secs dans un saladier. Ajoutez le blanc d'œuf, le pesto et le parmesan (le cas échéant). Mélangez soigneusement. Aplatissez la pâte entre vos mains et laissez-la reposer au réfrigérateur 30 à 60 minutes.

Préchauffez le four à 200 °C (thermostat 6-7). Sortez la pâte du réfrigérateur et placez-la entre deux feuilles de papier cuisson ou d'aluminium. Abaissez-la au rouleau à pâtisserie ou aplatissez-la avec vos doigts pour couvrir une plaque de cuisson de 20 × 30 cm.

À l'aide d'une roulette à pizza ou d'un couteau très tranchant, coupez la pâte en 16 parts égales puis enfournez la plaque de cuisson pour 12 à 15 minutes. Lorsque la pâte est cuite, sortez-la du four et laissez refroidir. Servez les crackers avec des rillettes de poisson fumé (page suivante) ou du hoummous céto (p. 48).

### Conseils

*Ces crackers sont légèrement mous. Si vous les préférez plus croustillants, utilisez 75 g de farine d'amande ou de farine de lin à la place de la farine de noix de coco. Vous pouvez aussi prolonger la cuisson de 20 à 30 minutes à basse température (110 °C).*

# Rillettes de poisson fumé

Ces rillettes de poisson ultrafaciles à préparer regorgent d'acides gras oméga-3 excellents pour la santé.

8 portions   5 min   5 min

### Ingrédients
1 oignon rouge de taille moyenne (100 g)
100 g de saumon fumé
200 g de filet de maquereau fumé
100 g de cream cheese
115 g de crème aigre
2 cuill. à soupe (30 ml) de jus de citron fraîchement pressé
Poivre noir du moulin

### Infos nutritionnelles par portion
Glucides totaux : 2 g
Fibres : 0,2 g
Glucides nets : 1,8 g
Protéines : 8,3 g
Matières grasses : 10,4 g
Énergie : 129 kcal
Répartition des macronutriments : calories provenant des glucides (5 %), des protéines (25 %), des matières grasses (70 %)

Pelez et hachez finement l'oignon. Dans le bol d'un blender, réunissez le saumon fumé et le maquereau fumé, le cream cheese et la crème aigre, et mixez jusqu'à obtention d'un mélange lisse. Arrosez de jus de citron et poivrez. Ajoutez l'oignon et mixez brièvement, juste assez longtemps pour l'incorporer au mélange (ne le mixez pas trop, pour qu'il reste quelques petits morceaux). Servez avec des crudités fraîchement préparées ou avec du céto-pain ultime (p. 19), des crackers à l'oignon et aux graines de pavot ou des crackers au pesto (p. 55).

# Déjeuners santé

Il est 13 heures, le petit déjeuner paraît déjà bien loin et votre estomac crie famine : il vous faut absolument un repas qui va vous rassasier et vous permettre de tenir jusqu'au dîner. Que faire ? Tester les recettes low-carb de ce chapitre ! Sandwiches sans céréales, rouleaux de saumon au nori ou barres protéinées adaptées au régime céto, voici quelques-uns de mes déjeuners santé préférés. Et ce qui ne gâche rien, beaucoup de ces préparations font aussi d'excellents dîners légers !

# Œufs bénédicte céto

Pas d'inquiétude : vous n'allez pas devoir renoncer à vos brunchs préférés ! Remplacez les muffins de la recette traditionnelle par mes petits céto-pains ultimes (p. 19) pour une version pauvre en glucides et facile à préparer de ce grand classique.

1 portion    10 min    15 min

### Ingrédients

1 portion de sauce hollandaise (p. 32)
1 trait de vinaigre de vin rouge
1 pincée de sel
1 gros œuf de poule élevée en liberté
½ petit céto-pain ultime (p. 19)
2 tranches de jambon provenant de porcs élevés au pré (50 g)
1 cuill. à soupe (2,5 g) d'herbes aromatiques fraîches ciselées (par exemple ciboulette, persil ou basilic)

### Infos nutritionnelles par portion

Glucides totaux : 8,4 g
Fibres : 4,1 g
Glucides nets : 4,3 g
Protéines : 22,3 g
Matières grasses : 43,5 g
Énergie : 500 kcal
Répartition des macronutriments : calories provenant des glucides (3 %), des protéines (18 %), des matières grasses (79 %)

Commencez par confectionner la sauce hollandaise et réservez-la au chaud. Pour pocher les œufs, versez de l'eau dans une petite casserole, puis ajoutez le vinaigre et le sel. Portez à ébullition à feu moyen. Cassez l'œuf dans une tasse. Lorsque l'eau bout, abaissez la tasse dans l'eau et laissez doucement glisser l'œuf dans la casserole.

Réduisez la température à feu moyen et laissez cuire 3 minutes (servez-vous d'une minuterie pour éviter de trop cuire l'œuf).

Sortez l'œuf de l'eau bouillante à l'aide d'une écumoire, puis plongez-le dans un bol d'eau froide environ 1 minute : cela évitera qu'il continue à cuire. Puis sortez l'œuf de l'eau et posez-le sur un torchon pour le sécher.

Posez le petit céto-pain ultime coupé en deux sur une assiette. Garnissez avec une tranche de jambon (ou deux s'il est coupé fin), ajoutez l'œuf poché puis garnissez de sauce hollandaise. Ajoutez la touche finale avec les herbes ciselées.

# Scotch eggs au four

L'aliment-réconfort par excellence ! Préparez cette spécialité anglaise avec de la chair à saucisse maison, en remplaçant la chapelure par de la couenne de porc séchée et moulue. Ce repas pauvre en glucides est parfait pour le déjeuner.

4 portions  20 min  45 min

### Ingrédients
4 gros œufs de poules élevées en liberté

**Chair à saucisse**
1 cuill. à soupe (15 g) de ghee
100 g de jambon
400 g de viande de porc hachée, 20 % de matières grasses
2 cuill. à café de paprika
1 cuill. à café de sauge séchée
1 cuill. à café de marjolaine séchée
¼ cuill. à café de clous de girofle moulus
½ cuill. à café de flocons de piment
Sel et poivre noir du moulin

**« Chapelure »**
25 g de couenne de porc séchée et moulue
2 cuill. à soupe (14 g) de farine de lin
1 pincée de sel et de poivre noir du moulin
Facultatif : 45 g de parmesan râpé

Préchauffez le four à 175 °C (thermostat 5-6). Pour commencer, faites cuire les œufs durs.

Huilez une poêle avec le ghee et faites-y revenir le jambon coupé en tranches à feu moyen pendant 3 minutes environ, jusqu'à ce qu'il soit doré (vous pouvez aussi remplacer le jambon par du lard : dans ce cas, n'utilisez pas de ghee).

Dans un saladier, mélangez la couenne de porc séchée et moulue, le jambon, le paprika, la sauge, la marjolaine, les clous de girofle moulus, les flocons de piment, du sel et du poivre. Divisez la viande en quatre parts, pour éviter de vous retrouver avec des œufs sans garniture.

Aplatissez la viande et façonnez des galettes de la taille de la paume de la main. Posez un œuf au centre de chaque galette et entourez-le de viande. L'œuf doit être entièrement enrobé.

Mélangez la couenne de porc séchée et moulue avec la farine de lin, salez et poivrez. Ajoutez le parmesan, le cas échéant. Roulez les œufs entourés de viande dans le mélange de couenne et de farine de lin, jusqu'à ce qu'ils soient bien enrobés.

Posez les œufs entourés de viande sur une plaque de cuisson tapissée de papier cuisson et enfournez pour 25 minutes environ. Servez très chaud avec de la mayonnaise, de la moutarde, du ketchup ou de la sauce barbecue.

**Infos nutritionnelles par portion**
Glucides totaux : 2,8 g
Fibres : 1,7 g
Glucides nets : 1,1 g
Protéines : 32,3 g
Matières grasses : 33 g
Énergie : 450 kcal
Répartition des macronutriments : calories provenant des glucides (1 %), des protéines (30 %), des matières grasses (69 %)

# Œufs au four à l'espagnole

Cette version épicée des œufs au four est parfaite pour réveiller les papilles gustatives. Ces œufs sont excellents servis seuls ou avec des petits céto-pains ultimes (p. 19).

2 portions   10 min   30 min

### Ingrédients

2 cuill. à soupe (30 g) de ghee, de saindoux ou d'huile de noix de coco

½ petit oignon rouge (30 g), pelé et émincé

1 gousse d'ail, écrasée

1 poivron rouge de taille moyenne (120 g), épépiné et émincé

1 petit piment

2 gros œufs de poules élevées en liberté

240 g de tomates concassées en conserve

2 cuill. à soupe (8 g) de persil frais ciselé

Sel et poivre noir du moulin

Facultatif : 56 g de cheddar, râpé

### Infos nutritionnelles par portion

Glucides totaux : 10,9 g
Fibres : 2,9 g
Glucides nets : 8 g
Protéines : 8,3 g
Matières grasses : 20,2 g
Énergie : 257 kcal
Répartition des macronutriments : calories provenant des glucides (13 %), des protéines (13 %), des matières grasses (74 %)

Préchauffez le four à 200 °C (thermostat 6-7). Huilez une grande poêle avec le ghee, le saindoux ou l'huile de noix de coco, puis faites-y fondre l'oignon et l'ail jusqu'à ce qu'ils soient translucides. Ajoutez le poivron rouge et le piment et laissez-les revenir 10 minutes environ, en remuant régulièrement.

Incorporez les tomates et le persil (réservez un peu de persil pour garnir) et faites revenir 1 minute environ. Salez et poivrez. Retirez du feu. À l'aide d'une cuillère, transférez la préparation dans deux plats allant au four. Faites un creux au centre de chaque plat et cassez-y un œuf. Si vous le souhaitez, saupoudrez les œufs de cheddar râpé. Enfournez pour 15 à 20 minutes.

Les œufs sont prêts lorsque les blancs sont cuits et que les jaunes sont encore liquides. Sortez les plats du four, parsemez de persil ciselé et servez sans attendre.

# Mug cake à l'œuf

La solution la plus rapide qui soit pour préparer un déjeuner excellent pour la santé ? C'est ce mug cake à l'œuf, prêt en 5 minutes chrono !

1 portion — 5 min — 5 min

### Ingrédients
56 g de légumes hachés (par exemple brocoli, asperges ou épinards)
1 cuill. à soupe (15 g) de ghee ou de beurre
1 cuill. à soupe (6 g) de tomates séchées au soleil, égouttées et hachées
3 cuill. à soupe (15 g) de parmesan râpé ou une tranche de lard croustillant
1 gros œuf de poule élevée en liberté
1 pincée de sel et de poivre noir du moulin

### Infos nutritionnelles par portion
Glucides totaux : 5,1 g
Fibres : 1,7 g
Glucides nets : 3,4 g
Protéines : 13,4 g
Matières grasses : 24,6 g
Énergie : 294 kcal
Répartition des macronutriments : calories provenant des glucides (5 %), des protéines (18 %), des matières grasses (77 %)

Dans un grand mug, réunissez tous les légumes (à l'exception des épinards, si vous en utilisez), avec 1 cuillère à soupe (15 g) de ghee. Faites cuire 1 minute au four à micro-ondes si les légumes sont précuits, ou 2 ou 3 minutes si vous utilisez des légumes crus.

Ajoutez les épinards et le fromage ou le lard croustillant, ainsi que l'œuf. Salez et poivrez. Remettez le mug au four à micro-ondes, pour prolonger la cuisson de 1 minute.

### Conseil
*Ce repas express peut se préparer au bureau en un clin d'œil. Apportez tous les ingrédients dans un récipient hermétique, puis mettez-les dans un mug, ajoutez l'œuf et faites cuire au four à micro-ondes.*

Plus de gras moins de sucre

# Roulé saumon épinards

Le saumon et l'épinard se marient à merveille, comme dans ce déjeuner léger qui regorge d'acides gras oméga-3 excellents pour la santé. De plus, cette recette fera de l'effet si vous avez des invités !

4 portions — 15 min — 30 min

## Ingrédients

2 cuill. à soupe (30 g) de ghee ou de beurre
1 gousse d'ail, écrasée
250 g d'épinards frais ou 275 g d'épinards surgelés
4 gros œufs de poules élevées en liberté
¼ cuill. à café de sel
¼ cuill. à café de crème de tartre
150 g de cream cheese
60 g de crème aigre
1 cuill. à soupe (15 ml) de jus de citron fraîchement pressé
2 oignons nouveaux de taille moyenne (30 g) ou ciboulette
200 g de saumon fumé

## Infos nutritionnelles par portion

Glucides totaux : 5,4 g
Fibres : 1,7 g
Glucides nets : 3,7 g
Protéines : 20,3 g
Matières grasses : 28,1 g
Énergie : 337 kcal
Répartition des macronutriments : calories provenant des glucides (4 %), des protéines (23 %), des matières grasses (73 %)

Préchauffez le four à 190 °C (thermostat 6-7). Tapissez de papier cuisson une plaque de cuisson ou une plaque à roulé. Si vous utilisez des épinards frais, lavez-les et séchez-les. Dans une grande poêle, chauffez le ghee à feu moyen, puis ajoutez l'ail écrasé. Faites-le dorer 1 minute, puis ajoutez les épinards. Laissez revenir 1 minute, jusqu'à ce que les épinards aient fondu (ou si vous utilisez des épinards surgelés, jusqu'à ce qu'ils aient décongelé). Retirez du feu et réservez. Lorsque les épinards ont refroidi, ôtez l'excès de jus de cuisson.

Pour préparer le roulé, séparez les jaunes d'œufs des blancs. Fouettez les jaunes dans un bol. Dans un saladier, battez les blancs en neige, avec le sel et la crème de tartre, jusqu'à ce qu'ils forment des pics souples, puis incorporez lentement les jaunes d'œufs battus. Procédez délicatement, en veillant à ne pas faire retomber les œufs en neige.

Incorporez lentement les œufs au mélange à base d'épinards : commencez en ajoutant quelques cuillères à soupe seulement (45 à 55 g) aux épinards, puis incorporez le reste d'œufs.

Versez le mélange sur la plaque tapissée de papier cuisson et répartissez-le uniformément. Enfournez pour 10 à 12 minutes, jusqu'à ce que le mélange se fige et soit doré. Retirez du four, couvrez avec un torchon humide et laissez refroidir. Cela empêchera les œufs de sécher et permettra de rouler la pâte plus facilement.

Pendant que l'œuf refroidit, préparez la garniture. Mélangez le cream cheese, la crème aigre, le jus de citron et la ciboulette ou les oignons nouveaux finement hachés. Relevez d'une pincée de sel et mélangez soigneusement.

Transférez le roulé sur une planche à découper en le retournant et ôtez le papier cuisson. Garnissez la pâte : répartissez les morceaux de saumon fumé sur le roulé, sans aller jusqu'aux bords sur les quatre côtés. Étalez la garniture au cream cheese sur le saumon, puis roulez la pâte à l'œuf, en serrant bien. Coupez en tranches et servez sans attendre, ou entourez le roulé dans une feuille d'aluminium et conservez-le au réfrigérateur.

# Bagels santé au saumon

Ce déjeuner pratique, adapté au régime céto, peut se préparer à l'avance. Il ne vous restera plus qu'à le sortir du réfrigérateur le matin, avant de partir travailler.

2 portions   5 min   5 min

### Ingrédients
2 petits céto-pains ultimes (p. 19)
60 g de cream cheese
2 cuill. à soupe (30 g) de mayonnaise
2 cuill. à soupe (6 g) de ciboulette ciselée
1 cuill. à soupe (4 g) d'aneth frais ciselé
1 cuill. à soupe (15 ml) de jus de citron fraîchement pressé
100 g de saumon fumé

### Infos nutritionnelles par portion
Glucides totaux : 14,4 g
Fibres : 8,3 g
Glucides nets : 6,1 g
Protéines : 23,8 g
Matières grasses : 54,2 g
Énergie : 597 kcal
Répartition des macronutriments : calories provenant des glucides (4 %), des protéines (16 %), des matières grasses (80 %)

Suivez la recette des petits céto-pains ultimes, en les façonnant en forme de bagels ou en utilisant des moules à doughnuts.

Mélangez le cream cheese, la mayonnaise, la ciboulette et l'aneth. Coupez les bagels en deux dans l'épaisseur, puis étalez la garniture sur les deux moitiés. Arrosez le saumon fumé de jus de citron, puis garnissez deux bagels de saumon. Refermez les bagels en ajoutant les « couvercles » et servez.

# Muffins de viande au guacamole

Des muffins à base de viande ? Oui, vous avez bien lu ! Salés et consistants, ces petits pains de viande sont encore meilleurs une fois garnis de guacamole.

12 muffins  15 min  35 à 40 min

**Ingrédients**
2 cuill. à soupe (30 g) de ghee ou de saindoux
2 gousses d'ail, écrasées
1 petit oignon blanc (70 g), haché
300 g de riz de chou-fleur (p. 36)
500 g de steak haché
2 gros œufs de poules élevées en liberté
2 cuill. à café de paprika
1 cuill. à café de moutarde de Dijon (p. 31)
½ cuill. à café de sel

**Guacamole**
1 ½ avocat de taille moyenne (300 g)
1 petit oignon blanc (70 g), finement haché
2 cuill. à soupe (30 ml) de jus de citron vert fraîchement pressé
150 g de tomates cerises, grossièrement concassées
2 cuill. à soupe (4 g) de coriandre ciselée
1 petit piment, haché
2 gousses d'ail
Sel et poivre noir du moulin

Préchauffez le four à 175°C (thermostat 5-6).

Chauffez le ghee dans une grande poêle, puis ajoutez l'ail écrasé et l'oignon coupé en petits dés. Faites revenir 3 à 5 minutes, puis ajoutez le riz de chou-fleur. Laissez cuire 10 minutes environ, en remuant régulièrement. Salez, puis réservez.

Dans un saladier, mélangez le steak haché, les œufs, le paprika, la moutarde et le mélange à base de riz de chou-fleur. Salez et mélangez soigneusement. Répartissez uniformément la préparation dans un moule à muffins, puis enfournez pour 20 à 25 minutes, jusqu'à ce que les muffins soient dorés et croustillants sur le dessus. Sortez-les du four et laissez-les refroidir.

Pendant ce temps, préparez le guacamole. Coupez les avocats en deux, pelez-les et dénoyautez-les. Mettez la chair du demi-avocat dans un saladier et écrasez-la soigneusement à la fourchette. Ajoutez l'oignon haché, le jus de citron vert, les tomates concassées, la coriandre, le piment et l'ail écrasé.

Coupez en dés la chair de l'avocat entier, puis incorporez-les à la préparation, sans les écraser. Salez et poivrez. Garnissez les muffins de guacamole et servez.

**Conseil**
*Préparez le guacamole avec du jus de citron vert et conservez-le dans un récipient hermétique : il gardera sa belle couleur verte plus longtemps.*

**Infos nutritionnelles par portion**

Glucides totaux : 5,7 g
Fibres : 2,8 g
Glucides nets : 2,9 g
Protéines : 9,6 g
Matières grasses : 15,5 g
Énergie : 197 kcal
Répartition des macronutriments : calories provenant des glucides (6 %), des protéines (20 %), des matières grasses (74 %)

# Beignets de légumes

Personnellement, je ne me lasse jamais de ces beignets, qui font un excellent déjeuner léger ou un accompagnement : servez-les avec du guacamole, de la crème aigre ou ma sauce barbecue épicée au chocolat, à utiliser comme dip.

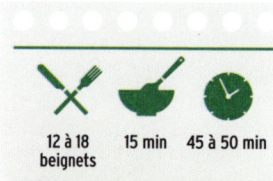

12 à 18 beignets — 15 min — 45 à 50 min

### Ingrédients
- 1 petit oignon rouge (60 g)
- 1 gros navet (200 g)
- 1 petit céleri (200 g)
- 2 courgettes de taille moyenne (400 g)
- ½ cuill. à café de sel
- 55 g de ghee ou d'huile de noix de coco, fondu
- 50 g de farine de lin
- 1 cuill. à café d'ail en poudre
- 1 cuill. à café de curcuma
- 2 gros œufs de poules élevées en liberté
- Facultatif : 25 g de parmesan ou de cheddar haché ou 4 tranches de lard croustillant

### Infos nutritionnelles par portion
(2 à 3 beignets)
Glucides totaux : 11,2 g
Fibres : 4,4 g
Glucides nets : 6,8 g
Protéines : 5,5 g
Matières grasses : 14,7 g
Énergie : 193 kcal
Répartition des macronutriments : calories provenant des glucides (15 %), des protéines (12 %), des matières grasses (73 %)

Préchauffez le four à 200 °C (thermostat 6-7). Tapissez une plaque de cuisson de papier cuisson (vous pouvez aussi faire frire les beignets dans une poêle huilée avec du ghee.)

Pelez l'oignon, le navet et le céleri. Lavez les courgettes, sans les peler. Émincez l'oignon. À l'aide d'un couteau à julienne, d'un spiraliseur ou d'une râpe, réduisez le céleri, le navet et les courgettes en « spaghettis ».

Mélangez tous les légumes dans un saladier et salez-les. Laissez reposer 20 minutes, pour qu'ils dégorgent légèrement. Tamponnez-les avec du papier absorbant pour les sécher.

Ajoutez le ghee fondu ou l'huile de noix de coco (si vous faites frire les beignets, versez le ghee ou l'huile dans la poêle et pas dans le mélange), la farine de lin, l'ail en poudre, le curcuma, les œufs et le parmesan ou le lard (le cas échant). Salez de nouveau et mélangez soigneusement. Façonnez des beignets de taille moyenne sur la plaque de cuisson : vous devriez en obtenir entre 12 et 18. Enfournez-les pour 15 à 20 minutes.

Lorsqu'ils sont cuits, les beignets doivent être croustillants et dorés sur le dessus. Sortez-les du four et laissez-les refroidir.

# Wraps de blette au poulet

Parfaits pour votre lunch-box, ces wraps vont vous rassasier jusqu'au dîner, promis !

2 wraps — 5 min — 15 min

### Ingrédients
Eau
2 gros œufs de poules élevées en liberté
2 oignons nouveaux de taille moyenne (30 g) ou ciboulette
1 cuill. à soupe (15 g) de moutarde de Dijon (p. 31)
2 cuill. à soupe (30 ml) de jus de citron fraîchement pressé
3 cuill. à soupe (45 g) de mayonnaise (p. 28)
Sel et poivre noir du moulin
250 g de blanc de poulet émietté (p. 114)
4 à 8 grandes feuilles de blette (180 g)

### Infos nutritionnelles par portion
Glucides totaux : 6,4 g
Fibres : 2,1 g
Glucides nets : 4,3 g
Protéines : 32,1 g
Matières grasses : 44 g
Énergie : 545 kcal
Répartition des macronutriments : calories provenant des glucides (3 %), des protéines (24 %), des matières grasses (73 %)

Commencez par cuire les œufs durs. Puis hachez les oignons nouveaux et mettez-les dans un saladier rempli d'eau : s'ils contiennent de la terre sur les oignons, elle se déposera au fond. Retirez les oignons du saladier et séchez-les soigneusement sur du papier absorbant. Mélangez les oignons hachés, la moutarde, le jus de citron et la mayonnaise. Salez et poivrez. Lavez les feuilles de blette.

Garnissez les feuilles avec le blanc de poulet émietté. Ajoutez la sauce à la mayonnaise et les œufs durs coupés en rondelles. Roulez la feuille autour de la garniture et dégustez sans attendre.

### Conseil
*Vous pouvez préparer des wraps à la blette, excellents pour la santé, la veille au soir, pour les emporter au bureau dans une lunch-box réfrigérée. Il suffit de garnir les feuilles de blette avec des protéines (œufs, poulet, thon, saumon), puis d'ajouter de la mayonnaise maison, du cream cheese, du fromage râpé ainsi que les herbes aromatiques et épices de votre choix – les possibilités sont infinies !*

# Rouleaux de saumon au nori

Ces rouleaux font d'excellents déjeuners en semaine, mais aussi d'exquises bouchées à servir à vos invités. Si vous les emportez au bureau, préparez-en suffisamment pour pouvoir en proposer autour de vous !

4 portions   15 min   20 min

### Ingrédients

**Rouleaux de saumon**
2 filets de saumon de taille moyenne (300 g)
½ cuill. à café de sel, à répartir
2 cuill. à soupe (30 ml) de jus de citron fraîchement pressé
1 cuill. à soupe (15 g) de ghee ou d'huile de noix de coco
4 gros œufs de poules élevées en liberté
55 g de mayonnaise épicée (voir recette ci-dessous)
4 feuilles de nori
120 g de feuilles de salade verte
1 gros avocat (200 g)
2 cuill. à soupe (8 g) d'aneth frais ciselé

**Mayonnaise épicée**
110 g de mayonnaise (p. 28)
2 cuill. à soupe (30 ml) de sriracha ou de sauce pimentée

### Infos nutritionnelles par portion

(1 rouleau non découpé)
Glucides totaux : 8,5 g
Fibres : 4,7 g
Glucides nets : 3,8 g
Protéines : 25,3 g
Matières grasses : 43,4 g
Énergie : 516 kcal
Répartition des macronutriments : calories provenant des glucides (3 %), des protéines (20 %), des matières grasses (77 %)

Commencez par faire cuire le saumon. Pour cela, versez environ 5 cm d'eau dans un cuit-vapeur, puis portez à ébullition à feu vif. Parsemez le saumon d'une pincée de sel et arrosez-le avec la moitié du jus de citron. Réduisez la température à feu moyen et mettez le saumon dans le panier vapeur. Couvrez et faites cuire 8 à 10 minutes.

Pendant ce temps, préparez les omelettes. Huilez une poêle avec une partie du ghee. Cassez un œuf dans un bol, puis ajoutez une pincée de sel. Battez-le soigneusement à la fourchette, puis versez-le dans la poêle. Étalez l'œuf le plus uniformément possible dans la poêle, pour obtenir une omelette fine : inutile qu'elle soit parfaitement ronde. Faites-la cuire jusqu'à ce que le dessus soit ferme, puis ôtez-la de la poêle et réservez-la dans une assiette. Faites de même avec les autres œufs.

Préparez la mayonnaise épicée en mélangeant la mayonnaise et le sriracha.

Lorsque le saumon est cuit, retirez la peau, puis émiettez la chair dans un saladier. Ajoutez la moitié de la mayonnaise épicée et l'aneth ciselé, et mélangez. Réservez ce qui reste de mayonnaise épicée pour plus tard.

Commencez à façonner les rouleaux : posez une omelette sur une feuille de nori. Laissez 2 à 5 cm sur les côtés, pour vous permettre de fermer le rouleau. Si l'omelette est trop grande, coupez les bords et mettez les « chutes » au milieu du rouleau.

Garnissez chaque omelette avec 30 g de salade verte, ¼ de l'avocat en lamelles et ¼ de la préparation au saumon. Pensez à poser la garniture sur une moitié de l'omelette seulement, pour pouvoir réaliser le rouleau facilement. Faites le rouleau, mouillez le bord de la feuille de nori avec quelques gouttes d'eau et fermez bien. Posez le rouleau dans une assiette, face collée vers le bas, pour qu'il se tienne. Procédez de même pour les autres rouleaux. Laissez reposer 10 à 15 minutes avant de servir ou conservez au réfrigérateur. Coupez chaque rouleau en 8 et servez avec ce qui reste de mayonnaise épicée.

# Sandwich Reuben

Qui pourrait résister à la version cétogène de ce grand classique, qui associe choucroute, pastrami, emmental et sauce à la russe ?

2 sandwiches — 10 min — 15 min

### Ingrédients

**Sauce à la russe**
1 petit cornichon (40 g)
½ cuill. à café de raifort râpé
3 cuill. à soupe (45 g) de mayonnaise (p. 28)
1 cuill. à soupe (15 g) de crème aigre ou davantage de mayonnaise
1 cuill. à café de sriracha ou de sauce pimentée
1 oignon nouveau de taille moyenne (15 g) ou ciboulette
1 cuill. à soupe (15 ml) de jus de citron fraîchement pressé
1 cuill. à soupe (4 g) de persil frais ciselé
Sel

**Sandwiches**
2 cuill. à soupe (30 g) de beurre ou de ghee
4 tranches de céto-pain ultime (p. 19)
2 tranches (56 g) d'emmental
75 g de choucroute
4 tranches de pastrami ou de corned-beef (80 g)

Commencez par préparer la sauce à la russe. Pour cela, râpez le cornichon, puis mettez-le dans un bol, avec les autres ingrédients de la sauce. Mélangez et réservez.

Tartinez ½ cuillère à soupe (7,5 g) de beurre ou de ghee sur chaque tranche de pain, puis retournez les pains et étalez la moitié de la sauce à la russe sur l'autre côté.

Sur deux tranches, répartissez la moitié du fromage, la moitié de la choucroute et le pastrami. Répartissez ce qui reste de sauce russe sur le pastrami et garnissez avec ce qui reste de choucroute et de fromage. Terminez vos sandwiches avec les deux tranches qui restent, côté beurré tourné vers le haut.

Faites chauffer une poêle classique ou une poêle gril à feu moyen. Placez-y les sandwiches et appuyez dessus avec une spatule (vous pouvez aussi vous servir d'un appareil à croque-monsieur). Faites dorer 5 minutes environ de chaque côté, jusqu'à ce que le pain soit croustillant et doré et que le fromage commence à fondre. Servez aussitôt.

### Conseil

*Pour une variante plus légère, remplacez le céto-pain ultime par du pain léger aux graines de tournesol, sans céréales (p. 20).*

**Infos nutritionnelles par portion**
Glucides totaux : 21,8 g
Fibres : 14,6 g
Glucides nets : 7,2 g
Protéines : 34,9 g
Matières grasses : 64,5 g
Énergie : 752 kcal
Répartition des macronutriments : calories provenant des glucides (4 %), des protéines (19 %), des matières grasses (77 %)

# Sandwiches « nuage » express

Aussi légers et moelleux que leur nom l'indique, ces sandwiches sans céréales sont parfaits pour un déjeuner sur le pouce.

2 sandwiches — 10 min — 15 min

### Ingrédients

**Petits « pains »**
2 gros œufs de poules élevées en liberté, blancs et jaunes séparés
1 pincée de sel
¼ cuill. à café de crème de tartre
60 g de parmesan ou de cheddar râpé

**Garniture**
2 cuill. à soupe (30 g) de beurre
50 g de cream cheese
4 tranches de jambon de qualité supérieure (100 g)
2 tranches de cheddar ou d'emmental (56 g)
4 feuilles de salade (40 g)

### Infos nutritionnelles par portion

Glucides totaux : 3,5 g
Fibres : 0,3 g
Glucides nets : 3,2 g
Protéines : 34,3 g
Matières grasses : 42,1 g
Énergie : 520 kcal
Répartition des macronutriments : calories provenant des glucides (2 %), des protéines (26 %), des matières grasses (72 %)

Préchauffez le four à 230 °C (thermostat 7-8). Séparez les blancs d'œufs des jaunes et réservez les jaunes. Ajoutez le sel et la crème de tartre aux blancs d'œufs et battez-les en neige épaisse, à l'aide d'un fouet ou d'un robot.

Incorporez délicatement le parmesan aux œufs en neige, à l'aide d'une cuillère (pour un « pain » sans laitages, remplacez le parmesan par du lard croustillant, du jambon finement haché ou des herbes aromatiques fraîches, comme du persil, du basilic ou de la ciboulette). Fouettez les jaunes d'œufs et incorporez-les délicatement aux œufs en neige. Attention à ne pas faire retomber les blancs d'œufs.

Tapissez une plaque de cuisson de papier cuisson. À l'aide d'une cuillère, déposez-y quatre tas de pâte. Enfournez pour 3 minutes environ, puis baissez la température du four à 200 °C (thermostat 6-7) et prolongez la cuisson de 10 minutes. Sortez du four et laissez refroidir. Garnissez de beurre, de cream cheese, de jambon, de cheddar et de salade, ou essayez les variantes suivantes.

### Autres garnitures (par portion)

***Crème de thon :*** 56 g de thon en conserve, 2 cuill. à soupe (30 g) de mayonnaise, 1 petit oignon nouveau, 1 cuill. à soupe (15 ml) de jus de citron, 30 g de cheddar râpé.

***Poulet tandoori :*** 85 g de blanc de poulet haché, 2 feuilles de salade, 2 cuill. à soupe (30 g) de yaourt entier et 1 cuill. à café de mélange d'épices pour tandoori.

***Porc et coleslaw :*** 85 g d'effilochée de porc (p. 153), ½ portion de coleslaw céto crémeux (p. 91).

# Lasagnes de courgettes

Cette version light du grand favori de la cuisine italienne rassasie parfaitement. De plus, elle possède une petite touche grecque, car elle utilise de l'agneau et non du bœuf.

4 portions  10 min  35 à 40 min

## Ingrédients
2 cuill. à soupe (30 g) de ghee
2 gousses d'ail, écrasées
600 g d'agneau haché
2 cuill. à café d'origan séché
2 cuill. à café de basilic séché
1 cuill. à soupe (7 g) de paprika
½ cuill. à café de sel
4 courgettes de taille moyenne (800 g)
240 g de tomates concassées en conserve
60 g de parmesan râpé

## Infos nutritionnelles par portion
Glucides totaux : 11,3 g
Fibres : 3,8 g
Glucides nets : 7,5 g
Protéines : 34,5 g
Matières grasses : 43,4 g
Énergie : 563 kcal
Répartition des macronutriments : calories provenant des glucides (5 %), des protéines (25 %), des matières grasses (70 %)

Chauffez une grande poêle huilée avec du ghee, puis ajoutez l'ail écrasé. Faites-le revenir une minute, puis ajoutez l'agneau haché, l'origan séché, le basilic, le paprika et le sel. Mélangez les tomates concassées, et laissez revenir jusqu'à ce que la viande soit entièrement dorée. Retirez du feu et réservez.

Préchauffez le four à 200 °C (thermostat 6-7). Pendant ce temps, préparez les courgettes. Lavez-les, puis à l'aide d'un éplucheur-légumes ou d'un couteau tranchant, détaillez-les en larges lamelles. Superposez un tiers des lamelles de courgettes dans un grand plat allant au four, puis garnissez-les avec la moitié de la préparation à la viande. Parsemez avec un tiers du parmesan, puis ajoutez une autre couche de courgettes. Complétez avec ce qui reste de mélange à la viande, parsemez encore de fromage, puis mettez la dernière épaisseur de courgettes.

Ajoutez ce qui reste de parmesan, puis enfournez pour 25 à 30 minutes. Sortez du four et laissez refroidir 10 minutes. Dégustez les lasagnes aussitôt ou placez-les au réfrigérateur lorsqu'elles ont fini de refroidir. Elles se gardent 3 jours.

# Barres de granola épicées à la noix de coco

Ces barres de granola rassasient tellement qu'elles constituent un véritable repas. À grignoter en cas de gros creux.

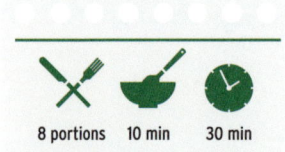

8 portions  10 min  30 min

### Ingrédients
35 g de noix de coco séchée râpée
25 g de noix de coco séchée en copeaux
35 g d'amandes
35 g de noix de macadamia
35 g de noix de pécan
35 g de graines de chia
35 g de graines de potiron
35 g de protéines de lactosérum en poudre ou de protéines de blancs d'œufs en poudre
1 cuill. à soupe (7 g) de mélange d'épices pour potiron
40 g d'érythritol en poudre
1 pincée de sel
2 gros blancs d'œufs de poules élevées en liberté
185 g de beurre de noix de coco ou de beurre de fruits à coque grillés (p. 38)
2 cuill. à soupe (30 g) d'huile ou de beurre de noix de coco vierge extra
120 ml de lait de coco
15 à 20 gouttes de stévia liquide

Préchauffez le four à 160 °C (thermostat 5-6). Mettez la noix de coco en poudre et en copeaux dans un saladier. Hachez grossièrement les amandes, les noix de macadamia et les noix de pécan. Ajoutez le tout dans le saladier, puis complétez avec les graines de chia et de potiron, la poudre de protéines (nature ou à la vanille), le mélange d'épices pour potiron (voir Conseil), l'érythritol en poudre et le sel. Mélangez jusqu'à obtention d'une préparation homogène.

Dans une petite casserole, réunissez les blancs d'œufs, le beurre de noix de coco (ou le beurre de fruits à coque grillés), l'huile de noix de coco, le lait de coco et la stévia liquide, puis chauffez à feu doux, jusqu'à ce que le tout ait fondu et se soit bien mélangé. Versez le contenu de la casserole sur les ingrédients secs, et mélangez.

Tapissez un moule de 20 × 20 cm de papier cuisson ou utilisez un moule en silicone. Versez la préparation dans le plat et étalez-la uniformément, à l'aide d'une spatule. Enfournez pour 30 minutes environ. Lorsque la préparation est cuite, sortez le plat du four et laissez-le refroidir sur une grille. Attendez que le granola ait totalement refroidi pour le couper en 8 barres. Conservez-les dans un récipient hermétique. Elles se gardent 5 jours à température ambiante ou 10 jours au réfrigérateur.

### Conseil
*Préparez votre mélange d'épices pour potiron (48 g). Mélangez 28 g de cannelle de Ceylan, 2 c. à s. de gingembre moulu, 2 c. à c. de noix de muscade moulue, 1 c. à c. de clous de girofle moulus et 1 c. à c. de piment de la Jamaïque moulu.*

### Infos nutritionnelles par portion
Glucides totaux : 12,7 g
Fibres : 8,5 g
Glucides nets : 4,2 g
Protéines : 11,3 g
Matières grasses : 33,9 g

Énergie : 377 kcal
Répartition des macronutriments : calories provenant des glucides (5 %), des protéines (12 %), des matières grasses (83 %)

# Pâtés de foie au lard

Vous pensiez ne pas aimer les abats ? Croyez-moi, cette recette va vous faire changer d'avis ! Le foie de poulet a une saveur plus douce que les autres foies, qui se marie à merveille au lard croustillant. J'aime bien associer ces petits pâtés à de la salade verte ou les servir en hors-d'œuvre lorsque je reçois.

4 portions   15 min   40 à 45 min

### Ingrédients

450 g de foie de poulet
56 g de ghee ou de saindoux
1 oignon blanc de taille moyenne (110 g), pelé et finement haché
2 gousses d'ail, pelées et écrasées
½ petit céleri (100 g), pelé
8 fines tranches de lard (120 g)
Sel et poivre noir du moulin

### Infos nutritionnelles par portion

Glucides totaux : 6,2 g
Fibres : 1 g
Glucides nets : 5,2 g
Protéines : 23,9 g
Matières grasses : 26,8 g
Énergie : 366 kcal
Répartition des macronutriments : calories provenant des glucides (6 %), des protéines (27 %), des matières grasses (67 %)

Préchauffez le four à 160 °C (thermostat 5-6). Hachez les foies de poulet en petits morceaux. Chauffez la moitié du ghee dans une poêle, puis faites-y revenir les foies 3 minutes environ, jusqu'à ce qu'ils soient dorés à l'extérieur, mais encore roses à l'intérieur. Transférez les foies dans le bol d'un blender, puis mixez jusqu'à obtention d'un mélange lisse.

Mettez ce qui reste de ghee dans une poêle propre, puis ajoutez l'oignon, l'ail et le céleri. Faites revenir à feu moyen 10 minutes environ, en remuant régulièrement.

Ajoutez le mélange à l'oignon et au céleri au hachis de foie, puis mixez jusqu'à ce que l'ensemble soit lisse. Pour obtenir une texture plus grossière, réservez une partie des légumes, puis ajoutez-les après avoir mixé le mélange.

Coupez le lard dans le sens de la longueur, de manière à obtenir 16 longues tranches. Salez et poivrez la préparation au foie. À l'aide d'une cuillère, formez des boulettes de pâte ovale. Posez une boulette sur une tranche de lard, puis enroulez celle-ci autour du pâté, pour former une bouchée. Procédez de même pour toutes les tranches, de manière à obtenir 16 petits pâtés au total. Transférez-les sur une plaque de cuisson et enfournez pour 25 à 30 minutes.

Lorsque les bouchées sont prêtes, sortez-les du four et réservez-les. Servez chaud ou à température ambiante, telles quelles ou accompagnées d'une salade.

# Barres protéinées au chocolat fondant

Ces barres chocolatées céto comptent parmi les meilleures que j'aie jamais créées ! De plus, elles sont ultrafaciles à préparer et rassasient parfaitement.

8 portions | 10 min | 10 min + réfrigération

### Ingrédients
1 portion (environ 500 g) de beurre de noisette au chocolat (p. 42), à température ambiante
100 g de protéines de lactosérum ou de blancs d'œufs en poudre
50 g de farine d'amande
Facultatif : 10 à 15 gouttes de stévia liquide
2 cuill. à soupe (28 g) d'éclats de fèves de cacao ou de chocolat noir à 85 % de cacao ou plus, haché

### Infos nutritionnelles par portion
Glucides totaux : 14,4 g
Fibres : 7 g
Glucides nets : 7,4 g
Protéines : 19,3 g
Matières grasses : 41,4 g
Énergie : 476 kcal
Répartition des macronutriments : calories provenant des glucides (6 %), des protéines (16 %), des matières grasses (78 %)

Mettez le beurre de noisette au chocolat dans un saladier. Ajoutez les protéines de lactosérum, la farine d'amande et la stévia liquide (le cas échéant). Mélangez jusqu'à obtention d'une préparation homogène.

Tapissez un plat de 20 × 20 cm de papier cuisson ou utilisez un moule en silicone. Versez le mélange dans le plat, en vous aidant d'une cuillère, et répartissez-le uniformément avec une spatule. Parsemez d'éclats de fèves de cacao ou de chocolat noir concassé. Réservez au réfrigérateur 2 heures, jusqu'à ce que l'ensemble soit figé. À l'aide d'une roulette à pizza, coupez la préparation en 8 barres. Conservez-les au réfrigérateur, pour qu'elles ne fondent pas. Elles se garderont 10 jours.

### CONSEIL

*L'huile de noix de coco et les beurres de fruits à coque deviennent très mous à température ambiante. Pour cela, conservez ces barres chocolatées au réfrigérateur. Si vous les emportez au bureau, placez-les dans un récipient hermétique et remettez-les au frais le plus rapidement possible.*

# Soupes et salades consistantes

Lorsqu'on a une alimentation pauvre en glucides, il faut impérativement consommer beaucoup d'aliments riches en nutriments, comme des légumes, des avocats, de la viande et des fruits à coque, qui évitent les creux et les fringales de sucre. Pour cela, les recettes présentées dans ce chapitre seront de précieuses alliées. Salade César croquante servie dans des « coupes » en fromage que vous réaliserez vous-même, gazpacho vert velouté ou minestrone de poulet, ces soupes et salades font d'excellents déjeuners santé, faciles à emporter au bureau, mais elles sont aussi parfaites pour un dîner léger, une entrée ou un accompagnement d'un repas plus copieux.

# Gaspacho vert velouté

Cette soupe froide rafraîchissante est riche en potassium.
L'idéal pour un déjeuner léger en été, lorsqu'il fait chaud.

4 portions — 10 min — 10 min

### Ingrédients
2 gros avocats (400 g)
1 gros concombre (300 g)
1 gros poivron vert (160 g)
1 oignon blanc de taille moyenne (110 g)
2 gousses d'ail, écrasées
1 piment jalapeño (15 g), épépiné
Le jus de 1 citron vert
2 à 4 cuill. à soupe (2 à 4 g) de coriandre ciselée
120 ml d'huile d'olive vierge extra
Sel et poivre noir du moulin
Facultatif : crème aigre ou yaourt entier

### Infos nutritionnelles par portion
Glucides totaux : 16,4 g
Fibres : 8,6 g
Glucides nets : 7,8 g
Protéines : 3,3 g
Matières grasses : 42,3 g
Énergie : 438 kcal
Répartition des macronutriments : calories provenant des glucides (7 %), des protéines (3 %), des matières grasses (90 %)

Coupez les avocats et dénoyautez-les. Pelez-les, coupez la chair en morceaux et mettez-la dans un blender. Lavez le concombre, pelez-le et coupez-le en rondelles. Lavez le poivron vert, coupez-le en deux, épépinez-le et coupez-le en lamelles. Ajoutez le concombre et le poivron dans le blender.

Pelez l'oignon et l'ail, et hachez-les grossièrement. Lavez le piment jalapeño, coupez-le en deux et épépinez-le. Mettez le tout dans le blender. Ajoutez le jus de citron vert, la coriandre et l'huile d'olive (en réservant un peu de coriandre et d'huile d'olive pour garnir). Salez et poivrez.

Mixez tous les ingrédients jusqu'à obtention d'une préparation lisse (vous pouvez aussi utiliser un mixeur plongeant, mais ce sera plus long). Transférez le gaspacho dans un plat pour servir, puis arrosez-le d'un trait d'huile d'olive. Si vous le souhaitez, ajoutez une cuillerée de crème aigre ou de yaourt entier, pour le rendre plus onctueux.

# Soupe slovaque à la choucroute

Cette variante d'une exquise soupe qui se déguste en Slovaquie et en République tchèque pendant les fêtes de fin d'année est incontestablement l'un de mes plats préférés. Le meilleur de la cuisine low-carb !

10 portions   20 min   2 h

### Ingrédients
600 g d'épaule de porc
56 g de ghee ou de saindoux
¼ cuill. à café de clous de girofle moulus
¼ cuill. à café de noix de muscade en poudre
600 g de choucroute
45 g de champignons des bois séchés
2 gousses d'ail, écrasées
2 cuill. à soupe (30 g) de purée de tomates, sans sucre
1 cuill. à café de grains de poivre
1 cuill. à café de sel
1 cuill. à soupe (7 g) de graines de carvi
4 feuilles de laurier
480 ml de bouillon d'os (p. 30)
1,5 litre d'eau
1 gros salami hongrois (200 g), coupé en rondelles
1 rutabaga de taille moyenne (500 g)
Facultatif : une grosse cuillère de crème fraîche épaisse

Coupez la viande de porc en bouchées. Faites chauffer le ghee dans une grande casserole, puis ajoutez la viande, les clous de girofle moulus et la muscade.

Faites dorer la viande de tous les côtés, en remuant régulièrement. Ajoutez la choucroute, les champignons séchés, l'ail écrasé, la purée de tomates, les grains de poivre, les graines de carvi, les feuilles de laurier, le sel, le bouillon d'os et l'eau. Couvrez, puis laissez mijoter 60 à 75 minutes, jusqu'à ce que le chou soit tendre.

Coupez le salami en rondelles. Pelez le rutabaga et coupez-le en dés. Réservez. Lorsque le chou est tendre, ajoutez le salami et les dés de rutabaga, et prolongez la cuisson de 15 à 20 minutes, jusqu'à ce que le rutabaga soit tendre. Si vous utilisez de la crème fraîche épaisse, incorporez-la maintenant et mélangez soigneusement.

Lorsque la cuisson est achevée, retirez la soupe du feu et goûtez. Si nécessaire, salez. Retirez les grains de poivre et les feuilles de laurier avant de servir. Si vous le souhaitez, servez avec une cuillère de crème aigre, et des petits céto-pains ultimes (p. 19).

### Conseils

- *Si vous ne mangez pas de porc, vous pouvez parfaitement utiliser du bœuf, par exemple du bœuf à braiser : sachez toutefois qu'il faudra peut-être prévoir un temps de cuisson plus long.*

- *Si vous craignez que la soupe soit trop acide à votre goût, mettez la choucroute dans une passoire et rincez-la à l'eau froide avant de la cuisiner.*

- *Utilisez une boule à épices, pour retirer plus facilement les grains de poivre et les feuilles de laurier une fois la cuisson achevée.*

**Infos nutritionnelles par portion**
Glucides totaux : 11,8 g
Fibres : 4 g
Glucides nets : 7,8 g
Protéines : 17,7 g
Matières grasses : 25,5 g
Énergie : 345 kcal
Répartition des macronutriments : calories provenant des glucides (9 %), des protéines (21 %), des matières grasses (70 %)

# Velouté de courgettes

Cette soupe onctueuse est une pure merveille en hiver, elle réchauffe et réconforte. Elle est particulièrement délicieuse accompagnée d'une cuillerée de crème aigre ou de lard bien croustillant.

6 portions  15 min  30 min

### Ingrédients

2 grosses courgettes (500 g)
1 gros poireau (200 g)
2 cuill. à soupe (30 g) de ghee ou de saindoux
2 gousses d'ail, écrasées
720 ml de bouillon de poule (p. 114)
240 ml de crème fraîche épaisse ou de lait de coco
375 g de blanc de poulet émietté (p. 114)
Sel et poivre noir du moulin
2 cuill. à soupe (8 g) de persil frais ciselé ou de ciboulette ciselée
Facultatif : 8 tranches de lard croustillant ou 345 g de crème aigre pour garnir

### Infos nutritionnelles par portion

Glucides totaux : 8,8 g
Fibres : 1,5 g
Glucides nets : 7,3 g
Protéines : 16,4 g
Matières grasses : 32,7 g
Énergie : 393 kcal
Répartition des macronutriments : calories provenant des glucides (7 %), des protéines (17 %), des matières grasses (76 %)

Lavez les courgettes et coupez-les en rondelles. Émincez le poireau, puis mettez-le dans un saladier rempli d'eau : la terre qu'il contient se déposera au fond du saladier. Égouttez le poireau, puis séchez-le soigneusement sur du papier absorbant.

Dans une grande casserole, chauffez le ghee, puis faites revenir l'ail écrasé pendant 1 minute. Ajoutez les courgettes et le poireau. Faites revenir 5 minutes environ, en remuant sans discontinuer.

Mouillez avec le bouillon de poule, puis portez à ébullition. Réduisez le feu et laissez mijoter 20 minutes environ, jusqu'à ce que le poireau et les courgettes soient tendres. Retirez du feu.

Mixez avec un mixeur plongeant ou versez le contenu de la casserole dans un robot, et mixez jusqu'à obtention d'une soupe lisse. Remettez la soupe sur le feu, puis incorporez la crème fraîche épaisse et le poulet. Laissez frémir 5 minutes, pour que la soupe soit bien chaude. Salez et poivrez. Parsemez d'herbes ciselées. Si vous le souhaitez, servez la soupe garnie de lard croustillant ou d'une cuillère de crème aigre et accompagnez-la de petits céto-pains ultimes (p. 19).

# Minestrone de poulet

Ma version céto et pauvre en glucides de ce grand classique de la cuisine italienne permet de cuisiner des produits de saison ou des légumes surgelés.

8 portions  20 min  50 min

### Ingrédients
1 oignon blanc de taille moyenne (110 g)
2 gousses d'ail, écrasées
2 branches de céleri de taille moyenne (80 g)
1 petit poireau (50 g)
1 courgette de taille moyenne (200 g)
150 g de haricots verts
210 g de chou frisé, haché
6 fines tranches de pancetta ou de lard (90 g)
2 cuill. à soupe (30 g) de ghee ou de saindoux
2 feuilles de laurier
360 g de tomates concassées en conserve
2 litres de bouillon de poule (p. 114)
1 litre d'eau
500 g de blanc de poulet émietté (p. 114)
Sel et poivre noir du moulin
Basilic et origan frais
125 g de pesto (p. 35)

### Infos nutritionnelles par portion
Glucides totaux : 9,6 g
Fibres : 3,2 g
Glucides nets : 6,4 g
Protéines : 18,9 g
Matières grasses : 28,3 g
Énergie : 371 kcal
Répartition des macronutriments : calories provenant des glucides (7 %), des protéines (21 %), des matières grasses (72 %)

Commencez par préparer les légumes. Pelez et émincez l'oignon, écrasez l'ail. Lavez les branches de céleri et le poireau, et coupez-les en rondelles. Lavez la courgette et coupez-la en dés. Lavez les haricots verts, éboutez-les et coupez-les en trois. Lavez le chou, et émincez-le ou hachez-le. Enfin, détaillez la pancetta en dés.

Chauffez une grande casserole à feu moyen et mettez-y le ghee. Faites revenir l'ail et l'oignon, 2 ou 3 minutes seulement, puis ajoutez la pancetta. Remuez sans discontinuer, jusqu'à ce que le tout soit doré. Ajoutez le poireau, la courgette, les haricots verts, le chou et les feuilles de laurier. Laissez revenir 10 minutes environ, en remuant régulièrement. Incorporez les tomates.

Mouillez avec le bouillon de poule et portez à ébullition. Couvrez et laissez mijoter 30 minutes environ, jusqu'à ce que les légumes soient tendres. Si la soupe est trop épaisse, ajoutez un peu d'eau ou de bouillon. Salez et poivrez. Ajoutez le blanc de poulet émietté, le basilic et l'origan, et retirez du feu.

Servez dans des bols, puis ajoutez sur chaque portion une cuill. à soupe (15 g) de pesto maison (ou saupoudrez de parmesan râpé). Servez avec des petits céto-pains ultimes (p. 19).

### Conseils
- *Pour changer, remplacez le pesto par 100 g de parmesan.*
- *Cette recette est pour 8 portions. Si vous la préparez uniquement pour vous, divisez les quantités par deux ou congelez ce qui reste en portions individuelles.*

# Velouté de chou-fleur au chorizo

Consistante, cette soupe sucrée et épicée qui réchauffe associe du chou-fleur, parfait pour le régime cétogène, et du chorizo rustique. Le résultat : un extraordinaire repas complet.

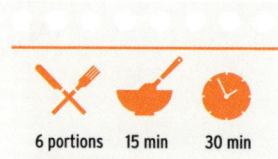

6 portions — 15 min — 30 min

### Ingrédients
1 gros chou-fleur (1 kg)
2 gousses d'ail
1 oignon blanc de taille moyenne (110 g)
3 cuill. à soupe (45 g) de ghee ou de saindoux
Sel et poivre noir du moulin
1 litre de bouillon de poule (p. 114) ou de bouillon d'os (p. 30)
1 gros chorizo espagnol (200 g)
Les feuilles de 1 ou 2 brins de romarin frais, hachées
Facultatif : 336 g de crème fraîche liquide ou épaisse

### Infos nutritionnelles par portion
Glucides totaux : 11 g
Fibres : 3,7 g
Glucides nets : 7,3 g
Protéines : 14,7 g
Matières grasses : 24 g
Énergie : 312 kcal
Répartition des macronutriments : calories provenant des glucides (10 %), des protéines (19 %), des matières grasses (71 %)

Lavez le chou-fleur et détaillez-le en petites fleurettes. Pelez et émincez l'ail et l'oignon. Chauffez 2 cuillères à soupe (30 g) de ghee dans une grande casserole, puis faites dorer l'ail et l'oignon à feu moyen 10 minutes environ, en remuant régulièrement.

Ajoutez le chou-fleur, le sel, le poivre et le bouillon de poule. Couvrez et laissez mijoter 15 minutes environ.

Pendant ce temps, coupez le chorizo en fines rondelles ou en petits dés. Hachez le romarin. Dans une poêle, chauffez ce qui reste de ghee, puis faites-y revenir le chorizo et le romarin 5 minutes environ, jusqu'à ce que le chorizo soit croustillant. Réservez la poêle.

Lorsque le chou-fleur est tendre, retirez la soupe du feu et réservez 5 minutes. Mixez-la avec un mixeur plongeant ou dans un robot, jusqu'à ce qu'elle soit lisse et veloutée. Servez dans des bols. Garnissez chaque bol de chorizo croustillant et de romarin, puis arrosez d'un peu de jus de cuisson du chorizo. Ajoutez la crème fraîche, le cas échéant.

# Soupe de « nouilles » thaïe épicée

Utilisez les carapaces des crevettes pour confectionner vous-même le bouillon de cette soupe aux parfums d'Asie, aussi délicieuse que facile à préparer.

8 portions | 20 min | 1 h

## Ingrédients

600 g de crevettes, non décortiquées
1 bouquet de coriandre fraîche
3 cuill. à soupe (45 g) de ghee ou d'huile de noix de coco
4 gousses d'ail, écrasées
1 oignon blanc de taille moyenne (110 g), pelé et coupé en petits dés
1 cuill. à soupe (8 g) de gingembre râpé ou de galanga
1 tige de citronnelle, hachée
4 feuilles de kaffir ou 2 cuill. à café de zeste de citron vert fraîchement râpé
1 à 2 petits piments forts
2 litres de bouillon de poule
230 g de champignons des bois, par exemple pleurotes en forme d'huître
2 courgettes de taille moyenne (400 g)
1 petit rutabaga (300 g)
3 cuill. à soupe (45 ml) de sauce de poisson
480 ml de lait de coco
Le jus de 1 à 2 citrons verts (60 ml)
Sel et poivre noir du moulin

Décortiquez et dénervez les crevettes ; gardez les carapaces pour le bouillon. Réservez les crevettes crues au réfrigérateur. Lavez la coriandre et effeuillez-la : vous utiliserez les tiges pour le bouillon et les feuilles pour garnir. Lavez les piments, épépinez-les et hachez-les finement.

Dans une grande casserole, chauffez le ghee à feu moyen, puis ajoutez les carapaces de crevettes. Faites revenir quelques minutes, en remuant régulièrement, jusqu'à ce que les carapaces deviennent rouges. Ajoutez ail, oignon, gingembre, tiges de citronnelle et de coriandre hachées, feuilles de kaffir et piment haché. Faites revenir 5 minutes, en continuant à remuer.

Mouillez avec le bouillon de poule et portez à ébullition. Couvrez et laissez mijoter 30 minutes environ. Lorsque le bouillon est prêt, filtrez-le à l'aide d'une passoire et jetez les parties solides.

Nettoyez les champignons, puis émincez-les. Lavez les courgettes, puis détaillez-les en fines « nouilles » ou coupez-les en dés de 2 ou 3 cm de côté. Pelez le rutabaga et coupez-le en dés de 1,5 à 2,5 cm de côté.

Remettez le bouillon sur le feu. Ajoutez les champignons, les courgettes et le rutabaga, puis la sauce de poisson, le lait de coco, le jus de citron vert, du sel et du poivre. Laissez mijoter à feu moyen 15 à 20 minutes. Ajoutez les crevettes crues et prolongez la cuisson de 2 ou 3 minutes. Lorsque la soupe est prête, servez-la et garnissez avec les feuilles de coriandre.

### Infos nutritionnelles par portion

Glucides totaux : 8,8 g
Fibres : 1,9 g
Glucides nets : 6,9 g
Protéines : 15,8 g
Matières grasses : 22,2 g

Énergie : 284 kcal
Répartition des macronutriments : calories provenant des glucides (9 %), des protéines (22 %), des matières grasses (69 %)

# Coleslaw céto crémeux

Mariez cette salade dont vous ne pourrez bientôt plus vous passer à des viandes rôties ou garnissez-en des petits pains pauvres en glucides.

4 portions  10 min  10 min

### Ingrédients
½ chou vert ou blanc (400 g)
1 petite carotte (50 g)
1 petit oignon rouge (60 g)
55 g de mayonnaise (p. 28)
60 g de crème aigre ou davantage de mayonnaise
1 cuill. à soupe (15 ml) de jus de citron
1 cuill. à soupe (15 ml) de vinaigre de cidre
½ cuill. à café de graines de céleri
1 cuill. à café de moutarde de Dijon (p. 31) ou de moutarde à l'ancienne
Sel et poivre noir du moulin
Facultatif : 1 cuill. à soupe (10 g) d'érythritol ou 5 gouttes de stévia liquide

### Infos nutritionnelles par portion
Glucides totaux : 9,3 g
Fibres : 3,2 g
Glucides nets : 6,1 g
Protéines : 2 g
Matières grasses : 14,8 g
Énergie : 167 kcal
Répartition des macronutriments : calories provenant des glucides (15 %), des protéines (5 %), des matières grasses (80 %)

Lavez le demi-chou et coupez-le en deux. Retirez le cœur dur, puis émincez finement le chou, à l'aide d'un couteau tranchant ou d'une mandoline. Mettez-le dans un saladier. Pelez la carotte et détaillez-la en julienne, émincez finement l'oignon rouge. Ajoutez-les dans le saladier.

Préparez la sauce. Dans un saladier, mélangez la mayonnaise, la crème aigre, le jus de citron, le vinaigre de cidre, les graines de céleri et la moutarde à l'ancienne. Salez et poivrez.

Versez la sauce dans le saladier contenant les légumes et mélangez soigneusement. Servez aussitôt ou conservez dans un récipient hermétique. Se garde 3 jours.

### Conseil
*Préparez votre coleslaw à l'avance, puis laissez-le reposer 1 ou 2 heures au réfrigérateur : il sera meilleur si les saveurs ont le temps de se fondre les unes aux autres.*

# Avocats farcis végétariens

Il y a des jours comme ça, où l'on n'a pas envie de manger de la viande — savourez ces avocats légers, qui marient céleri doux et jus de citron.

2 portions  10 min  5 min

### Ingrédients
1 petit céleri (120 g)
2 gros avocats (400 g), coupés en deux
2 cuill. à soupe (30 ml) de jus de citron fraîchement pressé
2 cuill. à café de zeste de citron fraîchement râpé
4 cuill. à soupe (60 g) de mayonnaise (p. 28)
Sel et poivre noir du moulin

### Infos nutritionnelles par portion
Glucides totaux : 23,8 g
Fibres : 14,9 g
Glucides nets : 8,9 g
Protéines : 5,6 g
Matières grasses : 54,3 g
Énergie : 570 kcal
Répartition des macronutriments : calories provenant des glucides (7 %), des protéines (4 %), des matières grasses (89 %)

Pelez le céleri, râpez-le finement et mettez-le dans un saladier. Évidez les avocats, en laissant une épaisseur de chair de 5 à 10 mm à l'intérieur. Mettez la chair d'avocat dans le saladier. Ajoutez le jus et le zeste de citron, la mayonnaise, le sel et le poivre, puis mélangez. Garnissez les demi-avocats avec la préparation et savourez !

### Conseil
*Pourquoi ne pas remplacer la mayonnaise par la même quantité de cream cheese ou d'une huile bénéfique pour la santé, comme l'huile d'avocat, de noix de macadamia ou d'huile d'olive vierge extra ?*

# Cobb salad dans sa coupe en « tortilla »

Rares sont les recettes qui tiennent autant au corps que cette Cobb salad au lard et au bleu, servie dans une exquise coupe en tortilla low-carb !

2 portions · 15 min · 20 min

### Ingrédients

**Cobb Salad**
2 tortillas sans céréales (de taille moyenne, 20 cm environ) (p. 25)
2 gros œufs de poules élevées en liberté
2 tranches de jambon (50 g)
2 fines tranches de lard (30 g)
75 g de tomates cerises
30 g de cresson de fontaine
2 petites salades vertes (200 g)
1 avocat de taille moyenne (150 g)
50 g de bleu, émietté
125 g de blanc de poulet émietté (p. 114)

**Sauce**
2 cuill. à soupe (30 ml) d'huile d'olive vierge extra
1 cuill. à café de vinaigre de vin rouge
1 cuill. à café de moutarde de Dijon (p. 31)
1 cuill. à café de Worcestershire sauce
1 cuill. à soupe (15 ml) de jus de citron
1 gousse d'ail, écrasée
Sel et poivre noir du moulin

Préparez les coupes en tortilla en suivant la recette des tortillas sans céréales. Faites cuire les œufs durs.

Coupez le jambon et le lard en tranches, puis faites-les dorer à la poêle. Si nécessaire, huilez légèrement la poêle.

Lavez les tomates et coupez-les en rondelles. Lavez le cresson et la salade, puis déchiquetez la salade en morceaux. Séchez-les soigneusement à l'aide d'une essoreuse ou de papier absorbant. Écalez les œufs durs, puis coupez-les en rondelles ou en quartiers. Pelez l'avocat, dénoyautez-le et coupez-le en tranches. Préparez la sauce en mélangeant tous les ingrédients et réservez.

Préparez la salade. Pour commencer, mettez la salade verte, le cresson et les rondelles de tomates dans un saladier. Posez les coupes en tortilla sur la salade, puis garnissez-les avec le lard, le jambon, l'avocat, les rondelles d'œufs, le bleu émietté et le blanc de poulet émietté. Nappez de sauce la salade et la garniture des tortillas et servez sans attendre, pour ne pas détremper les tortillas.

### Conseils

- *Pour emporter ce déjeuner au bureau, emballez tous les ingrédients dans un récipient hermétique, à l'exception de la tortilla. Préparez une tortilla classique ou des « nachos » croustillants, et mettez-les dans un récipient à part, pour les servir avec la salade.*
- *Pour une sauce plus sucrée, ajoutez 1 cuillère à soupe (10 g) d'érythritol, ou 3 à 5 gouttes de stévia liquide.*

### Infos nutritionnelles par portion

Glucides totaux : 20,4 g
Fibres : 12,4 g
Glucides nets : 8 g
Protéines : 37,4 g
Matières grasses : 65,5 g

Énergie : 797 kcal
Répartition des macronutriments : calories provenant des glucides (4 %), des protéines (19 %), des matières grasses (77 %)

Plus de gras moins de sucre

# Salade César dans sa coupe en fromage

Réalisez ces coupes originales avec votre fromage préféré, puis garnissez-les de salade César pour un somptueux déjeuner low-carb.

2 portions  20 min  30 min

### Ingrédients

**Salade César**
150 g de parmesan râpé
4 fines tranches de lard (60 g)
2 petites poitrines de poulet (200 g)
1 cuill. à soupe (15 g) de ghee ou d'huile de noix de coco
Sel et poivre noir du moulin
2 petites salades vertes (200 g)
150 g de tomates cerises

**Sauce**
3 cuill. à soupe (36 g) de crème aigre ou de mayonnaise (p. 28)
1 cuill. à soupe (15 ml) d'huile d'olive vierge extra
1 gousse d'ail, écrasée
2 cuill. à soupe (30 ml) de jus de citron fraîchement pressé
1 cuill. à café de moutarde de Dijon (p. 31)
2 cuill. à café d'origan séché
Sel et poivre noir du moulin

**Infos nutritionnelles par portion**
Glucides totaux : 10,5 g
Fibres : 2,9 g
Glucides nets : 7,6 g
Protéines : 53,3 g
Matières grasses : 45,3 g
Énergie : 663 kcal
Répartition des macronutriments : calories provenant des glucides (5 %), des protéines (33 %), des matières grasses (62 %)

Commencez par préparer les coupes de fromage. Préchauffez le four à 200 °C (thermostat 6-7) et tapissez une plaque de cuisson d'une feuille de papier cuisson coupée en deux (une moitié par coupe de fromage). Râpez le parmesan et répartissez-le sur la plaque, en formant deux disques.

Enfournez pour 5 minutes environ. Surveillez attentivement le fromage, qui doit former une croûte dorée, sans brunir. S'il reste trop longtemps au four, il deviendra amer. Lorsque le fromage est prêt, sortez-le du four et laissez-le refroidir 1 minute environ.

Pour façonner une coupe, retournez un bol. Soulevez délicatement le papier cuisson, puis retournez le fromage sur le bol. Appuyez légèrement sur les bords, si nécessaire, et laissez refroidir dans cette position pendant 5 minutes au moins. Procédez de même pour le deuxième disque de parmesan. Vous pouvez laisser le fromage sur les bols pendant que vous préparez la garniture de la salade.

Faites revenir les tranches de lard à la poêle, jusqu'à ce qu'elles soient croustillantes. Déchiquetez le lard ou découpez-le en morceaux. Badigeonnez les poitrines de poulet de ghee, salez et poivrez. Faites-les cuire dans une poêle à gril ou classique, des deux côtés, jusqu'à ce que le dessus soit croustillant, et le cœur bien cuit. Lorsque le poulet est prêt, laissez-le refroidir légèrement avant de le détailler en lamelles.

Pour préparer la sauce, mélangez crème aigre ou mayonnaise, huile d'olive, ail écrasé, jus de citron, moutarde de Dijon et origan. Salez et poivrez, puis réservez.

Lavez les feuilles de salade, puis séchez-les et disposez-les dans les coupes en fromage. Lavez les tomates cerises et coupez-les en deux. Sur la salade, ajoutez les tomates, le lard et les lamelles de poulet. Nappez de sauce. Dégustez pendant que le poulet est encore tiède.

**Conseils**

- *Si la préparation des coupes en fromage vous paraît trop difficile, réalisez des petites chips de fromage à la place, et servez-les avec la salade. Pour cela, disposez des cuillères à café de fromage râpé sur une plaque de cuisson tapissée de papier cuisson, en les espaçant suffisamment. Enfournez pour 10 à 15 minutes, jusqu'à ce que le fromage soit croustillant.*
- *Pour changer, vous pouvez préparer ces coupes avec d'autres variétés de fromage, comme du cheddar ou du gouda.*

# Avocats farcis au poulet au curry

Ce déjeuner est prêt en un clin d'œil : il suffit pour cela d'avoir une portion de blanc de poulet émietté (p. 114).

2 portions   5 min   5 min

## Ingrédients
**Avocats**
2 avocats de taille moyenne (300 g)
250 g de blanc de poulet émietté (p. 114)
2 cuill. à soupe (10 g) d'amandes effilées, grillées

**Sauce**
58 g de crème aigre ou de mayonnaise (p. 28)
¼ cuill. à café de curcuma moulu
¼ cuill. à café de gingembre moulu
½ cuill. à café de curry en poudre
1 gousse d'ail, écrasée
Sel et poivre noir du moulin

## Infos nutritionnelles par portion
Glucides totaux : 15,7 g
Fibres : 2,3 g
Glucides nets : 4,8 g
Protéines : 28,3 g
Matières grasses : 50,1 g
Énergie : 601 kcal
Répartition des macronutriments : calories provenant des glucides (3 %), des protéines (20 %), des matières grasses (77 %)

Pour préparer la sauce, mélangez tous les ingrédients et réservez.

Coupez les avocats en deux et dénoyautez-les. Évidez-les, en laissant 1,5 à 2,5 cm de chair dans la peau.

Dans un saladier, réunissez la chair d'avocat, le blanc de poulet émietté, la sauce et les amandes grillées, puis mélangez soigneusement. Réservez quelques morceaux d'amandes pour garnir.

Garnissez les demi-avocats avec la farce, puis parsemez-les d'amandes grillées.

### Conseils
- Ces avocats sont meilleurs si vous les dégustez sans attendre. Si vous les emportez au bureau, ne coupez pas les avocats à l'avance, cela ferait brunir la chair. Coupez-les et garnissez-les juste avant de les manger.
- Faire dorer les amandes effilées est très facile : il suffit de les faire revenir à sec dans une poêle, une minute ou deux. Attention à ne pas les laisser brûler : elles deviendraient amères.

# Salade de légumes verts râpés à la feta

Cette salade d'inspiration grecque fait un excellent déjeuner ou dîner estival. Elle est encore meilleure garnie de lard croustillant !

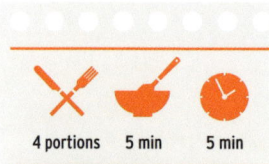

4 portions  5 min  5 min

### Ingrédients
1 gros concombre (300 g)
1 grosse courgette (300 g)
1 gros poivron vert (150 g)
2 oignons nouveaux de taille moyenne (30 g)
300 g de feta, émiettée

### Sauce
3 cuill. à soupe (45 ml) d'huile d'olive vierge extra
2 cuill. à soupe (30 ml) de jus de citron fraîchement pressé
2 cuill. à soupe (12 g) de menthe fraîche ciselée
¼ cuill. à café de flocons de piment
Sel et poivre noir du moulin

### Infos nutritionnelles par portion
Glucides totaux : 10,2 g
Fibres : 2,3 g
Glucides nets : 7,9 g
Protéines : 12,6 g
Matières grasses : 26,6 g
Énergie : 322 kcal
Répartition des macronutriments : calories provenant des glucides (10 %), des protéines (16 %), des matières grasses (74 %)

Lavez le concombre et la courgette, puis râpez-les. Vous pouvez aussi utiliser un éplucheur à julienne ou un spiraliseur pour réaliser des « spaghettis » de légumes. Lavez le poivron vert, épépinez-le et détaillez-le en fines lamelles. Lavez les oignons nouveaux et émincez-les. Ajoutez la feta.

Pour préparer la sauce, mélangez tous les ingrédients. Versez la sauce sur la salade et mélangez soigneusement. Laissez reposer 5 à 10 minutes avant de servir. Si vous le souhaitez, garnissez de lard croustillant.

# Plats principaux

Le secret, pour réussir à se tenir à un régime ou à un mode d'alimentation sur le long terme, c'est de savoir ce qu'on va servir tous les soirs au dîner. Traditionnellement, c'est le dernier repas de la journée qui contient la plus grande quantité de protéines, avec généralement de la viande rouge, de la volaille ou du poisson. La bonne nouvelle, c'est que ces aliments sont parfaitement adaptés au régime cétogène. Veillez simplement à les préparer avec des ingrédients riches en matières grasses bénéfiques pour la santé : ghee, huile d'olive, mayonnaise maison, avocats ou fruits à coque. Optez systématiquement pour des volailles élevées en liberté, de la viande rouge provenant d'animaux nourris à l'herbe et du poisson sauvage, issu de la pêche durable – dans la limite de ce que permet votre budget, bien sûr.

# Nuggets de poulet paléo

C'est sûr, vous allez adorer cette version santé d'un grand classique de la restauration rapide !

4 portions   15 min   30 min

### Ingrédients

680 g de poitrines de poulet, sans peau et désossées
½ cuill. à café de sel
1 gros œuf
1 cuill. à soupe (15 ml) de lait d'amande ou de lait de coco
100 g de farine d'amande
1 cuill. à café de paprika
1 cuill. à café d'oignon en poudre
1 cuill. à café d'ail en poudre
30 g de parmesan râpé ou davantage de farine d'amande
2 cuill. à soupe (30 g) d'huile de noix de coco ou de ghee
Facultatif : 65 g de sauce barbecue épicée au chocolat (p. 34), de ketchup (p. 29), de moutarde de Dijon (p. 31) ou de mayonnaise (p. 28), pour servir

### Infos nutritionnelles par portion

Glucides totaux : 6,3 g
Fibres : 2,8 g
Glucides nets : 3,5 g
Protéines : 46 g
Matières grasses : 28,3 g
Énergie : 463 kcal
Répartition des macronutriments : calories provenant des glucides (3 %), des protéines (41 %), des matières grasses (56 %)

Préchauffez le four à 200 °C (thermostat 6-7). Séchez soigneusement la chair de poulet avec du papier absorbant. Détaillez les poitrines de poulet en dés et salez-les, en utilisant la moitié du sel.

Dans un bol, mélangez l'œuf et le lait d'amande, puis ajoutez ce qui reste de sel. Trempez les morceaux de poulet dans la préparation.

Mélangez tous les ingrédients secs (de la farine d'amande jusqu'au parmesan râpé), puis transférez-les sur une grande plaque de cuisson.

Prenez les morceaux de poulet un par un, en laissant quelque peu égoutter le mélange à l'œuf, puis posez-les sur la plaque de cuisson (attention à ne pas faire couler l'excès de mélange d'œuf sur les ingrédients secs, cela risquerait de les amalgamer). Roulez les morceaux de poulet dans la préparation, de manière à paner tous les côtés. Procédez par lots, sans trop remplir la plaque de cuisson.

Posez les morceaux de poulet enrobés sur une autre plaque de cuisson tapissée de papier cuisson, arrosez-les de ghee, puis enfournez pour 15 minutes environ, jusqu'à ce qu'ils soient légèrement dorés. Sortez la plaque de cuisson du four et laissez refroidir quelques minutes. Servez avec de la sauce barbecue épicée au chocolat, de la mayonnaise, du ketchup ou de la moutarde de Dijon.

**Conseil**

*Pour une alternative sans fruits à coque, utilisez de la couenne de porc séchée et moulue à la place de la farine d'amande.*

# Poulet grillé en crapaudine

Le poulet n'est jamais aussi bon qu'en crapaudine. Prêt beaucoup plus rapidement que rôti entier, il devient bien croustillant à l'extérieur tout en restant juteux.

4 portions   10 min   50 à 60 min

## Ingrédients

1 poulet entier (environ 1,4 kg, avec les os)
2 cuill. à soupe (5 g) d'herbes aromatiques fraîches ciselées ou 2 cuill. à café d'herbes séchées (origan, basilic, thym)
1 cuill. à soupe (7 g) de paprika
1 cuill. à café d'oignon en poudre
1 cuill. à café d'ail en poudre
¼ cuill. à café de piment en poudre
¼ cuill. à café de poivre noir du moulin
1 cuill. à café de sel
1 citron, coupé en deux et pressé
2 cuill. à soupe (30 g) de ghee ou de beurre
120 ml de bouillon de poule ou de bouillon d'os (p. 30)

**Infos nutritionnelles par portion**
Glucides totaux : 3,3 g
Fibres : 1,1 g
Glucides nets : 2,2 g
Protéines : 29,1 g
Matières grasses : 31,8 g
Énergie : 412 kcal
Répartition des macronutriments : calories provenant des glucides (2 %), des protéines (28 %), des matières grasses (70 %)

Préchauffez le four à 200 °C (thermostat 6-7). Sortez le poulet du réfrigérateur et laissez-le sur le plan de travail pendant que vous préparez les épices.

Si vous utilisez des herbes aromatiques fraîches, lavez-les et ciselez-les. Mélangez-les avec le paprika, l'oignon en poudre, l'ail en poudre, le piment, le poivre noir et le sel.

Posez le poulet sur une planche à découper, poitrine vers le bas. À l'aide de ciseaux de cuisine, coupez-le sur la longueur, de part et d'autre de la colonne vertébrale. Gardez la colonne vertébrale pour préparer du bouillon de poule (p. 114) ou du bouillon d'os (p. 30).

Ouvrez la carcasse et coupez le cartilage qui couvre le bréchet, à l'aide d'un couteau tranchant. Frottez l'intérieur de la volaille avec une partie des épices et du jus de citron. Retournez le poulet et aplatissez-le.

Enduisez la chair de ghee ou de beurre, avec vos doigts, en passant sous la peau. Pour cela, soulevez la peau et massez la chair. Répartissez ce qui reste de ghee sur la peau, elle deviendra bien croustillante. Frottez le poulet avec ce qui reste d'épices et arrosez-le avec ce qui reste de jus, en pressant bien le citron.

Glissez l'extrémité des ailes derrière le bréchet, la où se trouve le cou. Posez le poulet, face coupée vers le bas, sur une plaque de cuisson. Ajoutez les demi-citrons sur la plaque, puis versez-y le bouillon de poule. Enfournez pour 45 à 50 minutes. En cours de cuisson, arrosez le poulet une ou deux fois avec le jus.

La volaille est prête lorsque le thermomètre à viande indique 65 °C dans la chair de la poitrine et 77 °C dans les cuisses. Sortez le poulet du four et laissez-le reposer 10 à 15 minutes avant de le découper en quatre. Si vous le souhaitez, servez accompagné de salade de légumes verts râpés à la feta (p. 98).

**Conseil**

*Pour obtenir un résultat encore plus croustillant, tapissez une plaque de cuisson profonde de papier cuisson ou d'une feuille d'aluminium. Posez une grille à rôtir sur la plaque, mettez-y le poulet et enfournez : la grille permettra à l'air de circuler sous le poulet durant la cuisson.*

# Poulet à la Kiev

Consistant et décadent (100 % céto !), c'est le plat-réconfort par excellence. Comme toujours, choisissez le meilleur : poitrines de poulet élevé en liberté, beurre provenant de vaches nourries à l'herbe et lard de porc élevé en liberté.

4 portions   20 min   1 h 30

### Ingrédients

**Poulet**
4 fines tranches de lard (60 g)
1 gros œuf
4 poitrines de poulet de taille moyenne (480 g)
2 cuill. à soupe (30 g) de ghee ou d'huile de noix de coco

**Panure**
35 g de farine d'amande
50 g de farine de lin
30 g de parmesan râpé ou davantage de farine d'amande
1 pincée de sel

**Beurre aux herbes**
56 g de beurre ou de ghee, ramolli à température ambiante
2 cuill. à soupe (8 g) de persil frais ciselé
2 cuill. à soupe (5 g) de basilic frais ciselé
2 gousses d'ail, écrasées
Sel et poivre noir du moulin

**Infos nutritionnelles par portion**
Glucides totaux : 5,8 g
Fibres : 4 g
Glucides nets : 1,8 g
Protéines : 36 g
Matières grasses : 38,3 g
Énergie : 510 kcal
Répartition des macronutriments : calories provenant des glucides (1 %), des protéines (29 %), des matières grasses (70 %)

Préparez le beurre aux herbes. Mélangez le beurre mou, les herbes ciselées et l'ail écrasé. Salez et poivrez, puis transférez le beurre aux herbes sur du papier cuisson. Roulez le papier autour du beurre pour le mettre en forme, serrez bien et torsadez les extrémités du papier. Réservez le beurre au réfrigérateur une heure environ, pour qu'il durcisse.

Faites dorer le lard dans une poêle huilée avec 1 cuillère à soupe (15 g) de ghee, jusqu'à ce qu'il soit croustillant. Laissez-le refroidir dans une assiette, puis émiettez-le ou coupez-le en petits morceaux.

Préparez la panure. Dans une grande assiette, mélangez la farine d'amande, la farine de lin et le parmesan. Salez.

Dans un saladier, cassez l'œuf, puis battez-le et salez.

Lorsque le beurre aux herbes est frais et ferme, farcissez les poitrines de poulet. Posez-les sur une planche à découper, puis à l'aide d'un couteau tranchant, incisez-les dans la partie la plus épaisse, de manière à former une poche, dans la longueur. Incisez en diagonale, plutôt qu'horizontalement, cela empêchera la farce de s'écouler à la cuisson. Ne tranchez pas entièrement la chair, car le beurre risquerait de couler.

Coupez le beurre aux herbes en rondelles, puis glissez un morceau de beurre dans la « poche » coupée dans la chair de poulet. Ajoutez un peu de lard émietté, puis un autre morceau de beurre. Repliez la poche et refermez-la bien. Procédez de même pour toutes les poitrines de poulet.

Préchauffez le four à 175 °C (thermostat 5-6). Trempez les poitrines de poulet dans l'œuf, l'une après l'autre, en laissant égoutter l'excédent d'œuf avant de les poser dans la panure. Roulez-y les morceaux de poulet, pour qu'ils soient entièrement enrobés. Réservez.

Mettez une autre cuillère à soupe (15 g) de ghee dans la poêle ayant servi pour le lard, puis chauffez à feu moyen. Lorsque la poêle est chaude, faites revenir les poitrines de poulet, 2 ou 3 minutes de chaque côté. Procédez par lots, en fonction de la taille de la poêle. Elle doit être bien chaude pour empêcher la panure d'adhérer. Attention à ne pas retourner le poulet trop tôt et retournez-le une seule fois, là aussi pour empêcher la panure de se détacher.

Transférez délicatement les poitrines de poulet dans un plat de cuisson, puis enfournez-les pour 10 minutes. Lorsqu'elles sont cuites, sortez-les du four et laissez-les refroidir quelques minutes sur une grille.

# Ailerons de poulet Buffalo, sauce Ranch

Ces ailerons de poulet croustillants sont une version saine de cet en-cas volontiers proposé dans les bars. Pour en faire un repas à part entière, servez-les avec des crudités ou du coleslaw céto crémeux (p. 91).

4 portions — 10 min — 35 min + marinade

### Ingrédients
60 g de sauce barbecue épicée au chocolat (p. 34)
1 cuill. à soupe (15 ml) d'huile d'olive vierge extra
2,3 kg d'ailerons de poulet (environ 20 à 24 ailerons)
1 cuill. à soupe (7 g) de paprika
1 cuill. à café d'oignon en poudre
1 cuill. à café d'ail en poudre
½ cuill. à café de sel
Poivre noir du moulin
2 cuill. à soupe (30 g) de ghee ou d'huile de noix de coco

### Sauce Ranch
60 g de crème aigre ou de crème de lait de coco
60 ml de crème fraîche épaisse ou davantage de lait de coco
110 g de mayonnaise (p. 28)
2 oignons nouveaux de taille moyenne (30 g) ou ciboulette
1 gousse d'ail, écrasée
2 cuill. à soupe (8 g) de persil frais ciselé
1 cuill. à soupe (4 g) d'aneth frais ciselé
1 cuill. à soupe (15 ml) de vinaigre de cidre
¼ cuill. à café de paprika
Sel et poivre noir du moulin

Mélangez la sauce barbecue épicée au chocolat et l'huile d'olive, puis frottez les ailerons de poulet avec la préparation. Laissez-les mariner au réfrigérateur une heure au moins ou une nuit entière : plus les ailerons marinent longtemps, plus ils sont parfumés.

Sortez les ailerons du réfrigérateur. Dans un bol, mélangez le paprika, l'oignon et l'ail en poudre, le sel et le poivre noir.

Préchauffez le four à 200 °C (thermostat 6-7) et tapissez une plaque de cuisson de papier cuisson. Posez les ailerons de poulet sur une planche à découper, et jetez ce qui reste de marinade. Parsemez les ailerons avec le mélange d'épices, sous toutes les faces.

Chauffez une grande poêle huilée avec du ghee à feu moyen. Lorsqu'elle est bien chaude, placez-y les ailerons de poulet. Procédez par lots de quatre, en les faisant revenir rapidement, une demi-minute de chaque côté, puis posez-les sur la plaque de cuisson. Ainsi, ils seront plus croustillants et plus parfumés.

Lorsque tous les ailerons sont prêts, enfournez-les pour 20 à 25 minutes, sur la plaque de cuisson. Surveillez-les, pour les empêcher de brûler. Pendant ce temps, préparez la sauce Ranch. Mélangez tous les ingrédients dans un bol et réservez. Une fois les ailerons cuits, sortez la plaque de cuisson du four. Servez-les avec la sauce.

### Conseil
*Si vous souhaitez préparer une sauce Ranch sans laitages, voici plusieurs suggestions. Utilisez par exemple du beurre de noix ou de noix de coco crémeux, de la mayonnaise, du lait de coco ou du lait d'amande. Si la sauce n'est pas assez épaisse, ajoutez une cuillère à soupe (13 g) de graines de chia en poudre et laissez reposer 5 à 10 minutes. Si le résultat est trop épais, ajoutez un peu de lait d'amande, de lait de coco ou d'eau.*

**Infos nutritionnelles par portion**
Glucides totaux : 5,4 g
Fibres : 1,6 g
Glucides nets : 3,8 g
Protéines : 28,5 g
Matières grasses : 59,4 g
Énergie : 669 kcal
Répartition des macronutriments : calories provenant des glucides (2 %), des protéines (17 %), des matières grasses (81 %)

# Pilons de poulet grillés

Ces pilons « panés » sont infiniment meilleurs que leur équivalent de la restauration rapide ! Servez-les accompagnés de frites de courgettes (p. 183) ou de coleslaw céto crémeux (p. 91).

5 portions | 15 min | 1 heure + marinade

### Ingrédients

**Pilons de poulet**
60 g de sauce barbecue épicée au chocolat (p. 34)
1 cuill. à soupe (15 ml) d'huile d'olive vierge extra
1,2 kg de pilons de poulet (environ 10 pilons)

**Panure**
75 g de farine d'amande ou 50 g de couenne de porc séchée et moulue
40 g de farine de lin
1 cuill. à café de paprika
1 cuill. à café d'ail en poudre
1 cuill. à café d'oignon en poudre
½ cuill. à café de bicarbonate de soude
1 cuill. à café de crème de tartre
¼ cuill. à café de sel
Poivre noir du moulin
2 cuill. à soupe (30 g) de ghee ou d'huile de noix de coco

Mélangez la sauce barbecue épicée au chocolat et l'huile d'olive. Mettez les pilons de poulet dans un grand plat, puis arrosez-les avec le mélange de sauce et d'huile. Laissez mariner au réfrigérateur une heure au moins ou une nuit entière.

Préchauffez le four à 175 °C (thermostat 5-6). Pendant ce temps, préparez la panure, en mélangeant la farine d'amande, la farine de lin, le paprika, l'ail en poudre, l'oignon en poudre, le bicarbonate de soude, la crème de tartre, le sel et le poivre noir.

Roulez les pilons dans la panure, un par un, puis posez-les sur une plaque de cuisson tapissée de papier cuisson. La sauce barbecue permettra à la chapelure d'adhérer à la chair. Attention : ne mettez pas tous les morceaux de poulet ensemble dans la panure, elle risquerait de s'agglutiner. Arrosez ou pulvérisez les pilons panés de ghee fondu, puis enfournez pour 45 à 50 minutes.

Lorsque les pilons sont cuits, sortez-les du four et servez-les aussitôt. Vous pouvez aussi les laisser refroidir, les conserver au réfrigérateur et les réchauffer avant de servir. Si la panure est détrempée, passez les pilons de poulet au four 5 minutes avant de les servir, ils redeviendront bien croustillants.

### Conseils

- *Pour préparer une « panure » pauvre en glucides, toute une gamme d'ingrédients est à votre disposition : mélangez vos épices et herbes séchées préférées avec de la farine d'amande, de la farine de noix de coco, de la farine de lin, de la couenne de porc séchée et moulue ou du parmesan.*

- *Vous pouvez utiliser 2 cuillères à café de poudre à lever sans gluten à la place du bicarbonate de soude et de la crème de tartre.*

**Infos nutritionnelles par portion**
(2 pilons)
Glucides totaux : 7,8 g
Fibres : 4,3 g
Glucides nets : 3,5 g
Protéines : 28 g
Matières grasses : 33,3 g
Énergie : 438 kcal
Répartition des macronutriments : calories provenant des glucides (3 %), des protéines (26 %), des matières grasses (71 %)

# Poulet sauté à la thaï

Ce plat de poulet facile à confectionner est prêt en quelques minutes à peine — parfait pour les jours où l'on manque de temps !

4 portions | 15 min | 20 min + marinade

### Ingrédients
450 g de cuisses de poulet, sans peau et désossées
2 cuill. à soupe (30 ml) de sauce de poisson
1 cuill. à soupe (15 ml) de sauce Coconut Aminos
300 g de poivrons rouges, orange ou jaunes
2 oignons nouveaux de taille moyenne (30 g)
1 cuill. à soupe (8 g) de gingembre frais râpé
2 gousses d'ail
1 petit piment fort
56 g de ghee ou d'huile de noix de coco
100 g de germes de soja
65 g de beurre de fruits à coque grillés (p. 38)
1 cuill. à soupe (15 ml) de jus de citron vert
Sel et poivre noir
2 cuill. à soupe (2 g) de coriandre fraîche

Coupez les cuisses de poulet en morceaux, puis arrosez-les de sauce de poisson et de sauce Coconut Aminos. Laissez mariner au réfrigérateur une heure au moins ou toute une nuit.

Pendant ce temps, préparez les légumes. Lavez les poivrons, épépinez-les et coupez-les en morceaux, lavez les oignons nouveaux et émincez-les. Pelez et râpez le gingembre, écrasez l'ail. Lavez le piment, épépinez-le et détaillez-le en petits morceaux.

Mettez la moitié du ghee dans une grande poêle et chauffez à feu moyen. Lorsque la poêle est chaude, mettez-y le poulet et faites-le revenir, en remuant sans discontinuer, jusqu'à ce qu'il soit bien doré de tous les côtés. Retirez les morceaux de poulet de la poêle et réservez-les dans un saladier.

Mettez ce qui reste de ghee dans la poêle, puis ajoutez le gingembre, l'ail et le piment. Faites revenir 2 ou 3 minutes à feu moyen, en remuant régulièrement. Ajoutez les poivrons et les oignons nouveaux, puis salez et poivrez. Prolongez la cuisson de 5 minutes, puis ajoutez les germes de soja.

Faites revenir une minute et ajoutez le poulet, le beurre de fruits à coque grillés et le jus de citron vert. Mélangez soigneusement. Faites cuire jusqu'à ce que le poulet soit chaud. Garnissez de coriandre fraîche et salez si nécessaire.

**Infos nutritionnelles par portion**
Glucides totaux : 11,3 g
Fibres : 4,2 g
Glucides nets : 7,1 g
Protéines : 25,9 g
Matières grasses : 28,9 g
Énergie : 405 kcal
Répartition des macronutriments : calories provenant des glucides (7 %), des protéines (27 %), des matières grasses (66 %)

# Boulettes de poulet au curry

Excellent pour la santé et rapide à préparer, ce plat est la synthèse réussie de deux recettes que j'adore : les boulettes de viande et le poulet au curry.

16 boulettes   15 min   20 min

## Ingrédients
500 g de poulet haché
30 g de farine de noix de coco
1 gros œuf
2 gousses d'ail, écrasées
½ cuill. à café de curcuma moulu
2 cuill. à café de curry en poudre
Sel
2 cuill. à soupe (30 g) de ghee ou d'huile de noix de coco
240 ml de lait de coco ou de crème fraîche épaisse
480 g de riz de chou-fleur cru (p. 36)

## Infos nutritionnelles par portion
(4 boulettes de viande + riz de chou-fleur)
Glucides totaux : 11 g
Fibres : 4,2 g
Glucides nets : 6,8 g
Protéines : 30,6 g
Matières grasses : 27,5 g
Énergie : 410 kcal
Répartition des macronutriments : calories provenant des glucides (7 %), des protéines (31 %), des matières grasses (62 %)

Dans un saladier, mélangez le poulet haché, la farine de noix de coco, l'œuf, l'ail, les épices et le sel. Avec vos mains, façonnez des boulettes de taille moyenne, puis réservez-les.

Chauffez le ghee dans une grande poêle. Lorsqu'elle est bien chaude, mettez-y les boulettes de viande et faites-les revenir 3 minutes de chaque côté, en les retournant jusqu'à ce qu'elles soient bien dorées. Ajoutez le lait de coco et secouez la poêle, pour bien répartir le liquide. Couvrez et laissez mijoter 10 minutes environ, jusqu'à ce que les boulettes de viande soient bien cuites (le temps de cuisson est fonction de la taille des boulettes).

Ajoutez le riz de chou-fleur cru dans la poêle pour les 8 à 10 dernières minutes de cuisson, ou bien faites-le revenir dans une poêle à part et servez-le séparément.

### Conseil
*Préparez vous-même la viande hachée. Pour cela, il suffit de passer la chair au robot et de mixer jusqu'à obtention d'un mélange lisse. Cela permet de choisir les meilleurs morceaux pour vos plats et de maîtriser parfaitement le contenu de votre assiette. Utilisez de préférence des cuisses de poulet – leur chair est plus juteuse et plus grasse que celle des poitrines.*

# Blanc de poulet émietté

Cette recette de base permet d'obtenir deux ingrédients pauvres en glucides qui interviennent dans de nombreuses recettes : du blanc de poulet tendre et du bouillon de poule maison.

Environ 1,4 kg de viande | 5 min | 3 à 10 heures

### Ingrédients
1 poulet entier (1,4 kg environ, avec les os)
2 litres d'eau ou plus
Facultatif : ½ cuill. à café de sel ou les épices de votre choix (par exemple feuilles de laurier, paprika, curry en poudre, poivre noir du moulin)

### Infos nutritionnelles par portion
Glucides totaux : 0 g
Fibres : 0 g
Glucides nets : 0 g
Protéines : 27,9 g
Matières grasses : 23,4 g
Énergie : 322 kcal
Répartition des macronutriments : calories provenant des glucides (0 %), des protéines (34,5 %), des matières grasses (65,5 %)

Lavez le poulet entier à l'eau froide, puis séchez-le avec du papier absorbant.

**Pour une cuisson à la casserole :** mettez le poulet entier dans le récipient, puis versez-y suffisamment d'eau pour le couvrir entièrement. Ajoutez les épices de votre choix, couvrez et portez à ébullition. Réduisez la température et laissez mijoter au moins une heure à feu doux. Plus le poulet entier cuira longtemps, plus les os et les articulations libéreront de la gélatine : je laisse cuire les miens 3 heures environ. Une fois prêt, le poulet doit s'émietter tout seul lorsque vous le raclez avec une fourchette.

**Pour une cuisson à la mijoteuse électrique :** mettez le poulet entier dans la mijoteuse. Pour ce mode de cuisson, il ne faut qu'environ 120 ml d'eau, mais vous pouvez en utiliser davantage si vous souhaitez préparer du bouillon. Ajoutez les épices de votre choix, puis faites cuire 6 à 10 heures. Le temps de cuisson dépend de votre mijoteuse : le poulet peut cuire soit à température élevée pendant 6 heures environ, ce que je préfère, soit à température basse, jusqu'à 10 heures.

Lorsque le poulet est cuit, transférez-le dans un plat à l'aide d'une pince et laissez-le refroidir avant de l'émietter. Pour cela, utilisez deux fourchettes ou vos doigts pour détacher la chair des os, puis la déchiqueter en morceaux. Les os pourront être réutilisés pour préparer le bouillon d'os (p. 30). Filtrez le bouillon à l'aide d'une passoire, puis conservez-le dans un récipient hermétique. Se garde 3 jours au réfrigérateur ou 6 mois au congélateur.

# Poulet satay, sauce à la « cacahuète »

J'ai adapté cette spécialité de la cuisine asiatique à une alimentation paléo/céto – et je la trouve même meilleure que la version traditionnelle de ce célèbre plat à emporter !

4 portions | 15 min | 20 min + marinade

### Ingrédients

**Poulet**
600 g de cuisses de poulet
2 cuill. à soupe (30 ml) de sauce Coconut Aminos
2 cuill. à soupe (30 ml) de jus de citron
2 cuill. à soupe (30 ml) d'huile de noix de coco
2 gousses d'ail, écrasées
¼ cuill. à café de sel
2 oignons nouveaux de taille moyenne (30 g) ou ciboulette

**Sauce satay**
130 g de beurre de fruits à coque grillés (p. 38) ou de beurre d'amande
120 ml de lait de coco ou de crème fraîche épaisse
1 cuill. à soupe (15 ml) de sauce Coconut Aminos
1 cuill. à soupe (15 ml) de sauce de poisson
1 cuill. à soupe (15 ml) de jus de citron
2 cuill. à café de gingembre frais râpé
1 gousse d'ail, écrasée
¼ cuill. à café de sel

Coupez la chair de poulet en dés, puis mettez-la dans un saladier, avec la sauce Coconut Aminos, le jus de citron et l'ail écrasé. Salez. Laissez mariner au réfrigérateur 1 heure au moins, ou une nuit entière.

Pendant ce temps, préparez la sauce satay. Réunissez tous les ingrédients dans un bol et mélangez jusqu'à obtention d'une préparation homogène.

Préchauffez le four à 245°C (thermostat 8-9) ou mieux encore, sur gril (260 °C, thermostat 8-9). Sortez le poulet du réfrigérateur et piquez les morceaux sur des brochettes. Arrosez les brochettes d'huile de noix de coco, en les tournant pour les enrober sur toutes les faces, puis mettez-les sur une grille posée sur une plaque de cuisson. Enfournez les brochettes pour 10 minutes environ. Retournez-les à mi-cuisson.

Sortez les brochettes du four et laissez-les refroidir avant de les transférer sur un plat. Garnissez d'oignons nouveaux hachés et servez avec la sauce satay.

### Infos nutritionnelles par portion

Glucides totaux : 9,8 g
Fibres : 3,9 g
Glucides nets : 5,9 g
Protéines : 34,1 g
Matières grasses : 39,6 g

Énergie : 515 kcal
Répartition des macronutriments : calories provenant des glucides (5 %), des protéines (26 %), des matières grasses (69 %)

# Ragoût de poulet

Pour préparer ce plat consistant, seuls quelques ingrédients pauvres en glucides suffisent.

6 portions    15 min    50 à 55 min

## Ingrédients

- 600 g de cuisses de poulet
- 56 g de ghee ou de saindoux
- 1 petit oignon blanc (70 g)
- 300 g de champignons de Paris blancs
- 1 brocoli de taille moyenne (500 g)
- 2 gros œufs de poules élevées en liberté
- 120 ml de crème fraîche épaisse
- 1 pincée de sel
- 150 g de bleu, émietté
- 56 g de cheddar, râpé
- Poivre noir du moulin

## Infos nutritionnelles par portion

Glucides totaux : 9,6 g
Fibres : 2,9 g
Glucides nets : 6,7 g
Protéines : 33,4 g
Matières grasses : 32,2 g
Énergie : 468 kcal
Répartition des macronutriments :
calories provenant des glucides (6 %), des protéines (29 %), des matières grasses (65 %)

Préchauffez le four à 175 °C (thermostat 5-6). Détaillez la chair des cuisses de poulet en dés. Huilez une grande poêle avec la moitié du ghee, mettez-y le poulet, puis salez et poivrez. Faites revenir à feu moyen jusqu'à ce que la chair soit bien dorée de tous les côtés. Réservez dans un saladier et conservez la poêle.

Pelez et émincez l'oignon, lavez et émincez les champignons. Versez ce qui reste de ghee dans la poêle et mettez-la sur le feu. Lorsqu'elle est chaude, faites revenir l'oignon 3 minutes environ, jusqu'à ce qu'il soit fondant. Ajoutez les champignons et prolongez la cuisson de 5 minutes, en remuant régulièrement. Éteignez le feu et réservez.

Lavez le brocoli et détaillez-le en petites fleurettes (ne jetez pas la tige, mais pelez-la pour enlever la peau dure et coupez la chair en petits morceaux). Cassez les œufs dans un saladier, ajoutez la crème et une pincée de sel, et battez le tout.

Réunissez tous les ingrédients dans une grande cocotte allant au four : les fleurettes et les morceaux de tige de brocoli, les champignons, le poulet et les œufs à la crème. Ajoutez le bleu émietté et mélangez soigneusement. Enfournez pour 25 à 30 minutes.

Sortez la cocotte du four et parsemez le ragoût de cheddar râpé. Remettez le plat au four, augmentez la température à 200 °C (thermostat 6-7) et prolongez la cuisson de 5 à 7 minutes. Sortez la cocotte du four et laissez refroidir légèrement avant de servir. Relevez de poivre noir.

# Cuisses de dinde à l'estragon

Rôtie au beurre, la dinde devient bien croustillante, en restant tendre et juteuse. De plus, cette volaille est une excellente source de potassium, ce qui ne gâche rien !

4 portions    10 min    2 heures + marinade

### Ingrédients
2 cuisses de dinde, avec os (1,8 kg)
120 g de ghee, de beurre ou de saindoux
1 bouquet d'estragon, soit environ 16 g d'estragon ciselé
1 cuill. à soupe (6 g) de zeste d'orange frais (ou ½ cuill. à soupe/3 g de zeste séché)
Sel et poivre noir du moulin
4 gousses d'ail, écrasées
120 ml d'eau, ou plus si nécessaire

### Infos nutritionnelles par portion
Glucides totaux : 1,5 g
Fibres : 0,2 g
Glucides nets : 1,3 g
Protéines : 44,2 g
Matières grasses : 28,9 g
Énergie : 455 kcal
Répartition des macronutriments :
calories provenant des glucides (1 %), des protéines (40 %), des matières grasses (59 %)

Séchez les cuisses de dinde avec un torchon, puis frottez-les avec le ghee, en soulevant la peau et en massant la chair. Enduisez ensuite la peau de ghee, puis ajoutez l'estragon ciselé, le zeste d'orange et l'ail écrasé. Salez et poivrez. Laissez mariner au réfrigérateur 2 heures au moins ou une nuit entière.

Sortez la volaille du réfrigérateur et laissez-la à température ambiante une demi-heure environ. Pendant ce temps, préchauffez le four à 160 °C (thermostat 5-6). Posez une grille à rôtir sur une plaque de cuisson, puis mettez-y les cuisses de dinde. Couvrez la plaque de cuisson d'une feuille d'aluminium, puis enfournez.

Faites cuire 1 heure 30 environ, en arrosant la chair avec les jus de cuisson toutes les demi-heures. Veillez à ce que les jus de cuisson ne s'évaporent pas : si nécessaire, ajoutez un peu d'eau. Après 1 heure 30, retirez la feuille d'aluminium et augmentez la température à 220 °C (thermostat 7-8). Prolongez la cuisson de 30 minutes, jusqu'à ce que le thermomètre à viande indique 82 °C. Sortez les cuisses de dinde du four et laissez-les reposer 15 à 20 minutes avant de servir. Arrosez-les avec les jus de cuisson et servez-les accompagnées de haricots verts ou d'asperges sautées au beurre, arrosées d'un trait de citron.

### Conseil
*Vous pouvez aussi faire rôtir une dinde entière avec les mêmes ingrédients – pour cela, doublez simplement les quantités d'épices et d'herbes aromatiques. Pour une dinde de 4,5 kilos, comptez 2 heures 30 à 3 heures de cuisson. La quantité suffit pour 10 personnes. Si vous faites cuire une dinde entière, laissez-la reposer une demi-heure avant de servir : ainsi, la chair sera vraiment tendre et exquise !*

# Boulettes de dinde, salsa de concombre

Lors de votre prochain barbecue, faites griller ces boulettes de dinde et servez-les accompagnées de salsa de concombre et de légumes verts croquants.

16 boulettes  15 min  20 min

### Ingrédients

**Boulettes de dinde**
500 g de dinde, hachée
50 g de farine d'amande
1 gros œuf
2 gousses d'ail, écrasées
1 petit piment fort, épépiné
2 cuill. à café de moutarde de Dijon (p. 31)
2 cuill. à soupe (30 ml) de jus de citron
2 cuill. à soupe (8 g) de persil frais ciselé
2 cuill. à soupe (5 g) de basilic frais ciselé
½ cuill. à café de sel
Poivre noir du moulin
2 oignons nouveaux de taille moyenne (30 g), finement émincés
2 cuill. à soupe (30 g) de ghee ou de saindoux

**Salsa de concombre**
2 concombres de taille moyenne (500 g)
1 piment jalapeño (15 g), coupé en deux et épépiné
1 gousse d'ail, écrasée
1 cuill. à soupe (15 ml) de vinaigre de cidre
1 cuill. à soupe (4 g) d'aneth frais ciselé

Dans un saladier, réunissez la chair de dinde, la farine d'amande, l'œuf, l'ail écrasé, le piment, la moutarde de Dijon, le jus de citron, le persil, le basilic, le sel et du poivre. Ajoutez l'un des oignons nouveaux émincés et réservez l'autre pour garnir. Mélangez tous les ingrédients jusqu'à obtention d'une préparation homogène, puis façonnez des boulettes avec vos mains.

Chauffez le ghee dans une poêle à gril ou une poêle traditionnelle. Lorsqu'elle est chaude, mettez-y les boulettes. Ne les retournez pas trop tôt, elles risqueraient d'accrocher à la poêle. Faites-les revenir des deux côtés jusqu'à ce qu'elles soient bien dorées, en procédant par lots. Lorsqu'elles sont cuites, mettez-les dans une assiette, une par une. Réservez.

Pendant ce temps, préparez la salsa. Lavez les concombres, puis râpez-les dans un saladier. Lavez et hachez finement le piment jalapeño. Ajoutez tous les ingrédients restants, y compris le yaourt ou la crème aigre le cas échéant, et mélangez soigneusement. Servez la salsa avec les boulettes.

2 cuill. à soupe (30 ml) d'huile d'olive vierge extra
¼ cuill. à café de sel
Poivre noir du moulin
Facultatif : 230 g de yaourt entier ou de crème aigre

**Infos nutritionnelles par portion**
(4 boulettes + salsa de concombre)
Glucides totaux : 7,7 g
Fibres : 2,7 g
Glucides nets : 5 g
Protéines : 26,8 g
Matières grasses : 38,3 g
Énergie : 475 kcal
Répartition des macronutriments : calories provenant des glucides (4 %), des protéines (23 %), des matières grasses (73 %)

# Saumon et asperges au four sauce hollandaise

Simple et élégant, ce repas pauvre en glucides est excellent pour la santé. De plus, il est prêt en moins d'une demi-heure !

2 portions — 5 min — 25 à 30 min

### Ingrédients
400 g d'asperges vertes
2 cuill. à soupe (30 ml) de ghee ou d'huile d'olive vierge extra
Sel et poivre noir du moulin
2 filets de saumon de taille moyenne (300 g)
2 portions de sauce hollandaise (p. 32)

### Infos nutritionnelles par portion
Glucides totaux : 9,5 g
Fibres : 4,3 g
Glucides nets : 5,2 g
Protéines : 39,9 g
Matières grasses : 51,2 g
Énergie : 649 kcal
Répartition des macronutriments : calories provenant des glucides (3 %), des protéines (25 %), des matières grasses (72 %)

Préchauffez le four à 200 °C (thermostat 6-7). Nettoyez les asperges et coupez les extrémités dures. Disposez-les sur une plaque de cuisson et arrosez-les avec la moitié du ghee. Salez et poivrez.

Posez le saumon sur une autre plaque de cuisson et arrosez avec ce qui reste de ghee. Salez et poivrez, puis enfournez avec les asperges, pendant 20 à 25 minutes.

Pendant que le poisson et les asperges cuisent, préparez la sauce hollandaise. Lorsque le saumon et les légumes sont prêts, transférez-les sur un plat de service et nappez-les de sauce hollandaise. Servez sans attendre.

# Canard rôti au chou braisé

Tendre et exquise, la chair de canard est adaptée au régime cétogène lorsqu'elle est consommée avec la peau. De plus, elle se marie à merveille au chou braisé aigre-doux.

4 portions | 20 min | 2 heures

### Ingrédients

**Canard**
1 canard ou 4 quartiers de canard (1,4 kg environ, avec les os)
¼ cuill. à café de sel
Poivre noir du moulin

**Chou braisé**
½ chou rouge de taille moyenne (300 g), sans le cœur
1 gros navet (200 g)
1 petit oignon blanc (70 g)
2 cuill. à soupe (30 g) de ghee, de saindoux ou de graisse de canard
225 g de choucroute, égouttée
¼ cuill. à café de clous de girofle moulus
2 cuill. à soupe (30 ml) de vinaigre de cidre
240 ml de bouillon de poule (p. 114)
Sel et poivre noir du moulin

### Infos nutritionnelles par portion

Glucides totaux : 13 g
Fibres : 4,5 g
Glucides nets : 8,5 g
Protéines : 25,9 g
Matières grasses : 46,5 g
Énergie : 568 kcal
Répartition des macronutriments :
calories provenant des glucides (6 %), des protéines (19 %), des matières grasses (75 %)

Préchauffez le four à 200 °C (thermostat 6-7). Si vous cuisinez un canard entier, veillez à bien retirer les abats.

Avec la pointe d'un couteau tranchant, piquez la peau sur toute la surface, puis salez et poivrez. Posez une grille à rôtir sur une plaque de cuisson, puis mettez-y le canard. Enfournez pour 1 heure 20 à 1 heure 30 (comptez 20 minutes par tranche de 450 g plus 20 minutes). Une fois la cuisson achevée, couvrez la volaille d'une feuille d'aluminium et laissez reposer 15 minutes.

Pendant que la volaille cuit, préparez le chou. Lavez-le, puis émincez-le. Pelez et râpez le navet. Pelez l'oignon et émincez-le finement. Mettez le ghee dans une grande casserole, puis faites-y fondre l'oignon. Ajoutez le chou, le navet, la choucroute égouttée, les clous de girofle moulus, le vinaigre et le bouillon de poule. Mélangez soigneusement. Salez et poivrez (si vous utilisez une cocotte en fonte, il ne sera peut-être pas nécessaire d'ajouter du bouillon, car seule une petite quantité d'eau va s'évaporer à la cuisson). Couvrez et laissez mijoter à feu doux 30 minutes environ, jusqu'à ce que la chair soit tendre. Remuez plusieurs fois pour empêcher le contenu de la cocotte d'accrocher et de brûler.

Une fois la cuisson achevée, coupez la volaille en quatre. Versez la graisse du canard sur le chou et mélangez soigneusement. Dressez le chou sur un plat, puis servez le canard dessus.

# Saumon braisé, sauce à la crème d'épinard

Le saumon est un poisson gras excellent pour la santé, car riche en acides gras oméga-3. Il se marie à merveille à cette sauce veloutée à la crème d'épinard.

4 portions — 15 min — 35 min

### Ingrédients

**Saumon**
4 filets de saumon (600 g)
¼ cuill. à café de sel
2 cuill. à soupe (30 ml) de jus de citron

**Sauce à la crème d'épinard**
3 cuill. à soupe (45 g) de ghee ou d'huile d'olive vierge extra
2 gousses d'ail, écrasées
2 oignons de printemps de taille moyenne (30 g), finement émincés
400 g d'épinards frais ou 435 g d'épinards surgelés
120 ml de crème fraîche épaisse ou de lait de coco
40 g de basilic frais

### Infos nutritionnelles par portion

Glucides totaux : 5,9 g
Fibres : 2,5 g
Glucides nets : 3,4 g
Protéines : 36,2 g
Matières grasses : 32 g
Énergie : 460 kcal
Répartition des macronutriments :
calories provenant des glucides (3 %), des protéines (32 %), des matières grasses (65 %)

Commencez par faire cuire le saumon. Versez environ 5 cm d'eau dans un cuit-vapeur, puis portez à ébullition à feu vif. Parsemez chaque filet de saumon d'une pincée de sel et arrosez de jus de citron frais. Réduisez la température à feu moyen et mettez le poisson dans le panier du cuit-vapeur. Couvrez et faites cuire 8 à 10 minutes, jusqu'à ce que la chair du saumon soit opaque et se sépare facilement à la fourchette.

Préparez la sauce. Si vous utilisez des épinards frais, lavez-les et séchez-les. Chauffez le ghee dans une poêle, puis mettez-y l'ail et les oignons nouveaux. Ajoutez les épinards et faites-les fondre à feu moyen 1 ou 2 minutes. Incorporez la crème et laissez réduire de moitié. Ajoutez le basilic finement ciselé et un trait de jus de citron. Salez et poivrez. Retirez du feu et réservez 5 minutes.

Mixez la sauce à l'aide d'un mixeur plongeant ou versez-la dans le bol d'un robot et mixez jusqu'à obtention d'un mélange lisse. Dressez le saumon sur un plat et nappez de sauce. Servez accompagné de copeaux d'asperges au parmesan (p. 191) ou de riz de chou-fleur à la provençale (p. 179).

# « Tagliatelles » au thon gratinées

Ces « tagliatelles » de courgettes offrent une excellente alternative aux pâtes dans ce gratin au thon céto-compatible.

6 portions   15 min   35 min

### Ingrédients
1 oignon rouge de taille moyenne (100 g)
200 g de champignons de Paris blancs
56 g de ghee ou de beurre
3 courgettes de taille moyenne (600 g)
125 g de pesto (p. 35)
1 cuill. à café d'origan séché
2 cuill. à café de basilic séché
450 g de thon en conserve, égoutté
110 g de mozzarella hachée
30 g de parmesan râpé
Sel et poivre noir du moulin

### Infos nutritionnelles par portion
Glucides totaux : 8,1 g
Fibres : 2,4 g
Glucides nets : 5,7 g
Protéines : 29 g
Matières grasses : 25,7 g
Énergie : 375 kcal
Répartition des macronutriments : calories provenant des glucides (6 %), des protéines (31 %), des matières grasses (63 %)

Préchauffez le four à 190 °C (thermostat 6-7). Pelez et émincez l'oignon, lavez et émincez les champignons. Huilez une poêle avec le ghee, puis faites-y fondre les oignons. Ajoutez les champignons émincés. Prolongez la cuisson de 5 minutes environ, puis retirez du feu.

Pendant ce temps, lavez et détaillez les courgettes en fines lamelles, à l'aide d'un épluche-légumes ou d'un spiraliseur, de manière à créer des « tagliatelles » plates et larges. Mettez-les dans un grand plat allant au four, puis ajoutez les champignons, le pesto, les herbes aromatiques, le sel, le poivre et le thon. Parsemez de mozzarella et mélangez soigneusement.

Saupoudrez de parmesan râpé et enfournez pour 20 minutes environ. Lorsque le plat est prêt, sortez-le du four et laissez-le refroidir légèrement avant de servir.

# Brochettes de maquereau piquantes

Comme les sardines et le saumon, le maquereau est un superaliment, parfaitement céto-compatible. Riche en acides gras oméga-3 bénéfiques pour la santé, ce poisson a une saveur si prononcée qu'il se passe facilement d'épices. Choisissez soigneusement votre poisson, toutefois : certaines variétés de maquereau peuvent contenir trop de mercure.

4 portions    10 min    20 min + marinade

### Ingrédients
6 filets de maquereau (600 g)
2 gousses d'ail, écrasées
½ cuill. à café de flocons de piment ou 1 cuill. à café de piment frais haché
1 cuill. à soupe (15 ml) de vinaigre balsamique
60 ml d'huile d'olive vierge extra
1 oignon blanc de taille moyenne (110 g)
2 gros poivrons verts (300 g)
2 poivrons rouges, orange ou jaunes de taille moyenne (200 g)
Sel et poivre noir du moulin

### Infos nutritionnelles par portion
Glucides totaux : 10,6 g
Fibres : 3 g
Glucides nets : 7,6 g
Protéines : 29,5 g
Matières grasses : 34,8 g
Énergie : 476 kcal
Répartition des macronutriments : calories provenant des glucides (6 %), des protéines (26 %), des matières grasses (68 %)

Coupez le maquereau en morceaux de taille moyenne. Mettez-les dans un saladier, puis ajoutez l'ail écrasé, les flocons de piment, le vinaigre balsamique et l'huile d'olive. Salez et poivrez. Laissez mariner 1 heure au moins ou une nuit entière.

Pelez l'oignon et émincez-le en rondelles suffisamment épaisses pour pouvoir les piquer sur les brochettes. Lavez les poivrons, épépinez-les et coupez-les en bouchées.

Mettez le four à chauffer sur gril (260°C, thermostat 8-9). Préparez les brochettes, en alternant les morceaux de maquereau, d'oignon et de poivron. Posez une grille sur une plaque de cuisson, mettez-y les brochettes puis enfournez pour 5 minutes. Arrosez les brochettes avec un peu d'huile restant de la marinade, puis prolongez la cuisson de 5 minutes, jusqu'à ce qu'elles soient bien dorées. Servez sans attendre.

# Barquettes de salade verte aux sardines

Les sardines comptent parmi les superaliments les plus méconnus qui soient. Riches en acides gras oméga-3 excellents pour la santé, elles sont issues de la pêche durable et très bon marché. De plus, leurs arêtes comestibles sont riches en sels minéraux !

4 portions — 5 min — 15 min

**Ingrédients**
12 à 15 sardines fraîches ou 600 g de sardines en conserve
150 g de tomates cerises, concassées
1 gros poivron vert (150 g), émincé
1 concombre de taille moyenne (200 g), pelé et coupé en dés
1 petit oignon rouge (60 g)
150 g de feta
2 cuill. à soupe (17 g) de câpres
50 g d'olives
1 cuill. à soupe (15 ml) de jus de citron
1 cuill. à café d'origan séché
60 ml d'huile d'olive vierge extra
Sel et poivre noir du moulin
4 mini-têtes de salade verte (400 g)

Si vous utilisez des sardines fraîches, préchauffez le four à 175 °C (thermostat 5-6). Nettoyez-les soigneusement, en veillant à retirer les branchies et les entrailles. Rincez-les à l'eau pour retirer d'éventuelles écailles et le sang restant (vous pouvez aussi demander au poissonnier de les préparer pour vous). Posez les sardines sur une grille, salez-les et poivrez-les. Enfournez pour 10 minutes environ. Lorsqu'elles sont cuites, sortez-les du four et laissez-les refroidir. Séparez la chair des arêtes et mettez-la dans un bol.

Pelez et émincez l'oignon rouge. Dans un saladier, mélangez les tomates, le poivron vert, le concombre et l'oignon émincé. Ajoutez la feta émiettée, les câpres, les olives, le jus de citron, l'origan et l'huile d'olive. Si nécessaire, salez et poivrez. Ajoutez la chair de sardine et mélangez soigneusement.

Détachez les feuilles de salade, lavez-les et séchez-les avec un torchon. Servez la préparation à la sardine sur les feuilles de salade ou mélangez le tout dans un saladier et servez.

**Infos nutritionnelles par portion**
Glucides totaux : 10,3 g
Fibres : 3,4 g
Glucides nets : 6,9 g
Protéines : 37,4 g
Matières grasses : 36 g
Énergie : 478 kcal
Répartition des macronutriments : calories provenant des glucides (5 %), des protéines (30 %), des matières grasses (65 %)

# Crevettes pimentées aigres-douces

Servez ces crevettes relevées en entrée ou en plat principal : dans ce cas, proposez-les dans une tortilla sans céréales, avec vos garnitures low-carb préférées. Bon appétit !

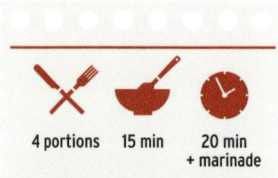

4 portions    15 min    20 min + marinade

**Ingrédients**
- 56 g de ghee ou d'huile de noix de coco
- 1 à 2 piments thaï (45 g)
- 4 gousses d'ail, pelées et écrasées
- 1 cuill. à soupe (15 ml) de vinaigre de cidre
- 2 cuill. à soupe (30 g) de purée de tomates, sans sucre
- 2 cuill. à soupe (30 ml) de sauce de poisson
- 1 feuille de laurier, écrasée
- 1 cuill. à café de thym séché
- 1 cuill. à soupe (10 g) d'érythritol
- 5 à 10 gouttes de stévia liquide
- 2 à 4 cuill. à soupe (30 à 60 ml) d'eau
- Sel et poivre noir du moulin
- 500 g de crevettes, crues et décortiquées
- 1 bouquet de coriandre fraîche et quartiers de citron vert, pour garnir
- Facultatif : tortillas sans céréales (p. 25)

Commencez par préparer la sauce au piment. Répartissez le ghee dans une grande poêle.

Lavez les piments, coupez-les en deux, épépinez-les et hachez-les finement. Faites revenir les piments et l'ail dans la poêle 2 ou 3 minutes, en remuant régulièrement. Ajoutez le vinaigre de cidre, la purée de tomates, la sauce de poisson, la feuille de laurier, le thym, l'érythritol, la stévia liquide, l'eau, du sel et du poivre noir. Prolongez la cuisson de 5 minutes, en continuant à remuer. Retirez du feu et laissez refroidir. Ajoutez les crevettes (décortiquées, avec ou sans queues) et enrobez-les de sauce au piment. Laissez-les mariner au moins une heure.

Lorsque les crevettes ont fini de mariner, faites-les cuire quelques minutes seulement, jusqu'à ce qu'elles deviennent roses (vous pouvez aussi les mettre sur des brochettes et les faire cuire au four sous le gril). Garnissez de coriandre fraîche. Si vous le souhaitez, servez-les accompagnées de quartiers de citron vert, de légumes verts à feuilles, de lamelles d'avocat et de tortillas sans céréales.

**Infos nutritionnelles par portion**
Glucides totaux : 4,2 g
Fibres : 0,8 g
Glucides nets : 3,4 g
Protéines : 19 g
Matières grasses : 14,9 g
Énergie : 225 kcal
Répartition des macronutriments : calories provenant des glucides (6 %), des protéines (34 %), des matières grasses (60 %)

# Bâtonnets de poisson, sauce tartare

Plébiscités par les enfants, les bâtonnets de poisson sont aussi un aliment-réconfort pour les adultes. En voici une version aussi saine que low-carb.

4 portions — 15 min — 45 min

### Ingrédients

4 filets de cabillaud, sans peau et sans arêtes (600 g)
2 cuill. à soupe (24 g) de farine de noix de coco
1 gros œuf
1 cuill. à soupe (15 ml) de jus de citron fraîchement pressé
1 oignon nouveau de taille moyenne (15 g)
3 cuill. à soupe (20 g) de farine de lin
30 g de parmesan râpé, ou de couenne de porc séchée et moulue pour une version sans laitages
½ cuill. à café de sel
Poivre noir du moulin
2 cuill. à soupe (30 g) de ghee fondu ou d'huile de noix de coco

Préchauffez le four à 200°C (thermostat 6-7). Préparez les bâtonnets de poisson. Mettez les filets de cabillaud dans un blender et mixez jusqu'à obtention d'un mélange lisse. Transférez la chair de poisson dans un saladier, puis ajoutez la farine de noix de coco, l'œuf, le jus de citron et l'oignon nouveau. Salez et poivrez, puis mélangez jusqu'à obtention d'une pâte homogène.

Préparez la panure. Mélangez la farine de lin, le parmesan, le sel et du poivre noir.

Avec vos mains, façonnez 12 bâtonnets de poisson (3 par portion). Roulez-les dans la panure, un par un, jusqu'à ce qu'ils soient entièrement enrobés. Tapissez une plaque de cuisson de papier cuisson, puis mettez-y les bâtonnets de poisson. Arrosez de ghee fondu. Enfournez pour 25 à 30 minutes, jusqu'à ce qu'ils soient croustillants et dorés.

Pendant ce temps, préparez le coleslaw. Lavez le chou et le fenouil. À l'aide d'un couteau tranchant, émincez finement le chou et le fenouil, ou mettez-les dans le bol d'un robot et râpez-les.

Transférez les légumes râpés dans un saladier, puis ajoutez l'oignon nouveau, la mayonnaise et la moutarde. Salez et poivrez. Réservez.

Préparez la sauce tartare. Mélangez tous les ingrédients de la sauce dans un bol. Lorsque les bâtonnets de poissons sont prêts, sortez-les du four et laissez-les refroidir légèrement. Servez-les accompagnés de coleslaw et de sauce tartare.

**Coleslaw**
¼ chou vert ou blanc de taille moyenne (250 g)
¼ petit chou rouge (100 g)
½ bulbe de fenouil (120 g)
1 oignon nouveau de taille moyenne (15 g)
55 g de mayonnaise (p. 28)
1 cuill. à café de moutarde de Dijon (p. 31)
Sel et poivre noir du moulin

**Sauce tartare**
110 g de mayonnaise (p. 28)
1 cornichon (65 g)
1 cuill. à soupe (15 ml) de jus de citron
Sel

**Infos nutritionnelles par portion**
Glucides totaux : 13,1 g
Fibres : 6 g
Glucides nets : 7,1 g
Protéines : 35,1 g
Matières grasses : 49,2 g
Énergie : 631 kcal
Répartition des macronutriments : calories provenant des glucides (5 %), des protéines (23 %), des matières grasses (72 %)

# Poisson et légumes rôtis aux herbes aromatiques

Aussi léger qu'exquis, ce plat est très facile à préparer. Lorsque vous cuisinez des poissons à chair blanche comme le bar, ajoutez systématiquement des matières grasses saines ou de l'huile de noix de coco, pour que le plat soit adapté au régime cétogène.

4 portions  5 min  20 min

## Ingrédients

300 g de brocoli
300 g d'asperges
4 gros filets de bar (600 g)
56 g de ghee ou de beurre
2 gousses d'ail, écrasées
Sel et poivre noir du moulin
12 g d'herbes aromatiques fraîches (basilic, origan, thym) ou 1 à 2 cuill. à soupe d'herbes séchées
1 cuill. à café de zeste de citron frais
2 cuill. à soupe (30 ml) de jus de citron fraîchement pressé
2 cuill. à soupe (30 ml) d'huile d'olive vierge extra

## Infos nutritionnelles par portion

Glucides totaux : 9,5 g
Fibres : 4 g
Glucides nets : 5,5 g
Protéines : 32,3 g
Matières grasses : 26,4 g
Énergie : 403 kcal
Répartition des macronutriments :
calories provenant des glucides (6 %), des protéines (33 %), des matières grasses (61 %)

Préchauffez le four à 175 °C (thermostat 5-6). Lavez le brocoli et les asperges, puis posez-les sur une grande plaque de cuisson. Badigeonnez les filets de bar avec une partie du ghee, et frottez-les avec l'ail écrasé. Posez le poisson sur les légumes, arrosez avec ce qui reste de ghee, salez et poivrez. Parsemez d'herbes aromatiques fraîchement ciselées et de zeste de citron. Arrosez de jus de citron et enfournez pour 15 minutes environ. Lorsque la cuisson est achevée, laissez légèrement refroidir le plat puis arrosez-le d'un filet d'huile d'olive avant de servir.

# Sushis au thon épicés

Amateurs de sushis, réjouissez-vous : le riz de chou-fleur sert même à préparer ces spécialités !

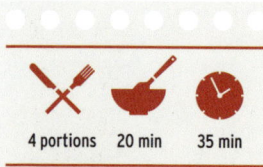

4 portions   20 min   35 min

### Ingrédients
½ petit concombre (56 g)
1 gros avocat (200 g)
1 oignon nouveau de taille moyenne (15 g)
220 g de thon en conserve, égoutté
2 gousses d'ail, écrasées
1 cuill. à café de gingembre frais râpé
2 cuill. à café d'huile de sésame grillé
55 g de mayonnaise (p. 28)
480 g de riz de chou-fleur (p. 36)
2 cuill. à café de sriracha
½ cuill. à café de sel
4 grandes feuilles de salade (60 g)
4 feuilles de nori

### Sauce
55 g de mayonnaise (p. 28)
1 cuill. à café de sriracha
Sel et piment de Cayenne
2 cuill. à soupe (16 g) de graines de sésame

Lavez le concombre, pelez-le et coupez-le en bâtonnets. Coupez l'avocat en deux, dénoyautez-le, pelez-le et détaillez-le en lamelles, dans le sens de la longueur. Lavez les feuilles de salade et séchez-les.

Lavez l'oignon nouveau et émincez-le. Dans un saladier, mélangez le thon égoutté, l'oignon émincé, l'ail écrasé, le gingembre et l'huile de sésame. Ajoutez 2 cuillères à soupe (28 g) de mayonnaise, 2 cuillères à café de sriracha et le sel. Mélangez soigneusement.

Ajoutez 2 cuillères à soupe (28 g) de mayonnaise au riz de chou-fleur et salez. Mélangez jusqu'à obtention d'une préparation homogène. La mayonnaise permettra de faire tenir le « riz ».

Garnissez les feuilles de nori avec le riz de chou-fleur. Celui-ci ne doit pas couvrir la totalité de la feuille ; laissez 2,5 à 5 cm sur chaque bord. Garnissez chaque feuille de nori avec une feuille de salade, ¼ de la préparation au thon, ¼ de l'avocat et ¼ du concombre. Posez la garniture sur la moitié supérieure de la feuille, pour pouvoir rouler celle-ci facilement. Roulez-la, humectez les bords avec quelques gouttes d'eau et fermez bien le rouleau. Laissez reposer 10 à 15 minutes, puis coupez le rouleau en rondelles ou réservez-le au réfrigérateur.

Pendant ce temps, préparez la sauce. Mélangez la mayonnaise et la sauce sriracha. Goûtez, puis salez et relevez de piment de Cayenne si nécessaire. Faites dorer les graines de sésame à sec dans une poêle pendant une minute, jusqu'à ce qu'elles soient dorées. Coupez chaque rouleau en 8 et parsemez les sushis de graines de sésame grillées. Servez avec la mayonnaise épicée.

**Infos nutritionnelles par portion**
(1 rouleau non découpé en sushis)
Glucides totaux : 15,6 g
Fibres : 8,4 g
Glucides nets : 7,2 g
Protéines : 21,5 g
Matières grasses : 44,3 g
Énergie : 523 kcal
Répartition des macronutriments :
calories provenant des glucides (5 %), des protéines (17 %), des matières grasses (78 %)

# Boulettes de poisson à l'asiatique, sauce aigre-douce pimentée

Le poisson à chair blanche est naturellement riche en protéines et peu gras. Si vous souhaitez augmenter votre consommation de matières grasses, servez le poisson avec un accompagnement riche en graisses, comme des asperges ou des brocolis sautés au beurre.

16 boulettes de poisson — 15 min — 40 min

### Ingrédients

**Boulettes de poisson**
- 4 filets (600 g) de poisson à chair blanche, comme du cabillaud, sans peau ni arêtes
- 1 gros œuf
- 50 g de farine d'amande
- 1 gousse d'ail, écrasée
- 1 cuill. à café de gingembre frais râpé
- ½ cuill. à café de sel
- 30 g de farine de noix de coco
- Poivre noir du moulin
- 1 oignon nouveau de taille moyenne (15 g)
- Facultatif : 2 cuill. à soupe (20 g) de graines de sésame grillées, pour garnir

**Sauce aigre-douce pimentée**
- 6 cuill. à soupe (85 g) de ghee ou d'huile de noix de coco
- 1 petit piment thaï (45 g)
- 2 gousses d'ail
- 1 cuill. à café de zeste d'orange frais finement râpé (ou ½ cuill. à café de zeste séché)

»»

Préchauffez le four à 200 °C (thermostat 6-7). Mettez les filets de poisson dans un blender et mixez jusqu'à obtention d'une pâte lisse. Mettez la chair de poisson dans un saladier, puis ajoutez l'œuf, la farine d'amande, l'ail écrasé, le gingembre, le sel et du poivre noir.

Avec vos mains, façonnez des petites boulettes et roulez-les, une par une, dans la farine de noix de coco, jusqu'à ce qu'elles soient entièrement enrobées. Tapissez une plaque de cuisson de papier cuisson, puis posez-y les boulettes de poisson. Enfournez pour 20 à 25 minutes.

Pendant ce temps, préparez la sauce aigre-douce. Chauffez une grande poêle huilée avec le ghee. Coupez le piment thaï en deux, épépinez-le et hachez-le finement. Pelez l'ail et écrasez-le. Faites revenir le tout 2 ou 3 minutes, puis ajoutez le zeste d'orange, le vinaigre de cidre, la sauce de poisson, la sauce Coconut Aminos, le jus de citron vert, la purée de tomates et l'érythritol ou la stévia liquide. Salez et poivrez, puis laissez frémir à feu moyen 5 à 10 minutes, jusqu'à ce que la sauce ait réduit de moitié. Retirez-la du feu et ajoutez les graines de chia moulues. Mélangez, puis laissez reposer pour que l'ensemble épaississe.

Lorsque les boulettes de poisson sont cuites, mettez-les dans la poêle, enrobez-les de sauce, puis parsemez-les de l'oignon haché. Servez sans attendre.

### Conseil

*Servez avec du riz de chou-fleur (p. 36) ou des légumes sautés au beurre. Vous pouvez aussi proposer ce plat avec des légumes cuisinés à l'asiatique, comme du brocoli vapeur avec une sauce à base de gingembre frais râpé, de piment, d'ail, d'huile d'olive, d'huile de sésame grillé et de sel.*

60 ml de vinaigre de cidre ou de vinaigre de riz
2 cuill. à soupe (26 g) de sauce de poisson
1 cuill. à soupe (15 ml) de sauce Coconut Aminos
1 cuill. à soupe (15 ml) de jus de citron vert
1 cuill. à soupe (15 g) de purée de tomates, sans sucre
1 cuill. à soupe (10 g) d'érythritol ou 5 à 10 gouttes de stévia liquide
1 cuill. à soupe (8 g) de graines de chia moulues
Sel et poivre noir du moulin

**Infos nutritionnelles par portion**
(4 boulettes de poisson)
Glucides totaux : 8,7 g
Fibres : 3,9 g
Glucides nets : 4,8 g
Protéines : 33,5 g
Matières grasses : 31,9 g
Énergie : 463 kcal
Répartition des macronutriments :
calories provenant des glucides (4 %), des protéines (31 %), des matières grasses (65 %)

# Poêlée d'Europe centrale

Consommez de la choucroute, excellente pour la santé, grâce à cette exquise poêlée à préparer pour le déjeuner. Garnie de céleri et de saucisses confectionnées avec du porc élevé en liberté, elle est particulièrement savoureuse servie avec un ou deux œufs sur le plat.

2 portions — 15 min — 15 min

### Ingrédients
4 saucisses de taille moyenne, sans gluten (260 g)
1 céleri de taille moyenne (160 g)
1 petit oignon blanc (70 g), pelé et haché
150 g de choucroute
½ cuill. à café de graines de carvi
2 cuill. à soupe (30 g) de ghee ou de beurre
Sel et poivre noir du moulin
Facultatif : 2 gros œufs de poules élevées en liberté, sur le plat

### Infos nutritionnelles par portion
Glucides totaux : 15,6 g
Fibres : 5,3 g
Glucides nets : 10,3 g
Protéines : 24,4 g
Matières grasses : 38,4 g
Énergie : 497 kcal
Répartition des macronutriments : calories provenant des glucides (9 %), des protéines (20 %), des matières grasses (71 %)

Huilez une poêle avec du ghee et mettez-la sur le feu. Lorsqu'elle est bien chaude, faites-y dorer les saucisses, en les retournant deux ou trois fois, pour que la chair cuise uniformément. Lorsqu'elles sont cuites, ôtez-les de la poêle et réservez-les au chaud. Ne lavez pas la poêle.

Pelez le céleri, puis coupez-le avec un couteau à julienne ou un spiraliseur à légumes. Si vous ne possédez pas ces accessoires, utilisez la partie la plus grossière de votre râpe.

Mettez l'oignon dans la poêle ayant contenu les saucisses et faites-le revenir à feu moyen 2 minutes environ, en remuant régulièrement. Ajoutez le céleri et prolongez la cuisson de 8 minutes, sans cesser de remuer.

Ajoutez la choucroute et les graines de carvi, et mélangez soigneusement. Salez et poivrez. Laissez sur le feu 1 minute environ, jusqu'à ce que la choucroute soit chaude. Garnissez avec les saucisses et, si vous le souhaitez, avec des œufs sur le plat.

# Truite grillée, beurre aux herbes et au citron

Préparer soi-même son beurre aux herbes est un jeu d'enfant. Riche en matières grasses excellentes pour la santé, il viendra parfumer de nombreux plats.

4 portions  15 min  40 min

### Ingrédients
110 g de beurre, à température ambiante
12 g d'herbes aromatiques fraîches ciselées (par exemple basilic, persil, origan, thym)
4 gousses d'ail, écrasées
1 cuill. à soupe (6 g) de zeste de citron frais
Sel et poivre noir du moulin
4 filets de truite (600 g)
2 cuill. à soupe (30 g) de ghee ou d'huile de noix de coco

### Infos nutritionnelles par portion
Glucides totaux : 1,9 g
Fibres : 0,5 g
Glucides nets : 1,4 g
Protéines : 31,3 g
Matières grasses : 35 g
Énergie : 452 kcal
Répartition des macronutriments :
calories provenant des glucides (1 %), des protéines (28 %), des matières grasses (71 %)

Commencez par confectionner le beurre aux herbes. Mélangez le beurre, les herbes fraîchement ciselées, les gousses d'ail écrasées, le zeste de citron, le sel et le poivre noir. Le beurre doit être à température ambiante, pour que vous puissiez amalgamer les ingrédients. Mettez le beurre aux herbes sur du papier cuisson et roulez-le, de manière à former un bloc. Torsadez les côtés du papier et réservez le beurre au réfrigérateur, 30 minutes au moins.

Pendant ce temps, préparez le poisson. Badigeonnez les filets de truite avec un peu de ghee, salez et poivrez. Chauffez une grande poêle à gril ou une poêle traditionnelle à feu moyen, et répartissez-y ce qui reste de ghee.

Lorsque la poêle est chaude, mettez-y le poisson, avec le côté peau tourné vers le bas, et faites-le revenir 2 ou 3 minutes, jusqu'à ce que la peau soit croustillante et bien dorée. Évitez de retourner les filets trop tôt, car la chair risquerait d'adhérer à la poêle. Retournez-les et prolongez la cuisson de 2 minutes. Retirez la poêle du feu et laissez reposer le poisson 10 minutes. La chaleur résiduelle permettra de cuire la truite à cœur.

Pour servir, dressez les filets de truite sur un plat chauffé et ajoutez quelques rondelles de beurre aux herbes. Si vous le souhaitez, servez le poisson accompagné de brocoli vapeur sauce au bleu (p. 184).

# Poêlée aux courgettes et au potiron

Facile à préparer et pauvre en glucides, ce repas est parfait à toute heure de la journée.

2 portions  10 min  25 min

### Ingrédients
1 cuill. à soupe (15 g) de ghee, de saindoux ou d'huile de noix de coco
1 gousse d'ail, pelée et émincée
4 fines tranches de lard (60 g), coupées en morceaux
200 g de steak haché
120 g de potiron, coupé en dés
½ cuill. à café de paprika
¼ cuill. à café de cannelle
2 courgettes de taille moyenne (400 g), coupées en dés
Sel et poivre noir du moulin
Facultatif : œufs sur le plat (de poules élevées en liberté) ou avocat en tranches

### Infos nutritionnelles par portion
Glucides totaux : 11,2 g
Fibres : 2,7 g
Glucides nets : 8,5 g
Protéines : 24,5 g
Matières grasses : 35,8 g
Énergie : 460 kcal
Répartition des macronutriments : calories provenant des glucides (7 %), des protéines (22 %), des matières grasses (71 %)

Huilez une poêle avec le ghee, puis faites-y revenir l'ail à feu moyen 1 minute seulement. Ajoutez le lard et faites-le dorer jusqu'à ce qu'il soit croustillant. Incorporez le steak haché et laissez revenir jusqu'à ce qu'il soit doré.

Ajoutez les dés de potiron et prolongez la cuisson de 5 minutes. Ajoutez le paprika, la cannelle et les dés de courgettes. Salez et poivrez. Prolongez la cuisson de 10 à 15 minutes, en remuant régulièrement. Retirez du feu et réservez. Servez sans attendre. Si vous le souhaitez, vous pouvez garnir la poêlée d'œufs sur le plat ou de tranches d'avocat.

# Bœuf korma braisé

Préparez cette spécialité indienne à l'avance, puis savourez-la en semaine, accompagnée de riz de chou-fleur (p. 36).

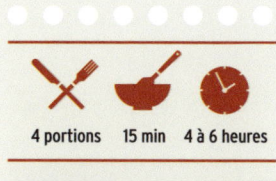

4 portions — 15 min — 4 à 6 heures

### Ingrédients

800 g de bœuf –tout morceau de bœuf à braiser : poitrine, paleron ou gîte à la noix.
½ oignon blanc de taille moyenne (55 g)
1 gousse d'ail
1 cuill. à soupe (8 g) de gingembre frais râpé
1 cuill. à soupe (15 g) de suif, de saindoux ou de ghee
2 gousses de cardamome entières
1 cuill. à café de curcuma moulu
½ cuill. à café de coriandre moulue
1 cuill. à café de garam masala
½ cuill. à café de sel ou plus
Poivre noir du moulin
120 ml de lait de coco ou de crème fraîche épaisse
60 ml d'eau
Facultatif : 480 g de riz de chou-fleur (p. 36)

### Infos nutritionnelles par portion

Glucides totaux : 3,6 g
Fibres : 0,7 g
Glucides nets : 2,9 g
Protéines : 36,8 g
Matières grasses : 54,1 g
Énergie : 654 kcal
Répartition des macronutriments : calories provenant des glucides (2 %), des protéines (23 %), des matières grasses (75 %)

Coupez la viande en bouchées. Pelez l'oignon et coupez-le en petits dés. Écrasez l'ail, râpez le gingembre.

Huilez une poêle profonde avec du suif (ou du ghee ou du saindoux. Vous pouvez utiliser le suif issu de la recette de bouillon d'os de la p. 30 – une spécialité qui permet d'obtenir plusieurs produits formidables). Ajoutez l'oignon, l'ail et le gingembre. Faites revenir 3 minutes environ à feu moyen, en remuant fréquemment.

Augmentez le feu et ajoutez la viande. Faites-la rissoler jusqu'à ce qu'elle soit légèrement dorée de tous les côtés. Transférez le contenu de la poêle dans une mijoteuse électrique, puis ajoutez toutes les épices, le sel et du poivre noir.

Mouillez avec le lait de coco et l'eau, et mélangez soigneusement (si vous utilisez de la crème, ajoutez-la en fin de cuisson, pour éviter qu'elle ne se sépare). Faites cuire 4 à 6 heures à température élevée ou jusqu'à 10 heures à température douce. La durée de cuisson exacte dépend du type de mijoteuse. Si vous ne possédez pas de mijoteuse électrique, utilisez une cocotte traditionnelle profonde à fond épais et faites cuire la préparation dans un four préchauffé à 150 °C (thermostat 5) pendant 4 à 6 heures. Lorsqu'elle est prête, la viande doit être tendre et se séparer.

### Conseil

*Préparez vous-même votre garam masala ! Pour cela, il suffit de mélanger 1 cuillère à soupe (7 g) de cumin moulu, 1 ½ cuillère à café de graines de coriandre moulues, 1 ½ cuillère à café de graines de cardamome moulues, ½ cuillère à café de clous de girofle moulus, ½ cuillère à café de muscade, 1 cuillère à café de cannelle et 1 ½ cuillère à café de poivre noir du moulin.*

# Poêlée au chorizo et au kale

Les légumes verts à feuilles sont non seulement riches en nutriments, ils sont aussi très pauvres en glucides, ce qui en fait un produit de base de l'alimentation cétogène. De plus, ils se marient à merveille à la saveur prononcée du chorizo !

2 portions   10 min   25 min

### Ingrédients
300 g de kale à feuilles sombres
1 petit rutabaga (100 g)
2 cuill. à soupe (30 g) de ghee
1 oignon rouge de taille moyenne (60 g), pelé et finement haché
200 g de viande de porc hachée
56 g de chorizo espagnol ou de salami, coupé en rondelles
Sel et poivre noir du moulin
Facultatif : œufs sur le plat (de poules élevées ou liberté) ou tranches d'avocat

### Infos nutritionnelles par portion
Glucides totaux : 13,7 g
Fibres : 6,3 g
Glucides nets : 7,4 g
Protéines : 29,8 g
Matières grasses : 49,6 g
Énergie : 608 kcal
Répartition des macronutriments :
calories provenant des glucides (5 %), des protéines (20 %), des matières grasses (75 %)

Lavez le kale, puis déchiquetez-le en morceaux de 5 cm environ. Pelez le rutabaga et coupez-le en dés, ou servez-vous d'un couteau à julienne pour réaliser des « spaghettis ».

Huilez une grande poêle avec le ghee, puis faites-la chauffer à feu moyen. Lorsqu'elle est bien chaude, faites-y revenir l'oignon 3 minutes environ. Lorsqu'il est doré, incorporez le porc et prolongez la cuisson de 5 minutes, en remuant régulièrement. Ajoutez le kale et le rutabaga et prolongez la cuisson de 10 à 15 minutes. Remuez fréquemment, pour éviter que la préparation n'accroche et ne brûle.

Pendant ce temps, faites revenir le chorizo dans une autre poêle, jusqu'à ce qu'il soit bien croustillant. Lorsqu'il est prêt, ajoutez-le, avec les jus de cuisson, dans la poêle contenant le kale. Salez et poivrez. Servez sans attendre.

# Bœuf effiloché à la cubaine (ropa vieja)

Cette spécialité cubaine est très polyvalente : elle se marie à merveille au riz de chou-fleur et aux salades. Elle peut aussi servir de garniture pour les céto-crêpes incontournables.

4 portions — 15 min — 4 à 6 heures

### Ingrédients
- 2 gousses d'ail, pelées et hachées
- 1 petit oignon blanc (70 g), pelé et coupé en petits dés
- 1 piment jalapeño (15 g)
- 1 cuill. à soupe (15 g) de ghee, de saindoux ou de suif
- 800 g de bœuf à braiser, comme du gîte à la noix ou du paleron
- 2 poivrons verts de taille moyenne (240 g), épépinés et détaillés en lamelles
- 1 feuille de laurier
- 1 cuill. à café d'origan séché
- 1 cuill. à café de thym séché
- ½ cuill. à café de sel ou davantage
- 2 cuill. à soupe (30 ml) de jus de citron vert
- 120 ml de bouillon d'os (p. 30) ou de bouillon de légumes
- 120 ml de sauce tomate (passata), sans sucre
- Coriandre fraîche, pour garnir
- Facultatif : 480 g de riz de chou-fleur (p. 36)

Lavez le piment jalapeño, coupez-le en deux, épépinez-le et détaillez-le en morceaux. Répartissez le ghee (ou l'huile de noix de coco) dans une poêle, puis faites-y revenir l'ail, l'oignon et le piment 3 minutes environ, en remuant régulièrement, jusqu'à ce qu'ils commencent à dorer. Réservez.

Mettez la viande dans la mijoteuse, avec les poivrons verts et l'ensemble des épices. Arrosez de jus de citron vert pressé et mouillez avec le bouillon d'os ou le bouillon de légumes. Ajoutez l'oignon, l'ail et le piment sautés, puis salez. Versez la sauce tomate sur la viande.

Laissez mijoter 4 à 6 heures à température élevée ou jusqu'à 10 heures à température douce. La durée dépend du type de mijoteuse : vérifiez de temps en temps la cuisson de la viande. Lorsqu'elle est cuite, effilochez-la en fins filaments à l'aide de deux fourchettes. Garnissez de coriandre.

Servez avec du riz de chou-fleur nature ou des haricots verts, que vous pourrez soit faire cuire séparément, soit ajouter dans la mijoteuse pour les 2 ou 3 dernières heures de cuisson. Pour conserver cette spécialité, laissez-la refroidir puis placez-la dans un récipient hermétique. Se garde 5 jours au réfrigérateur.

### Conseil
*Si vous ne possédez pas de mijoteuse électrique, utilisez une cocotte traditionnelle profonde à fond épais et faites cuire la préparation dans un four préchauffé à 150 °C (thermostat 5) pendant 4 à 6 heures.*

### Infos nutritionnelles par portion
- Glucides totaux : 8,1 g
- Fibres : 2,4 g
- Glucides nets : 5,7 g
- Protéines : 37,7 g
- Matières grasses : 48,8 g
- Énergie : 627 kcal
- Répartition des macronutriments : calories provenant des glucides (4 %), des protéines (25 %), des matières grasses (71 %)

# Boulettes de viande et « spaghettis » de courgettes

Le pesto, les câpres et les olives viennent donner du peps à cette version cétogène des spaghettis à la viande.

16 boulettes de viande · 15 min · 20 min

## Ingrédients

500 g de steak haché
1 gros œuf
50 g de farine d'amande
125 g de pesto (p. 35)
2 cuill. à soupe (5 g) de basilic frais ciselé, et un peu plus pour garnir
1 cuill. à soupe (15 g) de ghee ou de saindoux
4 courgettes de taille moyenne (800 g)
4 cuill. à soupe (35 g) de câpres
50 g d'olives de Kalamata ou d'olives vertes, dénoyautées et coupées en rondelles
½ cuill. à café de sel, ou davantage
Facultatif : 45 g de parmesan râpé

Dans un saladier, réunissez le steak haché, l'œuf et la farine d'amande. Ajoutez la moitié du pesto et le basilic. Salez et poivrez, puis mélangez soigneusement. Avec vos mains, façonnez des boulettes de viande et réservez.

Huilez une grande poêle avec le ghee, puis chauffez-la. Lorsqu'elle est bien chaude, faites-y revenir les boulettes de viande à feu moyen pendant 2 ou 3 minutes d'un côté, puis retournez-les à l'aide d'une fourchette. Recommencez régulièrement, jusqu'à ce qu'elles soient bien dorées de tous les côtés. Lorsqu'elles sont prêtes, transférez-les sur un plat et réservez au chaud.

Lavez les courgettes, puis à l'aide d'un couteau à julienne ou d'un spiraliseur, réalisez des « spaghettis » de légumes. Mettez-les dans la poêle ayant servi à la cuisson des boulettes de viande et faites-les revenir 3 à 5 minutes à feu moyen. Retirez du feu, puis ajoutez ce qui reste de pesto, les câpres et les olives.

Mélangez soigneusement, puis salez si nécessaire.

Pour servir, mettez les spaghettis de courgettes dans une assiette, puis ajoutez les boulettes de viande par-dessus. Garnissez avec les feuilles de basilic restantes. Si vous le souhaitez, parsemez de parmesan.

**Infos nutritionnelles par portion**
(4 boulettes de viande + « spaghettis » de courgettes)
Glucides totaux : 11,9 g
Fibres : 5 g
Glucides nets : 6,9 g
Protéines : 29,8 g
Matières grasses : 56,1 g
Énergie : 659 kcal
Répartition des macronutriments :
calories provenant des glucides (4 %), des protéines (18 %), des matières grasses (78 %)

# Boulettes de bœuf à l'asiatique épicées

Impossible de ne déguster qu'une seule de ces boulettes aux herbes ! Servez-les avec cette sauce pimentée et des crudités.

16 boulettes   15 min   20 min

### Ingrédients

**Boulettes de viande**
2 oignons nouveaux de taille moyenne (30 g)
500 g de steak haché
2 gousses d'ail, écrasées
2 cuill. à soupe (30 ml) de sauce de poisson
1 cuill. à café de citronnelle finement hachée ou de zeste de citron vert bio
2 cuill. à soupe (12 g) de menthe fraîche ciselée
2 cuill. à soupe (30 g) de ghee ou d'huile de noix de coco
Sel et poivre noir du moulin
2 cuill. à soupe (18 g) de graines de sésame grillées

**Sauce pimentée**
1 oignon nouveau de taille moyenne (15 g)
1 gousse d'ail, écrasée
1 cuill. à café de gingembre frais râpé
1 petit piment fort
1 cuill. à soupe (1 g) de coriandre fraîche ciselée
1 cuill. à soupe (15 ml) de jus de citron vert frais
2 cuill. à soupe (30 ml) de sauce Coconut Aminos
1 cuill. à café d'huile de sésame grillé
1 cuill. à soupe (10 g) d'érythritol ou 3 à 5 gouttes de stévia
Sel et poivre noir du moulin

Lavez et hachez finement les oignons nouveaux. Dans un saladier, réunissez tous les ingrédients des boulettes de viande, à l'exception du ghee, et mélangez soigneusement. Façonnez des petites boulettes de viande avec vos mains, puis réservez.

Chauffez une grande poêle huilée avec le ghee. Faites-y revenir les boulettes 2 ou 3 minutes à feu moyen puis retournez-les à l'aide d'une fourchette. Continuez à procéder ainsi jusqu'à ce qu'elles soient bien dorées. Lorsqu'elles sont prêtes, mettez-les dans un saladier et réservez.

Pendant ce temps, préparez la sauce. Lavez et émincez l'oignon nouveau. Mélangez tous les ingrédients de la sauce, salez et poivrez. À la place de l'érythritol ou de la stévia, vous pouvez utiliser 1 cuillère à café de sirop de yacon (p. 17). Servez les boulettes de viande accompagnées de sauce sans attendre.

### Conseil

*Ces boulettes sont délicieuses avec des crudités fraîchement préparées, comme du concombre ou du poivron.*

### Infos nutritionnelles par portion

(4 boulettes)
Glucides totaux : 4,4 g
Fibres : 1,1 g
Glucides nets : 3,3 g
Protéines : 23,2 g
Matières grasses : 35,9 g
Énergie : 437 kcal
Répartition des macronutriments :
calories provenant des glucides (3 %), des protéines (22 %), des matières grasses (75 %)

# Bœuf teriyaki en barquettes de salade verte

Du steak tendre et juteux associé à de la sauce teriyaki sans sucre donne une variante pauvre en glucides de cette spécialité de la cuisine asiatique. Cette recette fera aussi de l'effet si vous recevez.

4 portions — 15 min — 20 min

### Ingrédients

2 petits poivrons rouges, orange ou jaunes (200 g)
1 poivron vert de taille moyenne (150 g)
100 g de champignons de Paris blancs
1 petit oignon blanc (70 g)
2 gousses d'ail, écrasées
2 cuill. à café de gingembre frais râpé
1 petit piment fort
2 gros steaks (600 g) (aloyau, rumsteak ou bavette)
56 g de ghee ou d'huile de noix de coco
60 ml de sauce Coconut Aminos
3 cuill. à soupe (45 ml) de sauce de poisson
1 cuill. à soupe (8 g) de graines de chia moulues
2 cuill. à soupe (30 ml) de jus de citron vert
1 cuill. à café d'huile de sésame grillé
Sel et poivre noir du moulin
2 têtes de salade verte de taille moyenne (300 g)

Lavez les poivrons, coupez-les en deux, épépinez-les puis coupez-les en lamelles de taille moyenne. Lavez les champignons et émincez-les, pelez et émincez l'oignon. Pelez et écrasez l'ail, râpez le gingembre. Lavez le piment, coupez-le en deux, épépinez-le et hachez-le finement. Lavez les feuilles de salade et séchez-les.

Détaillez la viande en fines lamelles. Huilez une grande poêle avec le ghee et chauffez-la à feu moyen. Mettez-y la viande, salez et poivrez. Faites revenir 2 ou 3 minutes en remuant, jusqu'à ce que le bœuf soit bien doré de tous les côtés. Transférez la viande dans un saladier et réservez au chaud.

Remettez la poêle sur le feu et ajoutez l'ail, le gingembre et le piment. Faites revenir 2 minutes, en remuant. Ajoutez la sauce Coconut Aminos et la sauce de poisson (le cas échéant, l'érythritol et la stévia). Incorporez les graines de chia moulues, en remuant régulièrement. Laissez sur le feu jusqu'à ce que la sauce épaississe et ait réduit de moitié.

Ajoutez les poivrons, les champignons, l'oignon et le jus de citron vert. Mélangez soigneusement, de manière à enrober le tout de sauce. Prolongez la cuisson de 5 minutes, jusqu'à ce que les légumes soient tendres, tout en restant croquants. Incorporez la viande cuite et retirez la poêle du feu. Arrosez avec l'huile de sésame grillé et réservez. Servez la préparation sur des feuilles de salade, par exemple de la romaine ou de la romaine Little Gem.

Vous pouvez aussi utiliser cette recette comme garniture dans des tortillas sans céréales (p. 25) ou la servir avec du riz de chou-fleur (p. 36).

### Infos nutritionnelles par portion

Glucides totaux : 13,1 g
Fibres : 4,6 g
Glucides nets : 8,5 g
Protéines : 35 g
Matières grasses : 32,7 g
Énergie : 490 kcal
Répartition des macronutriments : calories provenant des glucides (7 %), des protéines (30 %), des matières grasses (63 %)

# Guacburger ultime

Ce délicieux céto-burger regorge de matières grasses excellentes pour la santé et d'électrolytes qui vous aideront à surmonter la gêne ressentie parfois au cours des tout premiers jours du régime cétogène (p. 11).

4 burgers — 15 min — 25 min

### Ingrédients
À servir avec 4 petits céto-pains ultimes (p. 19) ; préparez-les à l'avance et servez les pains restants avec un autre repas

**Galettes de viande**
500 g de steak haché
1 cuill. à café de moutarde de Dijon (p. 31)
1 cuill. à soupe (15 g) de ketchup (p. 29) ou de sauce barbecue épicée au chocolat (p. 34)
½ cuill. à café d'ail en poudre
½ cuill. à café d'oignon en poudre
½ cuill. à café de sel, ou davantage
Poivre noir du moulin
2 cuill. à soupe (30 g) de ghee, de suif ou de saindoux

**Guacamole**
1 gros avocat (200 g)
½ petit oignon blanc (35 g), finement haché
1 cuill. à soupe (15 ml) de jus de citron vert fraîchement pressé
100 g de tomates cerises, grossièrement concassées
2 à 4 cuill. à soupe (2 à 4 g) de coriandre fraîche ciselée (ou davantage)
1 gousse d'ail, écrasée
1 petit piment fort, coupé en petits dés
¼ cuill. à café de sel, ou davantage
Poivre noir du moulin

Préparez les petits céto-pains ultimes.

Pour préparer les burgers, mélangez le steak haché, la moutarde, le ketchup, l'ail en poudre, l'oignon en poudre, le sel et du poivre noir. Façonnez quatre galettes de la taille de la paume de la main.

Préchauffez une grande poêle huilée avec du ghee. Lorsqu'elle est chaude, mettez-y les galettes de viande. Réduisez la température et faites revenir la viande à feu moyen 4 ou 5 minutes de chaque côté : ne la retournez pas trop tôt, elle risquerait d'accrocher à la poêle. À l'aide d'une spatule, appuyez sur la viande pendant qu'elle cuit. Lorsqu'elle est prête, réservez-la.

Pendant ce temps, préparez le guacamole. Coupez l'avocat en deux, pelez-le, dénoyautez-le et prélevez la moitié de la chair pour la mettre dans un saladier. Écrasez-la soigneusement à la fourchette. Ajoutez l'oignon et le jus de citron vert, puis les tomates, la coriandre, l'ail écrasé et le piment.

Coupez ce qui reste de chair d'avocat en dés et incorporez-les au guacamole – sans les écraser ! Salez et poivrez.

Coupez les petits céto-pains en deux et faites-les griller dans une poêle à gril 2 ou 3 minutes. Garnissez-les de viande et de guacamole. Si vous ne servez pas le guacamole immédiatement, conservez-le dans un récipient hermétique, pour empêcher la chair d'avocat de brunir.

**Infos nutritionnelles par portion**
Glucides totaux : 19,8 g
Fibres : 12,2 g
Glucides nets : 7,6 g
Protéines : 33,2 g
Matières grasses : 56 g
Énergie : 689 kcal
Répartition des macronutriments : calories provenant des glucides (5 %), des protéines (20 %), des matières grasses (75 %)

# Entrecôte exquise, sauce chimichurri

Une bonne viande est une pure merveille. Celle-ci est vraiment facile à préparer. Elle est servie avec une délicieuse sauce argentine, le chimichurri.

2 portions   20 min   25 min

### Ingrédients

**Viande**
2 entrecôtes de taille moyenne (400 g)
2 cuill. à café de ghee, de saindoux ou de suif
¼ cuill. à café de sel
Poivre noir du moulin

**Chimichurri**
2 gousses d'ail
15 g de persil frais ciselé
2 cuill. à soupe (8 g) d'origan frais ciselé
1 petit piment fort
1 cuill. à soupe (15 ml) de vinaigre de vin rouge ou blanc
60 ml d'huile d'olive vierge extra
¼ cuill. à café de sel ou davantage
Poivre noir du moulin

**Asperges au beurre**
250 g d'asperges
1 cuill. à soupe (15 g) de ghee ou de beurre
¼ cuill. à café de sel
Poivre noir du moulin
2 cuill. à soupe (30 ml) de jus de citron

**Infos nutritionnelles par portion**
Glucides totaux : 10 g
Fibres : 4,3 g
Glucides nets : 5,7 g
Protéines : 41,1 g
Matières grasses : 76,3 g
Énergie : 883 kcal
Répartition des macronutriments :
calories provenant des glucides (2 %),
des protéines (19 %), des matières grasses (79 %)

Laissez reposer la viande à température ambiante 10 à 15 minutes, pendant que vous préparez le chimichurri. Pelez l'ail, ciselez grossièrement le persil et l'origan. Lavez le piment, coupez-le en deux et épépinez-le. Mettez la moitié du persil, de l'origan et de l'huile dans un blender ; réservez le reste pour plus tard. Ajoutez le vinaigre, le sel et du poivre noir. Donnez plusieurs impulsions, jusqu'à ce que la préparation soit lisse, puis ajoutez les herbes aromatiques et l'huile restantes. Mélangez soigneusement. Pendant ce temps, préchauffez le four sur gril, à 260 °C (thermostat 8-9).

Séchez les entrecôtes avec du papier absorbant. Badigeonnez-les avec un peu de ghee fondu (ou du beurre, du suif ou du saindoux), puis salez et poivrez. Procédez bien dans l'ordre indiqué, pour ne pas enlever le sel et le poivre avec le ghee.

Huilez une poêle à fond épais avec du ghee et chauffez-la à feu vif. Lorsqu'elle est très chaude, faites-y rissoler les entrecôtes 2 à 4 minutes de chaque côté, pour les saisir. Lorsque les côtés commencent à brunir, retournez la viande. La durée exacte pour saisir la viande dépend de la taille des entrecôtes. Comptez 2 minutes pour une petite, jusqu'à 4 minutes pour une grosse.

Réduisez la température et poursuivez la cuisson à feu moyen pendant 4 minutes (saignant), 7 minutes (à point) ou 11 minutes (bien cuit). Inutile de retourner de nouveau les entrecôtes.

Retirez la viande de la poêle et laissez-la reposer au chaud pendant 5 à 7 minutes. Elle achèvera de cuire dans sa chaleur résiduelle. Le meilleur moyen de faire reposer la viande est de l'entourer d'une feuille de papier cuisson, puis d'un torchon. Ainsi, elle restera juteuse et rose de l'intérieur.

Pendant que les entrecôtes reposent, préparez les asperges au beurre. Coupez les extrémités dures des asperges, puis mettez-les dans un saladier, avec le ghee, le sel et du poivre noir. Mélangez, puis mettez les asperges sur une grille ou une plaque de cuisson, et enfournez sous le gril 5 à 7 minutes. Une fois prêtes, les asperges doivent être tendres et légèrement brunies, tout en restant croquantes. Sortez-les du four et arrosez-les d'un trait de jus de citron.

Dressez les entrecôtes sur un plat, nappez-les de sauce chimichurri et servez avec les asperges au beurre.

# « Pizzachée » italienne

Vous connaissez la « pizzachée » ? C'est une pizza qui repose sur une base de steak haché ! Très pauvre en glucides, elle est délicieuse garnie de légumes et de fromage.

4 portions  15 min  25 à 30 min

**Ingrédients**

**Pâte à pizza**
500 g de steak haché
1 cuill. à café d'origan séché
1 cuill. à café de basilic
½ cuill. à café de sel
Poivre noir du moulin

**Garniture**
200 g de champignons des bois ou 50 g de cèpes séchés, mis à tremper dans de l'eau
2 cuill. à soupe (30 g) de ghee
2 gousses d'ail, écrasées
200 g d'épinards frais ou 220 g d'épinards surgelés, décongelés
Sel et poivre noir du moulin
2 cuill. à soupe (30 g) de pesto (p. 35)
100 g de mozzarella hachée

**Infos nutritionnelles par portion**
Glucides totaux : 5,6 g
Fibres : 2,3 g
Glucides nets : 3,3 g
Protéines : 30,8 g
Matières grasses : 41,7 g
Énergie : 520 kcal
Répartition des macronutriments : calories provenant des glucides (3 %), des protéines (24 %), des matières grasses (73 %)

Préchauffez le four à 200 °C (thermostat 6-7). Dans un saladier, réunissez le steak haché, l'origan, le basilic, le sel et du poivre noir, puis mélangez soigneusement.
Vous pouvez préparer une grande pizza ou 4 mini-pizzas individuelles (plus faciles à congeler par la suite). Avec vos mains, façonnez la base de la pizza, qui devra mesurer environ 1 cm d'épaisseur. Tapissez une plaque de cuisson de papier cuisson, puis mettez-y la pâte. Enfournez pour 10 minutes.

Pendant ce temps, préparez la garniture. Lavez et émincez les champignons. Si vous utilisez des champignons séchés, faites-les tremper au moins 15 minutes dans de l'eau avant de les ajouter dans la poêle. Si vous utilisez des épinards frais, lavez-les et séchez-les. Huilez une grande poêle avec le ghee et chauffez-la. Faites-y revenir l'ail écrasé pendant une minute.

Ajoutez les champignons et prolongez la cuisson de 5 minutes, en remuant régulièrement. Incorporez les épinards frais et prolongez la cuisson d'une minute. Salez et poivrez. Si vos épinards sont surgelés, veillez à ce qu'ils soient bien décongelés avant de les cuisiner et pressez-les pour ôter l'excédent d'eau avant de les mettre dans la poêle. Retirez la poêle du feu.

Lorsque la viande est cuite, sortez-la du four et garnissez-la de pesto. Ajoutez la moitié de la mozzarella et la totalité de la préparation aux épinards et aux champignons. Finalisez avec ce qui reste de mozzarella et remettez au four 5 minutes, jusqu'à ce que le fromage ait fondu.

# Ragoût de queue de bœuf

La queue de bœuf est l'une des pièces de bœuf les plus méconnues. Cuisinée dans les règles de l'art à la mijoteuse électrique, elle est délicieuse, juteuse et riche en gélatine – l'idéal pour préparer du bouillon d'os !

6 portions | 10 min | 2 h 45 min + marinade

### Ingrédients
56 g de ghee
2 gousses d'ail, écrasées
1 petit oignon blanc (70 g), finement émincé
1,4 kg de queue de bœuf, avec l'os
1 cuill. à café de cannelle
¼ cuill. à café de clous de girofle moulus
2 feuilles de laurier
2 cuill. à soupe (5 g) de feuilles de thym frais
1 cuill. à café de sel ou davantage
Poivre noir du moulin
200 g de tomates concassées en conserve
480 ml de bouillon d'os (p. 30)
240 ml d'eau
300 g de haricots verts
2 gros navets (400 g)

### Infos nutritionnelles par portion
Glucides totaux : 11,4 g
Fibres : 3,5 g
Glucides nets : 7,9 g
Protéines : 39,3 g
Matières grasses : 36,8 g
Énergie : 539 kcal
Répartition des macronutriments : calories provenant des glucides (6 %), des protéines (30 %), des matières grasses (64 %)

Vous pouvez préparer le ragoût dans une cocotte en fonte, une casserole allant au four ou une mijoteuse électrique.

**Dans une cocotte en fonte ou une casserole allant au four :** huilez le récipient avec du ghee, puis ajoutez l'ail écrasé et l'oignon émincé. Faites-les revenir quelques minutes, jusqu'à ce qu'ils soient fondants. Ajoutez la queue de bœuf et faites-la dorer de tous les côtés. Ajoutez la cannelle, les clous de girofle, les feuilles de laurier, le thym, le sel et du poivre noir. Incorporez les tomates, puis mouillez avec le bouillon d'os et l'eau. Portez à ébullition, puis réduisez le feu à la température la plus basse. Couvrez et laissez mijoter 3 heures à 3 heures et demie, jusqu'à ce que la viande soit tendre. Vérifiez toutes les heures s'il faut ajouter un peu d'eau.

Pendant ce temps, préparez les légumes. Éboutez les haricots verts et coupez-les en quatre. Pelez les navets et coupez-les en rondelles, puis en dés.

Lorsque la viande est fondante, transférez-la sur un plat à l'aide d'une écumoire, et laissez-la refroidir suffisamment pour pouvoir la manipuler. Émiettez-la en vous servant de vos doigts et d'une fourchette. Réservez la viande effilochée. Gardez les os, pour préparer davantage de bouillon d'os.

Ajoutez les haricots verts et les dés de navets dans la cocotte et portez à ébullition. Réduisez le feu, couvrez et laissez mijoter 45 à 60 minutes, jusqu'à ce qu'ils soient tendres. Lorsque les légumes sont prêts, ajoutez la viande.

**Dans une mijoteuse électrique :** dans une grande casserole, faites dorer l'ail, l'oignon et la queue de bœuf, puis transférez le tout dans la mijoteuse. Ajoutez les épices, le sel, du poivre noir, les tomates, le bouillon d'os et l'eau, et faites cuire 6 heures à température élevée ou jusqu'à 10 heures à température douce. Ajoutez les haricots verts et les navets pour les 2 ou 3 dernières heures de cuisson.

# Entrecôtes parfaites, sauce au raifort

Difficile d'imaginer plus exquis qu'une entrecôte cuite à la perfection et bien juteuse, marinée à l'ail et accompagnée d'une sauce au raifort relevée.

2 portions — 20 min — 25 min

### Ingrédients

**Entrecôtes**
2 entrecôtes de taille moyenne (400 g), provenant de bœufs nourris à l'herbe
2 cuill. à café de ghee, de saindoux ou de suif
2 gousses d'ail, écrasées
¼ cuill. à café de sel
1 pincée de piment de Cayenne

**Sauce au raifort**
2 cuill. à soupe (30 g) de mayonnaise (p. 28)
2 cuill. à soupe (30 g) de crème aigre ou davantage de mayonnaise
2 cuill. à soupe (15 ml) de crème fraîche épaisse ou de lait de coco
1 à 2 cuill. à soupe (15 à 30 g) de raifort râpé frais
1 cuill. à soupe (15 ml) de jus de citron
1 oignon nouveau de taille moyenne (15 g) ou ciboulette
Sel et poivre noir du moulin

Laissez reposer les entrecôtes à température ambiante pendant 10 à 15 minutes. Séchez-les avec du papier absorbant. Arrosez-les de ghee fondu, parsemez-les d'ail écrasé, salez et saupoudrez d'une pincée de piment de Cayenne. Réservez au réfrigérateur et laissez mariner une heure au moins.

Huilez une poêle à fond épais avec le ghee, puis chauffez-la à feu vif. Lorsqu'elle est très chaude, saisissez la viande 2 à 4 minutes de chaque côté, pour qu'elle reste bien juteuse. Lorsque les bords commencent à brunir, retournez les entrecôtes. La durée exacte de la cuisson dépend de la taille des entrecôtes. Comptez 2 minutes pour une petite entrecôte, jusqu'à 4 minutes pour une grande.

Réduisez la température et poursuivez la cuisson à feu moyen pendant 4 minutes (saignant), 7 minutes (à point) ou 11 minutes (bien cuit). Inutile de retourner de nouveau les entrecôtes.

Retirez la viande de la poêle et laissez-la reposer au chaud pendant 5 à 7 minutes. Elle achèvera de cuire dans sa chaleur résiduelle. Le meilleur moyen de faire reposer la viande est de l'entourer d'une feuille de papier cuisson, puis d'un torchon. Ainsi, elle restera juteuse et rose de l'intérieur.

Pendant que les entrecôtes reposent, préparez la sauce au raifort. Mélangez soigneusement tous les ingrédients dans un bol. Servez la viande avec la sauce au raifort et des légumes.

### Infos nutritionnelles par portion

Glucides totaux : 4,4 g
Fibres : 0,8 g
Glucides nets : 3,6 g
Protéines : 38,7 g
Matières grasses : 61 g
Énergie : 721 kcal
Répartition des macronutriments : calories provenant des glucides (2 %), des protéines (22 %), des matières grasses (76 %)

# Effilochée de porc

Préparer à l'avance de la viande mijotée permet de gagner du temps. Cuisinez ce plat le week-end, vous pourrez vous en servir toute la semaine dans des omelettes, des tortillas et des enchiladas pauvres en glucides, ou bien accompagnée de légumes.

8 portions    15 min    4 à 6 heures + marinade

### Ingrédients
1 cuill. à soupe (7 g) d'oignon en poudre
1 cuill. à soupe (9 g) d'ail en poudre
1 cuill. à café de cumin moulu
1 cuill. à café de cannelle moulue
1 cuill. à café de paprika fumé
1 cuill. à soupe (18 g) de sel
1,6 kg de viande de porc à mijoter, par exemple de l'épaule
120 ml d'eau

### Infos nutritionnelles par portion
Glucides totaux : 2,1 g
Fibres : 0,6 g
Glucides nets : 1,5 g
Protéines : 34,8 g
Matières grasses : 36,1 g
Énergie : 481 kcal
Répartition des macronutriments : calories provenant des glucides (1 %), des protéines (30 %), des matières grasses (69 %)

Toutes les pièces de porc à mijoter conviennent. Vous pouvez par exemple utiliser de l'épaule. Mélangez toutes les épices dans un bol. Frottez la viande avec les épices et le sel, puis entourez-la de film alimentaire. Réservez au réfrigérateur 4 heures au moins et jusqu'à 3 jours.

Sortez la viande du réfrigérateur et retirez le film. Placez-la dans une mijoteuse électrique, ajoutez l'eau et faites cuire 8 à 10 heures à température douce ou 4 à 6 heures à température élevée, jusqu'à ce qu'elle soit tendre.

Mettez la viande sur une planche à découper. Jetez le liquide contenu dans la mijoteuse : il est trop épicé et salé pour pouvoir être réutilisé. Remettez la viande entière dans la mijoteuse, puis effilochez-la à l'aide de deux fourchettes.

Servez aussitôt ou laissez refroidir la viande, mettez-la dans un récipient hermétique et conservez-la au réfrigérateur. Se garde 5 jours.

Si vous n'avez pas de mijoteuse électrique, utilisez une cocotte profonde à fond épais et faites cuire le plat dans un four préchauffé à 150 °C (thermostat 5) pendant 4 à 6 heures.

# Friands à la saucisse

Ces petits fours que vous dégustiez dans les réceptions vous manquent ?
Qu'à cela ne tienne, en voici une version low-carb ! Accompagnez-les
de moutarde maison, de ketchup ou de sauce barbecue.

5 portions    25 min    1 h

### Ingrédients
250 g de farine d'amande
30 g de farine de noix de coco
1 gros œuf
2 cuill. à soupe (30 g) de beurre mou (mais pas fondu) ou de ghee
1 cuill. à café d'oignon en poudre
½ cuill. à café d'ail en poudre
½ cuill. à café de sel
30 g de parmesan râpé, ou davantage de farine d'amande
30 mini-saucisses (420 g) ou des saucisses détaillées en petits morceaux

### Infos nutritionnelles par portion
Glucides totaux : 12,8 g
Fibres : 6,5 g
Glucides nets : 6,3 g
Protéines : 29,2 g
Matières grasses : 49,5 g
Énergie : 593 kcal
Répartition des macronutriments :
calories provenant des glucides (4 %), des protéines (20 %), des matières grasses (76 %)

Préchauffez le four à 175 °C (thermostat 5-6). Mélangez la farine d'amande, la farine de noix de coco, l'œuf et le beurre mou. Ajoutez l'oignon et l'ail en poudre, le sel, le parmesan râpé et mélangez soigneusement. Aplatissez légèrement la pâte et placez-la 15 à 20 minutes au congélateur : elle sera plus facile à abaisser.

Sortez la pâte du congélateur et divisez-la en parts, en fonction du nombre de portions à confectionner. À l'aide d'un rouleau à pâtisserie, façonnez de petites abaisses de forme ovale. Entourez les saucisses de pâte, puis posez-les sur une plaque de cuisson tapissée de papier cuisson.

Enfournez pour 20 minutes environ, jusqu'à ce que la pâte soit légèrement dorée. Lorsque les friands sont cuits, sortez-les du four et laissez-les reposer 10 minutes environ. Servez-les avec du ketchup (p. 29), de la moutarde de Dijon (p. 31) ou de la sauce barbecue épicée au chocolat (p. 34).

# Céto-enchiladas

Cette alternative pauvre en glucides aux classiques enchiladas à la sauce verte est l'une de mes meilleures recettes — c'est simple, je ne m'en lasse pas !

4 portions    15 min    40 min

## Ingrédients
1 portion de sauce chimichurri (p. 148)
2 portions d'effilochée de porc (p. 153)
2 portions de céto-crêpes incontournables (soit 4 crêpes de taille moyenne) (p. 24)
1 gros avocat (200 g)
2 piments jalapeño, épépinés (30 g)
1 cuill. à soupe (1 g) de coriandre ciselée
60 g de crème aigre
2 cuill. à soupe (30 ml) de jus de citron vert
½ cuill. à café de sel
Poivre noir du moulin
60 g de fromage à pâte dure râpé, par exemple du manchego

## Infos nutritionnelles par portion
Glucides totaux : 9,4 g
Fibres : 5,1 g
Glucides nets : 4,3 g
Protéines : 25,3 g
Matières grasses : 43,8 g
Énergie : 528 kcal
Répartition des macronutriments : calories provenant des glucides (3 %), des protéines (20 %), des matières grasses (77 %)

Les crêpes seront prêtes en quelques minutes seulement, mais la viande doit mijoter pendant des heures. Organisez vos préparatifs en conséquence. À la place de l'effilochée de porc, vous pouvez utiliser d'autres viandes mijotées : bœuf, porc, agneau ou même du poulet !

Préchauffez le four à 175 °C (thermostat 5-6).

Préparez le chimichurri (les crêpes doivent déjà être prêtes).

Coupez l'avocat en deux, dénoyautez-le et pelez-le. Lavez les piments, coupez-les en deux et épépinez-les. Dans un saladier, mélangez une moitié de l'avocat, la sauce chimichurri, les piments, la coriandre, la crème aigre et le jus de citron vert. Salez et poivrez.

Étalez environ un tiers de la préparation à l'avocat au fond d'un plat de taille moyenne allant au four (environ 25 × 18 cm).

Coupez ce qui reste d'avocat en dés et mélangez-le avec un autre tiers de la préparation à l'avocat et avec le porc. Répartissez l'ensemble sur les crêpes et roulez-les en serrant bien.

Repliez les enchiladas une par une dans le plat, puis nappez-les avec ce qui reste de sauce à l'avocat. Parsemez de fromage râpé et enfournez pour 25 minutes environ. Lorsque le plat est prêt, laissez-le refroidir quelques minutes avant de le servir. Bon appétit !

# Brochettes de porc aux asperges, mayo orange

Nappées d'une mayonnaise corsée à l'orange, ces brochettes de porc tendres marinées aux herbes sont une merveille pauvre en glucides.

4 portions | 15 min | 30 min + marinade

## Ingrédients

**Brochettes de porc**
600 g d'épaule de porc
240 ml d'huile d'olive vierge extra ou de ghee fondu
2 gousses d'ail, écrasées
1 cuill. à soupe (4 g) d'origan frais ciselé
1 cuill. à soupe (2 g) de romarin frais ciselé
2 cuill. à soupe (30 ml) de jus de citron
½ cuill. à café de sel
1 pincée de piment de Cayenne
1 chorizo espagnol ou salami de taille moyenne (100 g)
600 g d'asperges vertes

**Mayonnaise à l'orange**
70 g de mayonnaise (p. 28)
1 cuill. à café de zeste d'orange frais râpé
1 cuill. à soupe (15 ml) de jus d'orange ou de jus de citron fraîchement pressé
Sel et piment de Cayenne

Coupez le porc en gros dés. Mettez-les dans un saladier et arrosez-les avec l'huile d'olive. Réservez un peu d'huile dont vous vous servirez plus tard, pour les asperges. Ajoutez l'ail écrasé, les herbes aromatiques ciselées, le jus de citron, le sel et le piment de Cayenne.

Mélangez soigneusement, de manière à ce que la viande soit bien enrobée d'huile. Laissez mariner 8 à 12 heures au réfrigérateur ou une nuit entière.

Pendant ce temps, préparez la sauce en mélangeant la mayonnaise nature, le zeste et le jus d'orange, le sel et le piment de Cayenne. Couvrez la sauce d'une feuille d'aluminium ou mettez-la dans un récipient hermétique et conservez-la au réfrigérateur jusqu'au lendemain.

Lorsque la viande est prête à être cuite, préchauffez le four sur gril (260 °C, thermostat 8-9). Coupez le chorizo en petites rondelles, puis enfilez les cubes de viande et les morceaux de chorizo sur des brochettes.

Posez les brochettes sur une grille et enfournez 10 minutes, retournez-les et prolongez la cuisson de 5 minutes. Lorsque la viande est prête, transférez-la dans un plat.

Lavez les asperges vertes et coupez les extrémités dures. Arrosez-les d'huile d'olive, salez et poivrez. Piquez les asperges sur deux brochettes ou mettez-les dans un plat allant au four et enfournez-les pour 5 à 7 minutes. Lorsqu'elles sont prêtes, les asperges doivent être tendres et légèrement brunies, tout en restant croquantes.

Servez les asperges chaudes, avec les brochettes de porc et la mayonnaise à l'orange.

**Infos nutritionnelles par portion**
Glucides totaux : 8,5 g
Fibres : 3,6 g
Glucides nets : 4,9 g
Protéines : 35,5 g
Matières grasses : 54,7 g

Énergie : 666 kcal
Répartition des macronutriments : calories provenant des glucides (3 %), des protéines (22 %), des matières grasses (75 %)

# Agneau vindaloo

Si vous aimez les épices, vous allez adorer cette version santé de la célèbre spécialité indienne.

4 portions    20 min    1 h 30

### Ingrédients

**Agneau**
1 petit oignon blanc (70 g)
2 gousses d'ail, écrasées
1 à 2 petits piments forts
1 cuill. à soupe (8 g) de gingembre frais râpé
1 bouquet de coriandre
800 g d'épaule d'agneau, désossée
2 cuill. à soupe (30 g) de beurre ou de ghee
1 cuill. à café de curcuma moulu
1 cuill. à café de sel
200 g de tomates concassées en conserve
1 cuill. à soupe (15 ml) de vinaigre balsamique
480 ml d'eau
Poivre noir du moulin
Facultatif : 230 g de yaourt entier ou de crème aigre, pour garnir

**Épices à faire dorer**
1 cuill. à café de graines de coriandre
1 cuill. à café de graines de fenouil
1 cuill. à café de graines de fenugrec
2 clous de girofle entiers
¼ cuill. à café de poivre noir en grains

Pelez et hachez finement l'oignon, pelez et écrasez l'ail. Lavez les piments, coupez-les en deux et épépinez-les. Râpez le gingembre. Lavez la coriandre, effeuillez-la et hachez finement les tiges. Réservez les feuilles pour garnir. Coupez l'agneau en bouchées et réservez.

Chauffez une poêle, puis faites griller à sec toutes les épices quelques minutes, jusqu'à ce qu'elles soient dorées. Attention à ne pas les laisser brûler.

Huilez une grande casserole à fond épais ou une cocotte avec le ghee, puis ajoutez l'oignon, l'ail, les piments, le gingembre et les tiges de coriandre. Faites revenir à feu moyen 5 minutes environ, jusqu'à ce que l'oignon commence à dorer.

Ajoutez la viande, les épices, le curcuma, le sel et le poivre noir. Mélangez soigneusement et faites rissoler la viande de tous les côtés. Incorporez les tomates concassées, le vinaigre balsamique et l'eau. Réduisez le feu, couvrez et laissez mijoter à feu doux pendant une heure environ, jusqu'à ce que la viande soit tendre.

Vérifiez le contenu de la casserole toutes les 20 minutes, pour vous assurer qu'il reste suffisamment d'eau et que la préparation n'accroche pas. Lorsque la cuisson est achevée, retirez la casserole du feu et laissez reposer quelques minutes. Resalez si nécessaire et servez accompagné de riz de chou-fleur nature (p. 36) ou de riz de chou-fleur épicé à l'asiatique (p. 179).

### Infos nutritionnelles par portion

Glucides totaux : 7,1 g
Fibres : 1,8 g
Glucides nets : 5,3 g
Protéines : 37 g
Matières grasses : 41,9 g

Énergie : 559 kcal
Répartition des macronutriments : calories provenant des glucides (4 %), des protéines (27 %), des matières grasses (69 %)

# Poitrine de porc rôtie, salade de chou-fleur express

Très grasse, la poitrine de porc est parfaitement adaptée au régime pauvre en glucides. Ici, elle est marinée avec des herbes aromatiques, puis servie avec une salade de chou-fleur qui rassasie.

4 portions — 25 min — 2 h 45 + marinade

## Ingrédients

**Poitrine de porc**
500 g de poitrine de porc
1 cuill. à café de graines de fenouil
2 gousses d'ail, écrasées
2 cuill. à soupe (5 g) de feuilles de thym frais
½ cuill. à café de sel
Poivre noir du moulin

**Salade de chou-fleur**
1 chou-fleur de taille moyenne
500 ml d'eau
2 fines tranches de lard (30 g)
1 cornichon (65 g)
2 cuill. à soupe (6 g) de ciboulette ciselée ou d'oignon nouveau
1 cuill. à soupe (15 ml) de jus de citron
2 cuill. à soupe (30 g) de mayonnaise (p. 28)
60 g de crème aigre ou davantage de mayonnaise
½ cuill. à café de sel
Poivre noir du moulin

**Sauce**
Jusqu'à 240 ml de bouillon de légumes ou de bouillon d'os (p. 30)
2 branches de céleri de taille moyenne (80 g)
1 petit oignon blanc (70 g)
1 gousse d'ail
1 cuill. à soupe (15 g) de purée de tomates
Jus de cuisson de la poitrine de porc

### Infos nutritionnelles par portion
Glucides totaux : 12,8 g
Fibres : 4,4 g
Glucides nets : 8,4 g
Protéines : 17,1 g
Matières grasses : 80,5 g
Énergie : 838 kcal
Répartition des macronutriments :
calories provenant des glucides (4 %), des protéines (8 %), des matières grasses (88 %)

Préchauffez le four à 200 °C (thermostat 6-7). À l'aide d'un couteau tranchant, incisez la peau jusqu'à la chair, mais sans couper celle-ci. Réalisez des entailles rapprochées.

Faites griller à sec les graines de fenouil dans une poêle chaude, jusqu'à ce qu'elles commencent à dégager leur parfum, 1 ou 2 minutes. Mélangez les graines de fenouil, l'ail, le thym frais, le sel et du poivre noir. Frottez la peau et la chair de la poitrine de porc avec les épices. Si vous avez le temps, laissez mariner une nuit entière au réfrigérateur.

Mettez la poitrine de porc dans une cocotte et enfournez-la pour 30 minutes. Ensuite, réduisez la température à 160 °C (th. 5-6) et prolongez la cuisson de 90 minutes. Enfin, augmentez la température à 220 °C (th. 7-8), et faites cuire encore 15 à 20 minutes. Lorsque la viande est prête, sortez-la du four et réservez. Laissez-la reposer 20 minutes avant de servir.

Préparez la salade. Lavez le chou-fleur, coupez-le en quatre et mettez-le dans un panier de cuisson vapeur posé dans une casserole contenant 1/2 l d'eau. Portez à ébullition, et faites cuire le chou-fleur jusqu'à ce qu'il soit tendre, 10 à 15 minutes environ. Égouttez-le et laissez-le refroidir, puis coupez-le en bouchées. Mettez-le dans un saladier. Faites revenir le lard jusqu'à ce qu'il soit bien croustillant, coupez-le en petits morceaux et ajoutez-le dans le saladier.

Préparez la sauce. Détaillez le cornichon en petits morceaux ou râpez-le, et mettez-le dans un bol. Ajoutez la ciboulette, le jus de citron, la mayonnaise et la crème aigre. Salez et poivrez, puis mettez la préparation dans le saladier contenant le chou-fleur et le lard. La salade peut se manger tiède, mais elle est meilleure après une nuit entière au réfrigérateur.

Lorsque la viande est prête, versez le jus de cuisson de la cocotte dans une casserole, puis mouillez avec 120 à 240 ml de bouillon de légumes ou de bouillon d'os. Incorporez le céleri, l'oignon, l'ail et la purée de tomates, puis portez à ébullition. Laissez frémir la sauce jusqu'à ce qu'elle ait réduit de moitié, puis retirez du feu. Mixez à l'aide d'un mixeur plongeant, jusqu'à obtention d'une sauce lisse. Versez la sauce sur la poitrine de porc, et servez avec la salade.

# Boulettes de viande à la danoise, sauce tomate

Les boulettes de viande sont un grand classique de la cuisine scandinave. Celles-ci, servies avec une sauce tomate, sont excellentes accompagnées de riz de chou-fleur nature ou parfumé (p. 36 ou p. 179).

12 boulettes de viande  20 min  40 min

### Ingrédients

**Boulettes de viande**
2 cuill. à soupe (30 g) de ghee ou de saindoux
1 petit oignon blanc (70 g)
500 g de porc haché, 20 % de matières grasses
50 g de farine d'amande
1 gros œuf
1 cuill. à café de thym séché
1 cuill. à café de paprika
½ cuill. à café de sel
Poivre noir du moulin
480 g de riz de chou-fleur (p. 36), pour servir

**Sauce tomate**
200 g de tomates concassées en conserve
2 feuilles de laurier
1 gousse d'ail, écrasée
480 ml de bouillon d'os (p. 30) ou de bouillon de légumes
¼ cuill. à café de sel
Poivre noir du moulin

Chauffez une grande poêle huilée avec 1 cuillère à soupe (15 g) de ghee, puis faites-y revenir l'oignon finement haché à feu moyen jusqu'à ce qu'il soit bien doré. Remuez régulièrement, pour l'empêcher de brûler.

Mettez la viande de porc hachée dans un saladier. Ajoutez l'oignon caramélisé, la farine d'amande, l'œuf, le thym, le paprika, le sel et du poivre noir. Mélangez jusqu'à obtention d'une préparation homogène. Avec vos mains, façonnez des boulettes, petites ou moyennes, rondes ou ovales. Plus elles sont petites, plus elles cuiront rapidement.

Mettez ce qui reste de ghee dans la poêle, puis faites-y revenir les boulettes de viande, 2 minutes de chaque côté. Retournez-les à l'aide d'une fourchette, jusqu'à ce que tous les côtés soient bien dorés et légèrement croustillants.

Réduisez la température. Ajoutez les tomates, les feuilles de laurier, le bouillon, l'ail, le sel et du poivre noir, et laissez mijoter à feu doux jusqu'à ce que la sauce ait réduit de moitié, 30 minutes environ. Retirez les feuilles de laurier. Servez-les aussitôt, accompagnées de riz de chou-fleur.

**Infos nutritionnelles par portion**
(3 boulettes de viande + riz de chou-fleur)
Glucides totaux : 13 g
Fibres : 4,7 g
Glucides nets : 8,3 g
Protéines : 30,2 g
Matières grasses : 43,8 g
Énergie : 558 kcal
Répartition des macronutriments : calories provenant des glucides (6 %), des protéines (22 %), des matières grasses (72 %)

# Filet de porc farci au kale et à l'ail

Ce filet de porc est un pur délice : rôti et accompagné d'une sauce de viande parfumée, il reste bien juteux.

8 portions   20 min   1 h 20

### Ingrédients

**Filet de porc**
75 g de kale à feuilles sombres (par exemple du cavolo nero)
200 g de champignons de Paris blancs
2 gousses d'ail, écrasées
½ chorizo espagnol ou salami de taille moyenne (100 g)
2 gros œufs de poules élevées en liberté
1,4 kg de filet de porc, avec la graisse et la peau
1 cuill. à café de sel
Poivre noir du moulin

**Sauce**
15 g de cèpes ou de champignons des bois séchés
Jus de cuisson de la viande
2 cuill. à soupe (30 g) de ghee, de beurre ou de saindoux
240 ml d'eau, de bouillon d'os (p. 30) ou de bouillon de légumes
1 oignon blanc de taille moyenne (110 g), haché
1 gousse d'ail, écrasée

**Infos nutritionnelles par portion**
Glucides totaux : 4,6 g
Fibres : 1 g
Glucides nets : 3,6 g
Protéines : 38,3 g
Matières grasses : 31,1 g
Énergie : 514 kcal
Répartition des macronutriments :
Calories provenant des glucides (3 %), des protéines (30 %), des matières grasses (67 %)

Préchauffez le four à 230 °C (thermostat 7-8). Préparez la farce : lavez le kale puis hachez-le, en ôtant les tiges épaisses et dures. Lavez et émincez les champignons. Chauffez une poêle huilée avec le ghee, puis faites-y revenir l'ail écrasé à feu moyen 1 ou 2 minutes.

Ajoutez le kale et prolongez la cuisson de 10 à 15 minutes. Incorporez les champignons et le chorizo coupé en dés, et faites cuire encore 5 minutes. Enfin, ajoutez les œufs et faites revenir encore 2 ou 3 minutes, en remuant régulièrement. Réservez.

Préparez la viande. Incisez la peau à l'aide d'un couteau tranchant. Réalisez des incisions rapprochées, dans la peau et la graisse, mais sans entailler la chair.

Coupez la viande en papillon. Pour cela, utilisez un couteau aiguisé que vous tiendrez parallèle au plan de travail. Commencez par trancher la viande dans la longueur, puis aplatissez-la pour former une pièce plate que vous pourrez rouler. Si elle est trop épaisse, travaillez-la avec un maillet à viande. Salez et poivrez.

Farcissez la viande. Étalez la farce sur la surface, en laissant un bord de 2 à 5 cm tout autour. Roulez la viande, en commençant sur une longueur. Pour empêcher la farce de sortir à la cuisson, rabattez un bord d'environ 2 cm vers l'intérieur à mesure que vous roulez la viande. Entourez le rôti de ficelle de cuisine, en serrant bien. Commencez par ficeler la viande une fois dans le sens de la longueur, puis faites de même dans la largeur, à quatre ou cinq endroits. Vous pouvez aussi placer la viande dans un filet à rôti.

Enfournez pour 20 minutes, puis baissez la température à 160 °C (thermostat 5-6) et prolongez la cuisson de 40 minutes, jusqu'à ce que le thermomètre à viande affiche 79 °C. Lorsque la viande est cuite, couvrez-la d'une feuille d'aluminium et laissez reposer pendant que vous préparez la sauce.

Mettez les champignons ou les cèpes séchés à tremper 15 minutes dans 250 ml d'eau, puis égouttez-les. Versez les jus de cuisson de la viande dans une poêle, puis incorporez le ghee, le bouillon d'os, l'oignon haché, l'ail et les champignons. Laissez frémir jusqu'à ce que la sauce ait réduit de moitié, puis retirez du feu. À l'aide d'un mixeur plongeant, mixez la sauce jusqu'à ce qu'elle soit lisse. Si elle est trop épaisse, ajoutez un peu d'eau, de bouillon d'os ou de bouillon de légumes.

Retirez la ficelle, puis détaillez la viande en tranches. Nappes-les de sauce, puis servez avec des légumes braisés, par exemple du chou braisé à la pancetta (p. 188), ou de la purée de légumes onctueuse (p. 180).

# Carré d'agneau en croûte d'herbes

Vos invités seront impressionnés, promis ! Avec sa croûte aux herbes aromatiques et aux noix de macadamia, ce carré d'agneau est parfait pour les grandes occasions, repas de fêtes ou dîners de famille.

4 portions — 15 min — 30 min

## Ingrédients

2 gros carrés d'agneau de 8 côtes (1,5 kg)
½ cuill. à café de sel
Poivre noir du moulin
65 g de noix de macadamia ou d'amandes émondées
1 cuill. à soupe (15 g) de moutarde de Dijon (p. 31)
1 cuill. à soupe (2 g) de feuilles de romarin frais ciselé
15 g de persil frais ciselé
1 cuill. à soupe (2 g) de feuilles de thym frais ciselé
1 cuill. à soupe (6 g) de zeste de citron
2 gousses d'ail
2 cuill. à soupe (30 g) de ghee

## Infos nutritionnelles par portion

Glucides totaux : 3,6 g
Fibres : 2 g
Glucides nets : 1,6 g
Protéines : 30,4 g
Matières grasses : 77,6 g
Énergie : 834 kcal
Répartition des macronutriments : calories provenant des glucides (1 %), des protéines (14 %), des matières grasses (85 %)

Préchauffez le four à 200 °C (thermostat 6-7). Sortez la viande du réfrigérateur et laissez-la reposer quelques minutes à température ambiante. Lavez-la puis séchez-la. Salez et poivrez.

Réunissez les noix de macadamia, la moutarde, le romarin, le persil, le thym, le zeste de citron et l'ail dans un blender, et mixez jusqu'à obtention d'un mélange lisse. Si vous le souhaitez, vous pouvez aussi conserver une texture un peu plus granuleuse. Salez et poivrez. Cette préparation formera la croûte aux noix et aux herbes aromatiques.

Mettez le ghee dans une grande poêle allant au four et chauffez-la à feu vif. Lorsqu'elle est bien chaude, faites-y rissoler les carrés d'agneau, avec la partie la plus large tournée vers le bas, 2 ou 3 minutes, jusqu'à ce qu'ils soient dorés. Retournez les carrés d'agneau et faites revenir l'autre côté 30 secondes, puis faites-le rissoler à la verticale 30 secondes, pour bien saisir la viande de tous les côtés.

Transférez la viande dans un plat pour la laisser refroidir à température ambiante. Couvrez la partie grasse avec la croûte aux herbes et aux noix, en appuyant bien pour éviter qu'elle ne tombe à la cuisson.

Posez les carrés d'agneau sur une plaque de cuisson, avec la croûte vers le haut, et enfournez pour 15 à 18 minutes (à point-rosé) ou 20 à 23 minutes (à point).

Sortez la viande du four, entourez-la d'une feuille d'aluminium et laissez reposer 10 minutes. Comme le steak, la viande continuera à cuire avec la chaleur résiduelle. Une fois prête, la viande doit être cuite uniformément de l'intérieur, rose et juteuse.

Pour servir, coupez délicatement les côtelettes à l'aide d'un couteau tranchant, pour empêcher la croûte de se détacher.

# Curry de porc tout en un

Ce curry de porc mijoté à très petit feu, avec des navets et des courgettes, est une recette céto à préparer sans stress lorsque vous avez des invités.

6 portions — 20 min — 2 à 6 h

### Ingrédients
2 cuill. à soupe (30 g) de ghee ou d'huile de noix de coco
2 gousses d'ail, écrasées
1 tige de citronnelle ou 1 cuill. à soupe (6 g) de zeste de citron vert fraîchement râpé
1 petit oignon blanc (70 g)
2 cuill. à café de gingembre frais râpé
1 piment thaï ou piment jalapeño (15 g), finement haché
800 g d'épaule de porc
1 cuill. à café de cumin moulu
½ cuill. à café de graines de coriandre
1 cuill. à café de paprika
1 cuill. à café de sel
Poivre noir du moulin
2 citrons verts, coupés en deux
360 ml de lait de coco ou de crème fraîche épaisse
2 courgettes de taille moyenne (400 g)
2 petits navets (300 g)

Détaillez la viande en bouchées et réservez-la. Ce curry peut se cuisiner dans une cocotte en fonte, une casserole à fond épais allant au four ou une mijoteuse électrique.

**Dans une cocotte en fonte ou une casserole :** huilez le récipient avec le ghee, puis faites-y revenir l'ail écrasé, la citronnelle, l'oignon, le gingembre et le piment quelques minutes à feu moyen, jusqu'à ce que l'oignon soit bien doré.

Ajoutez la viande de porc et faites-la rissoler de tous les côtés, pendant 5 minutes environ, en remuant régulièrement. Incorporez toutes les épices. Arrosez avec le jus de citron vert puis, après les avoir pressés, ajoutez les quatre demi-citrons verts dans le récipient (ils servent uniquement à parfumer le curry, vous les retirerez avant de servir). Mouillez avec le lait de coco, baissez le feu au minimum et couvrez. Laissez mijoter 1 heure 30 à 2 heures, jusqu'à ce que la viande soit tendre.

Pendant ce temps, lavez et détaillez les courgettes en dés. Pelez et coupez les navets en bouchées. Mettez les légumes dans le récipient pour les 45 à 60 dernières minutes de cuisson.

**Dans une mijoteuse électrique :** huilez une grande casserole avec le ghee, puis faites dorer l'ail, l'oignon, le gingembre, le piment et la viande. Ajoutez toutes les épices, la citronnelle et les demi-citrons verts, puis transférez le tout dans la mijoteuse. Mouillez avec le lait de coco et faites cuire 6 heures à température élevée ou 10 heures à température douce. Ajoutez les navets et les courgettes pour les 2 ou 3 dernières heures de cuisson. Si vous optez pour de la crème à la place du lait de coco, ajoutez-la pour les 30 dernières minutes de cuisson, afin d'éviter qu'elle ne se sépare.

Lorsque la cuisson est achevée, retirez les demi-citrons verts. Laissez légèrement refroidir le curry avant de servir. Lorsqu'il a refroidi, vous pouvez le congeler en portions. Se garde trois mois.

**Infos nutritionnelles par portion**
Glucides totaux : 10,3 g
Fibres : 2,1 g
Glucides nets : 8,2 g
Protéines : 25,7 g
Matières grasses : 41,5 g
Énergie : 510 kcal
Répartition des macronutriments : calories provenant des glucides (7 %), des protéines (20 %), des matières grasses (73 %)

# Shepherd's pie

Une version revisitée d'une spécialité anglaise, où les pommes de terre ont été remplacées par du chou-fleur crémeux : on a du mal à croire qu'elle est pauvre en glucides !

6 portions — 20 min — 15 min

### Ingrédients
1 kg d'agneau haché
1 petit oignon blanc (70 g)
1 carotte de taille moyenne (80 g)
2 gousses d'ail, écrasées
150 g de champignons de Paris blancs
200 g de haricots verts
120 ml de bouillon d'os (p. 30) ou de bouillon de légumes
1 cuill. à soupe (15 ml) de sauce Worcestershire
2 cuill. à soupe (16 g) de graines de chia moulues
1 gros chou-fleur (800 g)
2 cuill. à soupe (30 g) de beurre ou de ghee
1 cuill. à café de sel
Poivre noir du moulin
2 cuill. à soupe (6 g) de ciboulette ciselée ou de persil frais ciselé

### Infos nutritionnelles par portion
Glucides totaux : 13,9 g
Fibres : 5,3 g
Glucides nets : 8,6 g
Protéines : 33,7 g
Matières grasses : 40 g
Énergie : 537 kcal
Répartition des macronutriments :
calories provenant des glucides (6 %), des protéines (26 %), des matières grasses (68 %)

Chauffez une grande poêle, puis faites-y revenir l'agneau haché, en le faisant dorer de tous les côtés. Remuez régulièrement, jusqu'à ce que toute la graisse ait fondu et que la chair ne soit plus rose. À l'aide d'une écumoire, transférez la viande dans un saladier et réservez. Conservez la graisse de cuisson dans la poêle.

Pelez et hachez finement l'oignon et la carotte, pelez et écrasez l'ail. Lavez les champignons et émincez-les. Lavez et éboutez les haricots verts, puis coupez-les en quatre. Mettez l'ail et l'oignon dans la poêle ayant servi pour la viande et faites-les fondre 2 minutes environ, en remuant régulièrement. Ajoutez la carotte, les champignons et les haricots verts. Prolongez la cuisson de quelques minutes, jusqu'à ce que les carottes commencent à être fondantes.

Remettez la viande dans la poêle, puis mouillez avec le bouillon d'os et la sauce Worcestershire. Salez et poivrez, puis laissez mijoter à feu doux 20 à 25 minutes. Lorsque la cuisson est achevée, retirez la poêle du feu et ajoutez les graines de chia moulues. Mélangez soigneusement.

Pendant ce temps, préchauffez le four à 200 °C (thermostat 6-7) et préparez la purée. Lavez le chou-fleur et détaillez-le en fleurettes de taille moyenne. Mettez-les dans le panier d'un cuit-vapeur contenant environ 5 cm d'eau, et faites-les cuire 10 minutes environ.

Lorsque le chou-fleur est prêt, mettez-le dans un blender et mixez jusqu'à ce qu'il soit lisse et crémeux. Ajoutez le ghee, salez et poivrez, puis mixez de nouveau. Réservez.

Répartissez la préparation à la viande dans un plat allant au four, puis étalez la purée de chou-fleur par-dessus. À l'aide d'une fourchette, tracez un motif décoratif sur le dessus. Enfournez pour 30 minutes environ, jusqu'à ce que la purée soit bien dorée. Lorsque la cuisson est achevée, sortez le plat du four et laissez-le refroidir légèrement avant de servir. Garnissez de ciboulette ciselée ou de persil.

# Agneau à l'avgolemono

Heureusement, les côtelettes cuisent plus rapidement que d'autres pièces d'agneau, souvent longues à préparer. Savourez-les avec une délicieuse spécialité grecque, l'avgolemono, qui est une sauce à l'œuf et au citron.

4 portions — 15 min — 35 min + marinade

### Ingrédients

**Agneau**
8 petites côtelettes d'agneau (800 g)
60 ml d'huile d'olive vierge extra
2 cuill. à soupe (15 ml) de vinaigre de vin blanc ou rouge
4 gousses d'ail, écrasées
1 cuill. à soupe (3 g) d'origan séché
1 cuill. à soupe (15 g) de moutarde de Dijon (p. 31)
1 cuill. à café de zeste de citron
Sel et poivre noir du moulin

**Sauce avgolemono**
240 ml de bouillon de poule ou de bouillon d'os (p. 30)
4 gros jaunes d'œufs
120 ml de jus de citron fraîchement pressé
2 cuill. à soupe (3 g) de ciboulette ciselée
Sel et poivre noir du moulin

### Infos nutritionnelles par portion
Glucides totaux : 4,5 g
Fibres : 0,9 g
Glucides nets : 3,6 g
Protéines : 41,2 g
Matières grasses : 38,1 g
Énergie : 534 kcal
Répartition des macronutriments : calories provenant des glucides (3 %), des protéines (31 %), des matières grasses (66 %)

Commencez par faire mariner l'agneau. Mettez les côtelettes dans un saladier dont les dimensions vous permettront de le placer au réfrigérateur. Mélangez l'huile d'olive, le vinaigre, l'ail écrasé, les herbes aromatiques, la moutarde de Dijon, le zeste de citron, le sel et du poivre noir, puis versez la marinade sur la viande, en remuant pour bien l'enrober. Couvrez le saladier avec une feuille d'aluminium et laissez mariner au réfrigérateur 2 heures au moins ou une nuit entière. Sortez les côtelettes d'agneau du réfrigérateur suffisamment à l'avance pour qu'elles soient à température ambiante lorsque vous les ferez cuire.

Préchauffez le four à 200 °C (thermostat 6-7). Disposez les côtelettes sur une plaque de cuisson, puis enfournez-les. Jetez ce qui reste de marinade. Enfournez pour 20 à 30 minutes, en fonction de la cuisson souhaitée. Retournez les côtelettes à mi-cuisson, pour qu'elles dorent des deux côtés.

Préparez la sauce avgolemono. Versez le bouillon d'os dans une petite casserole et chauffez à feu doux, jusqu'à ce que le bouillon frémisse. Pendant ce temps, cassez les œufs et séparez les jaunes des blancs. Réservez les blancs, vous les utiliserez dans une autre recette.

Dans un grand bol, battez les jaunes d'œufs jusqu'à ce qu'ils soient mousseux. Ajoutez le jus de citron et fouettez, jusqu'à ce que l'ensemble soit bien mélangé. Versez deux louchées de bouillon d'os dans le bol, l'une après l'autre, en continuant à fouetter. Versez ensuite lentement le mélange à l'œuf et au citron dans le bouillon frémissant, sans cesser de remuer, pour éviter que la préparation ne s'agglutine en un bloc. Fouettez jusqu'à ce que la sauce épaississe. Retirez du feu. Salez et poivrez. Ajoutez la ciboulette et mélangez soigneusement. Nappez les côtelettes de sauce et servez sans attendre.

# Agneau rôti à la grecque

Ce rôti d'agneau, délicieusement tendre, fond sous la dent.

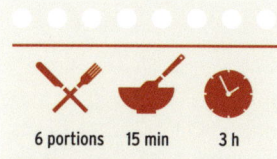

6 portions    15 min    3 h

### Ingrédients

**Agneau rôti**
2 cuill. à soupe d'origan frais ciselé
2 cuill. à soupe de menthe fraîche ciselée
2 cuill. à soupe de thym frais ciselé
3 gousses d'ail, écrasées
1 cuill. à soupe (6 g) de zeste de citron
2 kg de gigot ou d'épaule d'agneau, non désossé
3 cuill. à soupe (45 g) de beurre ou de ghee
Sel et poivre noir du moulin
120 à 240 ml de bouillon de légumes ou d'eau

**Sauce tomate**
Jus de cuisson de la viande
400 g de tomates concassées en conserve
1 gousse d'ail, écrasée
50 g d'olives
2 cuill. à soupe (17 g) de câpres
Sel, poivre noir du moulin et origan frais

Préchauffez le four à 200 °C (thermostat 6-7). Mélangez les herbes aromatiques fraîchement ciselées, l'ail et le zeste de citron. Enduisez la viande de ghee, salez et poivrez. À l'aide d'un couteau tranchant, réalisez de petites incisions dans la viande. Frottez-la avec le mélange d'herbes et faites-en pénétrer un peu dans les entailles.

Mettez la viande dans un plat allant au four, ajoutez l'eau ou le bouillon de légumes, couvrez avec une feuille d'aluminium ou un couvercle, puis enfournez pour 1 heure 45 minutes.

Baissez la température à 190 °C (thermostat 6-7) et retirez la feuille d'aluminium ou le couvercle. Prolongez la cuisson de 45 minutes, jusqu'à ce que l'agneau soit doré et croustillant. Une fois cuite, la viande doit être fondante. Retirez-la du four, couvrez-la d'une feuille d'aluminium et laissez refroidir légèrement.

Pour la sauce, versez les sucs de cuisson dans une casserole, puis ajoutez les tomates concassées, l'ail écrasé, les olives, les câpres et l'origan. Portez à ébullition, puis baissez le feu. Laissez frémir jusqu'à ce que le contenu de la casserole ait réduit de moitié et retirez du feu. Salez. Accompagnez de purée de légumes crémeuse (p. 180) ou de chou braisé à la pancetta (p. 188), en servant la sauce à part.

### Infos nutritionnelles par portion

Glucides totaux : 4,8 g
Fibres : 1,6 g
Glucides nets : 3,2 g
Protéines : 31,4 g
Matières grasses : 36 g

Énergie : 475 kcal
Répartition des macronutriments : calories provenant des glucides (3 %), des protéines (27 %), des matières grasses (70 %)

# Boulettes d'agneau à la feta

La feta donne une touche salée et corsée à ces boulettes d'agneau tout en rendant la sauce lisse et crémeuse. À déguster avec des « tagliatelles » de courgettes ou du riz de chou-fleur.

16 boulettes  20 min  35 min

### Ingrédients

**Boulettes d'agneau**
500 g d'agneau haché
1 gros œuf
50 g de farine d'amande
2 cuill. à soupe (8 g) d'origan frais ciselé
2 cuill. à soupe (8 g) de menthe fraîche ciselée
1 cuill. à café de zeste de citron
1 gousse d'ail, écrasée
25 g d'olives
Sel et poivre noir du moulin
100 g de feta, émiettée
1 cuill. à soupe (15 g) de ghee

**Tagliatelles de courgettes**
4 courgettes de taille moyenne (800 g)

**Sauce tomate**
2 tomates de taille moyenne (120 g), concassées
1 cuill. à soupe (15 g) de purée de tomates sans sucre
1 feuille de laurier, ciselée
240 ml de bouillon d'os (p. 30)
Sel et poivre noir du moulin
Basilic frais, pour garnir

Dans un saladier, amalgamez l'agneau haché, l'œuf et la farine d'amande. Ajoutez l'origan et la menthe ciselés, le zeste de citron, l'ail et les olives coupées en rondelles, une pincée de sel et du poivre noir. Mélangez soigneusement et incorporez la feta émiettée. Façonnez des boulettes de viande de taille moyenne avec vos mains, puis réservez.

Chauffez une grande poêle huilée avec le ghee. Lorsqu'elle est bien chaude, faites revenir les boulettes de viande 2 ou 3 minutes environ, avant de les retourner à l'aide d'une fourchette. Prolongez la cuisson jusqu'à ce qu'elles soient bien dorées de tous les côtés, puis ajoutez les tomates concassées, la purée de tomates, la feuille de laurier ciselée et le bouillon d'os. Salez et poivrez.

Laissez mijoter 20 à 25 minutes à feu doux, en retournant les boulettes de viande à mi-cuisson.

Pendant ce temps, lavez les courgettes. Préparez les « tagliatelles » en tranchant les courgettes à l'aide d'un couteau à julienne ou d'un spiraliseur. Lorsque les boulettes de viande sont cuites, ôtez-les de la poêle à l'aide d'une écumoire, puis mettez les « tagliatelles » dans la sauce à la viande et à la feta. Faites cuire à feu moyen, 3 à 5 minutes seulement : une fois cuites, les « tagliatelles » doivent être *al dente*.

Vous pouvez aussi les faire cuire dans une autre poêle huilée avec du ghee (préparez toujours les « pâtes » de courgettes juste avant de servir et veillez à ne pas trop les faire cuire, elles se déferaient). Servez avec les boulettes de viande et garnissez de feuilles de basilic frais.

**Infos nutritionnelles par portion**
(4 boulettes de viande + tagliatelles de courgettes)
Glucides totaux : 12,6 g
Fibres : 4,3 g
Glucides nets : 8,3 g
Protéines : 33,1 g
Matières grasses : 45,8 g
Énergie : 581 kcal
Répartition des macronutriments : calories provenant des glucides (6 %), des protéines (23 %), des matières grasses (71 %)

# Mini-quiches à la viande de porc hachée

Délicieusement croustillantes, ces petites quiches sont non seulement exemptes de céréales, mais aussi très pauvres en glucides.

8 mini-quiches — 20 min — 50 min

**Fond**
100 g de farine d'amande ou de farine de lin
100 g de couenne de porc séchée et moulue
40 g de farine de lin
2 gros œufs de poules élevées en liberté
½ cuill. à café de sel ou plus

**Garniture**
6 fines tranches de lard (90 g)
1 cuill. à soupe (15 g) de ghee ou de saindoux
300 g de viande de porc hachée, 20 % de matières grasses
1 petit oignon blanc (70 g)
2 gousses d'ail, écrasées
100 g de cheddar, râpé
100 g de cream cheese ou de chèvre frais
2 gros œufs de poules élevées en liberté
12 g de ciboulette hachée ou d'oignons nouveaux
½ cuill. à café de sel
Poivre noir du moulin

**Infos nutritionnelles par portion**
Glucides totaux : 5,6 g
Fibres : 2,7 g
Glucides nets : 2,9 g
Protéines : 26,9 g
Matières grasses : 30,7 g
Énergie : 411 kcal
Répartition des macronutriments : calories provenant des glucides (3 %), des protéines (27 %), des matières grasses (70 %)

Préchauffez le four à 200 °C (thermostat 6-7). Dans un saladier, mélangez soigneusement tous les ingrédients de la pâte, avec vos mains. Si nécessaire, ajoutez une cuillère à soupe (15 ml) ou deux d'eau. Si vous utilisez de la couenne de porc salée, ne salez pas.

Divisez la pâte en huit parts égales, puis garnissez-en des moules à tartelettes antiadhésifs (l'idéal est d'utiliser des moules à fond amovible). Avec vos doigts, pressez la pâte contre les bords pour la faire remonter légèrement et lui permettre de contenir la garniture.

Placez les moules sur une plaque de cuisson, posez une feuille de papier cuisson dans chaque moule, et mettez-y des billes de cuisson en céramique. Enfournez dans le four préchauffé, pour 12 à 15 minutes. Lorsque les fonds des quiches sont prêts, sortez-les du four et réservez.

Pour préparer la garniture, coupez le lard en tranches et faites-le dorer dans une poêle huilée avec du ghee, jusqu'à ce qu'il soit bien croustillant. Ajoutez la viande hachée et faites-la revenir, en remuant régulièrement, jusqu'à ce qu'elle soit entièrement dorée. À l'aide d'une écumoire, transférez la viande et le lard dans un saladier, et réservez.

Mettez l'ail et l'oignon dans la poêle qui a servi pour la viande. Faites-les revenir 5 à 8 minutes à feu moyen, jusqu'à ce qu'ils soient légèrement dorés. Réservez.

Dans un saladier, mélangez soigneusement la viande de porc, le lard, l'ail et l'oignon caramélisés ainsi que les ingrédients restants.

Répartissez la garniture dans les moules, puis enfournez pour 15 à 20 minutes. Sortez du four et laissez refroidir. Conservez les quiches au réfrigérateur et servez-les froides, ou bien réchauffez-les avant de les servir, si vous préférez.

# Pizza au pepperoni

Promis, la « vraie » pizza ne va pas vous manquer grâce à cette alternative santé de la pizza traditionnelle, beaucoup moins riche en glucides.

4 portions   10 min   25 min

### Ingrédients

**Pâte**
150 g de farine d'amande
40 g de farine de lin
2 cuill. à soupe (15 g) de téguments de psyllium en poudre
30 g de parmesan râpé, ou davantage de farine d'amande
1 cuill. à café d'herbes de Provence
½ cuill. à café d'oignon en poudre
½ cuill. à café d'ail en poudre
½ cuill. à café de sel
1 gros œuf
60 ml d'eau tiède

**Garniture**
120 g de sauce marinara (p. 33)
½ cuill. à café de flocons de piment
120 g de mozzarella
60 g de pepperoni
2 cuill. à soupe (5 g) de basilic frais ciselé
1 cuill. à soupe (15 ml) d'huile d'olive vierge extra

Préchauffez le four à 200 °C (thermostat 6-7). Dans un saladier, réunissez la farine d'amande, la farine de lin, les téguments de psyllium en poudre, le parmesan râpé, les herbes de Provence, l'ail et l'oignon en poudre et le sel.

Ajoutez l'œuf et l'eau, et mélangez soigneusement avec vos mains. Tapissez de papier cuisson un moule à pizza ou une grande plaque de cuisson. Avec vos mains, pressez la pâte pour la répartir dans le moule, en la faisant légèrement remonter sur les bords : cela permettra de contenir la garniture. Si vous le souhaitez, utilisez un rouleau à pâtisserie, pour que la surface soit bien lisse. Vous n'avez pas de moule à pizza ? Dans ce cas, façonnez un disque avec la pâte, en l'abaissant pour qu'elle soit la plus fine possible.

Enfournez la pâte pour 12 à 15 minutes. Lorsqu'elle est cuite, sortez-la du four pour la garnir. Étalez la sauce marinara sur la pâte, puis parsemez-la de flocons de piment, de mozzarella râpée et de rondelles de pepperoni. Remettez-la au four et prolongez la cuisson de 10 minutes, jusqu'à ce que le fromage ait fondu et que le pepperoni soit légèrement croustillant.

Lorsque la pizza est prête, sortez-la du four. Garnissez-la de basilic ciselé et arrosez-la d'une cuillère à soupe (15 ml) d'huile d'olive vierge extra. Dégustez la pizza sans attendre, c'est à la sortie du four qu'elle est la meilleure.
Si nécessaire, réchauffez-la quelques minutes au four.

**Infos nutritionnelles par portion**
(¼ de la pizza)
Glucides totaux : 17 g
Fibres : 9,8 g
Glucides nets : 7,2 g
Protéines : 25,9 g
Matières grasses : 47,8 g
Énergie : 571 kcal
Répartition des macronutriments :
calories provenant des glucides (5 %), des protéines (18 %), des matières grasses (77 %)

# « Risotto » crémeux aux champignons

Ce risotto aux parfums d'automne est un repas sans céréales, étonnamment facile à préparer, à savourer en semaine en rentrant du travail.

6 portions    15 min    20 min

### Ingrédients
15 g de cèpes séchés
180 ml de bouillon de poule (p. 114) ou de bouillon de légumes
1 petit oignon blanc (70 g)
200 g de champignons des bois frais
56 g + 2 cuill. à soupe de ghee ou de beurre
2 gousses d'ail, écrasées
720 g de riz de chou-fleur (p. 36)
Sel
120 ml de crème fraîche épaisse
1 cuill. à soupe (15 ml) de jus de citron
15 g de persil frais ciselé
60 g de parmesan râpé

### Infos nutritionnelles par portion
Glucides totaux : 11,3 g
Fibres : 3,4 g
Glucides nets : 7,9 g
Protéines : 8 g
Matières grasses : 24,4 g
Énergie : 287 kcal
Répartition des macronutriments : calories provenant des glucides (11 %), des protéines (11 %), des matières grasses (78 %)

Faites tremper les cèpes séchés dans le bouillon de poule pendant 15 minutes au moins. Lorsqu'ils sont réhydratés, coupez-les si nécessaire. Pelez et hachez finement l'oignon. Lavez et émincez les champignons frais.

Huilez une grande poêle ou une casserole à fond épais avec le ghee, puis faites-y revenir l'oignon émincé et l'ail écrasé à feu moyen 5 à 8 minutes, jusqu'à ce qu'ils soient bien dorés.

Ajoutez le riz de chou-fleur et les champignons, et mélangez soigneusement. Incorporez les champignons séchés avec le liquide de trempage, et salez (si vous le souhaitez, vous pouvez remplacer 60 ml du bouillon par 60 ml de vin blanc sec).

Incorporez la crème et faites cuire 8 à 10 minutes, jusqu'à ce que le chou-fleur soit tendre, sans être trop fondant. Retirez du feu. Ajoutez un trait de jus de citron, le persil, le parmesan râpé et ce qui reste de ghee ou de beurre, et mélangez soigneusement. Garnissez d'un peu plus de persil et servez aussitôt.

# Céto-falafels

Traditionnellement préparés avec des pois chiches, ces falafels-là ne contiennent ni céréales ni légumineuses. Ils sont accompagnés d'une sauce parfumée au tahini.

12 falafels  15 min  45 min

## Ingrédients

**Falafels**
360 g de riz de chou-fleur (p. 36)
1 petit oignon blanc (70 g)
2 gousses d'ail, écrasées
2 cuill. à soupe (30 g) de ghee
1 gros œuf
25 g de farine d'amande
65 g de noix de macadamia
2 ½ cuill. à soupe (3 g) de coriandre ciselée
2 ½ cuill. à soupe (3 g) de menthe ciselée
1 cuill. à café de zeste de citron
2 cuill. à café de cumin moulu
1 cuill. à café de curcuma moulu
Sel et poivre noir du moulin

**Sauce au tahini**
1 cuill. à soupe (15 g) de tahini
3 cuill. à soupe (36 g) de crème aigre ou de lait de coco
1 cuill. à soupe (15 g) de mayonnaise (p. 28)
1 cuill. à soupe (15 ml) de jus de citron
Sel et poivre noir du moulin

Commencez par préparer le riz de chou-fleur.

Préchauffez le four à 200 °C (thermostat 6-7).

Pendant ce temps, pelez et émincez finement l'ail et l'oignon. Huilez une poêle avec le ghee, puis faites-y revenir l'ail et l'oignon pendant 5 à 8 minutes, en remuant régulièrement. Retirez du feu.

Lorsque le riz de chou-fleur est prêt, transférez-le dans un blender et ajoutez l'ail et l'oignon dorés, l'œuf, la farine d'amande, les noix de macadamia, la coriandre, la menthe, le zeste de citron, le cumin, le curcuma, du sel et du poivre noir. Mixez jusqu'à obtention d'un mélange lisse.

Avec vos mains, façonnez des boulettes de pâte de taille moyenne ou des galettes, puis posez-les sur une plaque de cuisson tapissée de papier cuisson.

Arrosez les falafels, un par un, avec ce qui reste de ghee, puis enfournez pour 25 à 30 minutes, jusqu'à ce qu'ils soient bien dorés.

Pendant ce temps, préparez la sauce au tahini. Mélangez le tahini, la crème aigre, la mayonnaise et le jus de citron. Salez et poivrez. La sauce servira à y tremper les falafels.

Lorsque les falafels sont cuits, sortez-les du four et dégustez-les chauds ou froids.

**Infos nutritionnelles par portion**
Glucides totaux : 12,6 g
Fibres : 5 g
Glucides nets : 7,6 g
Protéines : 7,4 g
Matières grasses : 31,8 g

Énergie : 346 kcal
Répartition des macronutriments : calories provenant des glucides (9 %), des protéines (9 %), des matières grasses (82 %)

# Accompagnements

Suivre un régime cétogène implique souvent de renoncer à des plats très appréciés, comme la purée de pommes de terre, le riz et les pâtes, extrêmement riches en glucides. Mais ce mode de vie ne doit pas être synonyme de privation, surtout pas ! Dans ce chapitre, vous allez découvrir comment confectionner des accompagnements qui rassasient à partir d'ingrédients sains et pauvres en glucides, comme le chou-fleur, extraordinairement polyvalent, qui peut remplacer le riz dans presque tous les plats. Vous trouverez aussi quantité de recettes faciles à préparer autour de délicieux légumes de saison, comme des frites de courgettes, des choux de Bruxelles au lard et du brocoli vapeur nappé d'une onctueuse sauce au bleu. Ça vous tente ?

# Riz de chou-fleur, 3 variations

Le chou-fleur est votre meilleur ami. Cuisinez-le à la place des pommes de terre, servez-le en accompagnement ou préparez une pâte à pizza pauvre en glucides !

4 portions   15 min   20 min

### Ingrédients
600 g de riz de chou-fleur (p. 36)
2 gousses d'ail
2 cuill. à soupe (30 g) de ghee ou de beurre
Sel et poivre noir du moulin

**Riz de chou-fleur à la provençale**
3 à 4 cuill. à soupe (12 à 16 g) de basilic frais, de feuilles de thym frais et d'origan frais
1 petit oignon blanc (70 g)
1 cuill. à soupe (15 g) de purée de tomates, sans sucre

**Riz de chou-fleur crémeux citronné**
2 cuill. à soupe (5 g) de basilic frais ciselé
1 cuill. à soupe d'origan frais finement ciselé
1 cuill. à soupe de feuilles de thym frais finement ciselé
1 cuill. à soupe (6 g) de zeste de citron
120 ml de lait de coco ou de crème fraîche épaisse
2 cuill. à soupe (30 ml) de jus de citron

**Riz de chou-fleur épicé à l'asiatique**
1 cuill. à soupe (8 g) de gingembre frais râpé
1 petit bouquet de coriandre, ciselée, avec les tiges séparées des feuilles
1 à 2 petits piments
1 cuill. à café de curcuma moulu

### Pour le riz de chou-fleur à la provençale :
Lavez et ciselez les herbes aromatiques, pelez et écrasez l'ail, puis coupez l'oignon en petits dés. Dans une poêle, faites fondre le ghee à feu moyen, puis faites dorer l'ail et l'oignon 5 minutes environ, en remuant. Ajoutez le riz de chou-fleur et prolongez la cuisson de 5 à 7 minutes, sans cesser de remuer.
Ajoutez la purée de tomates et mélangez soigneusement. Incorporez les herbes ciselées et prolongez la cuisson de 2 à 3 minutes. Salez, poivrez, réservez et servez.

### Pour le riz de chou-fleur crémeux citronné :
Lavez et ciselez finement les herbes aromatiques. Pelez et écrasez l'ail. Prélevez le zeste du citron. Dans une poêle, faites fondre le ghee à feu moyen, puis faites revenir l'ail et le zeste de citron pendant 2 minutes, en remuant régulièrement. Ajoutez le riz de chou-fleur et laissez cuire 1 à 2 minutes, sans cesser de mélanger. Incorporez le lait de coco ou la crème et le jus de citron. Prolongez la cuisson de 5 minutes. Ajoutez les herbes aromatiques et laissez cuire encore 2 à 3 minutes. Salez, poivrez et servez.

### Pour le riz de chou-fleur épicé à l'asiatique :
Pelez et écrasez l'ail. Dans une grande poêle, faites fondre le ghee ou l'huile de noix de coco. Ajoutez l'ail, le gingembre, les tiges de coriandre coupées et le piment. Faites revenir à feu moyen pendant 3 à 5 minutes, en remuant régulièrement. Incorporez le riz de chou-fleur et faites cuire 5 à 7 minutes en mélangeant fréquemment. Ajoutez les feuilles de coriandre et le curcuma, puis prolongez la cuisson de 2 à 3 minutes. Salez, poivrez et servez.

### Infos nutritionnelles par portion
À la provençale / crémeux citronné / épicé à l'asiatique
Glucides totaux : 10,6/10,2/8,8 g
Fibres : 3,7/3,6/3,3 g
Glucides nets : 6,9/6,6/5,5 g
Protéines : 3,3/3,7/3,1 g
Matières grasses : 8/19,4/8 g
Énergie : 119/223/112 kcal
Répartition des macronutriments : calories provenant des glucides (24/12/20 %), des protéines (12/7/12 %), des matières grasses (64/81/68 %)

Plus de gras moins de sucre

# Purée de légumes onctueuse

Cette purée crémeuse, préparée avec des légumes pauvres en glucides, des herbes aromatiques et des épices, se marie à tous les plats de viande.

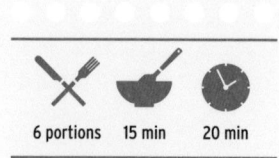

6 portions — 15 min — 20 min

### Ingrédients
1 gros chou-fleur (600 g)
1 petit brocoli (200 g)
1 navet de taille moyenne (200 g)
56 g de ghee ou de beurre
1 petit oignon blanc (70 g), haché
2 gousses d'ail, écrasées
Sel et poivre noir du moulin
Facultatif : 45 g de parmesan râpé, de cheddar ou de crème aigre

### Infos nutritionnelles par portion
Glucides totaux : 10,8 g
Fibres : 3,7 g
Glucides nets : 7,1 g
Protéines : 3,4 g
Matières grasses : 9,6 g
Énergie : 135 kcal
Répartition des macronutriments : calories provenant des glucides (22 %), des protéines (10 %), des matières grasses (68 %)

Lavez le chou-fleur et le brocoli, et divisez-les en fleurettes. Pelez et coupez le navet en quartiers. Disposez les légumes dans un panier de cuisson vapeur et placez celui-ci dans une casserole contenant 5 cm d'eau. Portez à ébullition et laissez cuire 10 minutes environ, jusqu'à ce que les légumes soient tendres – attention, ils ne doivent pas être trop cuits.

Chauffez une poêle huilée avec la moitié du ghee, et faites-y fondre l'oignon haché et l'ail écrasé pendant 5 à 8 minutes, jusqu'à ce qu'ils soient caramélisés. Remuez sans discontinuer pour les empêcher de brûler, puis retirez du feu.

Transférez le chou-fleur, le brocoli et le navet cuits dans un blender. Ajoutez l'ail et l'oignon, puis le reste de ghee. Mixez jusqu'à obtention d'une consistance bien crémeuse. Salez et poivrez. Si vous le souhaitez, incorporez le fromage ou la crème aigre. À servir avec une viande. Cette purée est parfaite aussi pour napper un shepherd's pie (p. 168), ce qui change de la purée de chou-fleur classique.

### Conseil
*Agrémentez cette recette avec vos épices et herbes aromatiques préférées. Pour une touche provençale, ajoutez 2 ou 3 cuillères à soupe (5 à 8 g) de basilic, de thym et d'origan frais ciselés. Donnez-lui un petit côté asiatique avec 2 cuillères à soupe (2 g) de coriandre fraîche ciselée, 1 cuillère à soupe (8 g) de gingembre et un petit piment. Pour une saveur barbecue fumée, relevez avec 1 cuillère à café de paprika fumé et ¼ de cuillère à café de piment de Cayenne. Et pour un goût « curry », ajoutez 1 cuillère à café de curry en poudre et ½ cuillère à café de curcuma en poudre.*

# Légumes méditerranéens grillés

Ces légumes croquants se marient à merveille au poisson et à la volaille. Garnissez-les d'œufs sur le plat et vous obtiendrez aussi un petit déjeuner rapide, excellent pour la santé.

6 portions  10 min  20 min

### Ingrédients
56 g de ghee ou de beurre
3 gousses d'ail, écrasées
2 petits poivrons rouges, orange ou jaunes (200 g)
3 courgettes de taille moyenne (600 g)
1 aubergine de taille moyenne (500 g)
1 oignon rouge de taille moyenne (100 g)
1 cuill. à soupe (4 g) d'origan frais ciselé
2 cuill. à soupe (5 g) de basilic frais ciselé
Sel et poivre noir du moulin

### Infos nutritionnelles par portion
Glucides totaux : 11,9 g
Fibres : 4,9 g
Glucides nets : 7 g
Protéines : 2,7 g
Matières grasses : 9,8 g
Énergie : 140 kcal
Répartition des macronutriments :
calories provenant des glucides (22 %), des protéines (9 %), des matières grasses (69 %)

Réglez le four sur gril (260 °C, thermostat 8-9). Dans un bol, mélangez le ghee et l'ail écrasé.

Lavez tous les légumes. Coupez les poivrons en deux, épépinez-les et détaillez-les en lamelles. Tranchez les courgettes en rondelles d'environ ½ cm d'épaisseur. Lavez l'aubergine et coupez-la en tranches. Divisez chaque tranche en quartiers. Pelez et coupez l'oignon en quartiers de taille moyenne, puis séparez les morceaux à la main. Réunissez tous les légumes dans un saladier, puis ajoutez les herbes aromatiques, le ghee à l'ail, du sel et du poivre.

Répartissez les légumes sur une plaque de cuisson ou mieux encore, sur une grille de cuisson pour éviter qu'ils ne se gorgent de jus. Enfournez pour 15 minutes environ.

Attention à ne pas faire brûler les légumes.

Ils sont prêts lorsqu'ils sont légèrement tendres, mais encore croquants. Servez en accompagnement d'une viande ou gratinés avec de la feta, de la mozzarella, du halloumi ou un fromage similaire.

# Galettes de brocoli

*Préparez ces galettes à l'avance et congelez-les : vous pourrez les décongeler au fur et à mesure. Délicieuses chaudes ou froides, elles peuvent même se déguster au petit déjeuner.*

12 tranches    15 min    1 h 15

### Ingrédients
- 1 brocoli de taille moyenne (400 g)
- 2 cuill. à soupe (30 g) de ghee ou de saindoux
- 1 oignon blanc de taille moyenne (110 g), finement émincé
- 2 gousses d'ail, écrasées
- 3 gros œufs de poules élevées en liberté
- 60 g de cheddar ou de parmesan râpé
- Sel et poivre noir du moulin

### Infos nutritionnelles par portion
(3 galettes)
Glucides totaux : 8,1 g
Fibres : 2,5 g
Glucides nets : 5,6 g
Protéines : 9,3 g
Matières grasses : 13,2 g
Énergie : 183 kcal
Répartition des macronutriments :
calories provenant des glucides (13 %), des protéines (21 %), des matières grasses (66 %)

Préchauffez le four à 200 °C (thermostat 6-7). Lavez le brocoli et découpez-le en fleurettes. Placez-les dans un panier de cuisson vapeur, dans une casserole contenant 5 cm d'eau. Faites cuire 5 à 7 minutes. Attention : il doit rester *al dente*. Lorsqu'il est à point, réservez et laissez refroidir avant de le hacher et de le mélanger aux autres ingrédients.

Dans une poêle, faites dorer l'oignon émincé et l'ail écrasé dans le ghee pendant 5 à 8 minutes. Dans un saladier, mélangez les œufs, le fromage, du sel et du poivre. Coupez le brocoli cuit en petits morceaux, puis mettez-le dans le saladier contenant le mélange à l'œuf. Ajoutez l'oignon et l'ail, puis mélangez soigneusement.

À l'aide d'une cuillère, prélevez la pâte et façonnez 15 galettes de la taille de la paume de la main (3 par personne). Placez-les sur une plaque de cuisson tapissée de papier cuisson. Enfournez pour 20 minutes environ, jusqu'à ce que les galettes soient dorées sur le dessus et croustillantes.

Vous pouvez alors sortir la plaque du four. Réservez pour laisser refroidir ou servez sans attendre.

# Frites de courgettes

Oubliez les frites traditionnelles et optez pour cette variante sans pommes de terre : ces frites sont préparées avec des courgettes, puis enrobées de couenne de porc croustillante.

4 portions — 10 min — 30 à 35 min

## Ingrédients

4 courgettes de taille moyenne (800 g)
¼ cuill. à café de sel
2 cuill. à soupe (14 g) de farine de lin
75 g de couenne de porc séchée et moulue
1 cuill. à soupe (5 g) d'herbes de Provence (basilic, thym, origan)
1 cuill. à café d'ail en poudre
1 cuill. à café d'oignon en poudre
Poivre noir du moulin
1 gros œuf
2 cuill. à soupe (30 g) de ghee ou d'huile de noix de coco
Facultatif : remplacez 25 g de couenne de porc par 30 g de parmesan râpé

## Infos nutritionnelles par portion

Glucides totaux : 8,9 g
Fibres : 3,4 g
Glucides nets : 5,5 g
Protéines : 17,1 g
Matières grasses : 12,8 g
Énergie : 236 kcal
Répartition des macronutriments : calories provenant des glucides (11 %), des protéines (33 %), des matières grasses (56 %)

Préchauffez le four à 220 °C (thermostat 7-8). Lavez les courgettes et découpez-les en « frites » d'environ 1,5 cm d'épaisseur et 8 cm de long. Saupoudrez-les avec une partie du sel et laissez-les dégorger sur la planche à découper pendant 20 minutes au moins. Séchez-les avec du papier absorbant.

Pendant ce temps, préparez la « chapelure ». Versez la farine de lin et la couenne de porc séchée dans une assiette creuse et mélangez. Ajoutez les herbes aromatiques séchées, l'ail et l'oignon en poudre, une pincée de sel et du poivre.

Dans un bol, battez l'œuf avec une autre pincée de sel. Trempez les bâtonnets de courgettes dans l'œuf, puis dans la chapelure. Panez les « frites » sur tous les côtés, puis posez-les sur une plaque de cuisson tapissée de papier cuisson. Attention à ne pas plonger tous les bâtonnets de courgettes trempés dans l'œuf en même temps dans la chapelure, pour éviter qu'elle ne s'agglutine. Arrosez les frites de ghee fondu ou pulvérisez-les d'huile de noix de coco.

Enfournez pour 20 à 25 minutes, jusqu'à ce que les frites soient dorées et croustillantes. Sortez du four et laissez refroidir un peu. Servez-les sans attendre, pour que les frites ne ramollissent pas. Si nécessaire, passez-les brièvement au four juste avant dégustation pour qu'elles retrouvent leur croquant.

Servez-les avec des plats à base de viande, agrémentées de ketchup (p. 29), de mayonnaise (p. 28) ou de sauce barbecue épicée au chocolat (p. 34) !

# Brocoli vapeur, sauce au bleu

Le croquant du brocoli se marie à merveille à la texture onctueuse de la sauce au bleu. Un accompagnement idéal pour viandes et poissons.

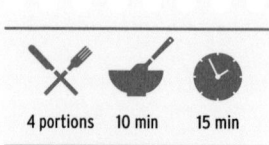

4 portions — 10 min — 15 min

### Ingrédients
1 brocoli de taille moyenne (500 g)
60 ml de crème fraîche épaisse
60 g de cream cheese
2 cuill. à soupe (30 g) de beurre ou de ghee
56 g de bleu émietté
Sel et poivre noir du moulin

### Infos nutritionnelles par portion
Glucides totaux : 9,5 g
Fibres : 3,3 g
Glucides nets : 6,2 g
Protéines : 8 g
Matières grasses : 19,7 g
Énergie : 231 kcal
Répartition des macronutriments : calories provenant des glucides (10 %), des protéines (14 %), des matières grasses (76 %)

Lavez le brocoli et coupez-le en fleurettes. Placez-les dans un panier de cuisson vapeur, dans une casserole contenant 5 cm d'eau environ, puis portez à ébullition. Laissez cuire 5 à 8 minutes, jusqu'à ce que le brocoli soit assez tendre, mais encore croquant. Attention à ne pas trop le faire cuire. Lorsque le brocoli est prêt, réservez-le.

Préparez la sauce au bleu. Dans une petite casserole, faites fondre la crème, puis incorporez le cream cheese et le beurre ou le ghee. Chauffez à feu doux jusqu'à ce que l'ensemble frémisse, en remuant jusqu'à ce que le fromage et le beurre aient fondu et que le mélange soit homogène. S'il faut épaissir la sauce, prolongez la cuisson de 3 à 5 minutes, sans cesser de remuer.

Retirez la casserole du feu et incorporez le bleu émietté en mélangeant jusqu'à ce qu'il se fonde dans la sauce, qui doit être crémeuse et onctueuse. Salez et poivrez. Si vous souhaitez délayer la préparation, ajoutez un peu d'eau ou de crème.

### Conseil
*Déclinez cette recette avec d'autres fromages : chèvre, cheddar ou brie.*

# Chou-fleur à l'ail et aux herbes

Relevé d'épices et d'herbes aromatiques, le chou-fleur au four, croquant et sucré, accompagne toutes sortes de viandes.

4 portions   5 min   20 min

**Ingrédients**
1 gros chou-fleur (800 g)
56 g de ghee, de saindoux ou de beurre fondu
10 g d'herbes aromatiques fraîches ciselées (par exemple basilic, origan et thym)
2 cuill. à soupe (30 ml) de jus de citron
3 gousses d'ail, écrasées
Sel et poivre noir du moulin
Facultatif : parmesan pour saupoudrer

**Infos nutritionnelles par portion**
Glucides totaux : 11,5 g
Fibres : 4,3 g
Glucides nets : 7,2 g
Protéines : 4,1 g
Matières grasses : 14,4 g
Énergie : 181 kcal
Répartition des macronutriments : calories provenant des glucides (16 %), des protéines (10 %), des matières grasses (74 %)

Préchauffez le four à 230 °C (thermostat 7-8). Lavez le chou-fleur, détaillez-le en fleurettes et placez-les dans un saladier. Dans un bol, mélangez le ghee fondu, les herbes ciselées, le jus de citron et l'ail écrasé. Salez et poivrez.

Nappez le chou-fleur de cette préparation et mélangez soigneusement. Si vous le souhaitez, parsemez de parmesan, puis disposez les morceaux de chou-fleur sur une plaque de cuisson. Enfournez pour 15 minutes. Quand le chou-fleur est bien doré, servez sans attendre.

# Mini-pizzas de chou-fleur

La pâte à pizza à base de riz de chou-fleur est un délice, surtout quand elle est fine et croustillante. Et pour la garniture, faites-vous plaisir et laissez libre cours à votre créativité !

4 portions  15 min  50 min

## Ingrédients

**Pâte à pizza**
240 g de riz de chou-fleur (p. 36)
90 g de mozzarella râpée
30 g de parmesan râpé
½ cuill. à café d'ail en poudre
½ cuill. à café d'oignon en poudre
1 gros blanc d'œuf
2 cuill. à café d'herbes de Provence
1 cuill. à soupe (15 g) de ghee ou d'huile de noix de coco
Sel et poivre noir du moulin

**Garniture**
80 g de sauce marinara (p. 33)
50 g d'olives
30 g de mozzarella râpée
Basilic frais

### Infos nutritionnelles par portion
Glucides totaux : 7 g
Fibres : 2,3 g
Glucides nets : 4,7 g
Protéines : 13,2 g
Matières grasses : 18,4 g
Énergie : 243 kcal
Répartition des macronutriments :
calories provenant des glucides (8 %), des protéines (22 %), des matières grasses (70 %)

Préchauffez le four à 200 °C (thermostat 6-7). Préparez un riz de chou-fleur, que vous ferez cuire à la poêle ou au micro-ondes. À l'aide d'une toile à fromage, ou simplement à la main, extrayez du chou-fleur le plus de liquide possible. Plus le riz de chou-fleur est sec, mieux la « pâte » se tient et plus elle devient croustillante après cuisson.

Dans un saladier, mélangez le riz de chou-fleur, la mozzarella râpée, le parmesan, l'ail et l'oignon en poudre, le blanc d'œuf et les herbes de Provence. Salez et poivrez. Réservez un peu de mozzarella ou de garniture.

Posez la préparation sur une plaque de cuisson tapissée de papier cuisson. Formez quatre petits disques en aplatissant la pâte du plat de la main (il vous faudra du papier cuisson bien solide : renoncez au papier paraffiné.) Badigeonnez ou pulvérisez les fonds de pizza avec un peu de ghee ou d'huile de noix de coco. Enfournez pour 20 minutes environ.

Retirez la plaque du four, couvrez les fonds d'une feuille de papier cuisson et retournez-les. Retirez délicatement la feuille du dessus. Garnissez les fonds avec la sauce marinara, les olives dénoyautées et ce qui reste de mozzarella. Remettez au four pendant 10 minutes environ. Garnissez de basilic avant de servir.

# Chou braisé à la pancetta

Le chou est l'un des légumes de base de la cuisine pauvre en glucides. Ce produit vous paraît bien peu exaltant? Détrompez-vous! Accommodé avec du lard et du bouillon d'os maison, il prend une dimension nouvelle.

4 portions — 10 min — 55 min

**Ingrédients**
1 chou vert ou blanc (700 g)
1 petit oignon blanc (70 g)
2 cuill. à soupe (30 g) de saindoux, de ghee ou de suif
6 tranches de pancetta ou de lard finement coupé (90 g)
240 ml de bouillon d'os (p. 30), de bouillon de poule (p. 114) ou de bouillon de légumes
2 cuill. à soupe (30 ml) de vinaigre de cidre
Sel et poivre noir du moulin
Facultatif : 1 cuill. à soupe (10 g) d'érythritol ou 3 à 5 gouttes de stévia

**Infos nutritionnelles par portion**
Glucides totaux : 11,8 g
Fibres : 4,7 g
Glucides nets : 7,1 g
Protéines : 5,9 g
Matières grasses : 14,1 g
Énergie : 184 kcal
Répartition des macronutriments : calories provenant des glucides (16 %), des protéines (13 %), des matières grasses (71 %)

Lavez le chou, coupez-le en deux et émincez-le. Retirez le cœur dur et jetez-le. Pelez et émincez finement l'oignon. Graissez de saindoux le fond d'une casserole à fond épais ou d'une cocotte, puis faites-y revenir l'oignon émincé et la pancetta pendant 5 à 8 minutes en remuant régulièrement. Ajoutez le chou émincé, le bouillon d'os, le vinaigre, et mélangez soigneusement. Ajoutez, si vous le souhaitez, l'érythritol ou la stévia liquide. Salez et poivrez.

Couvrez et laissez mijoter à feu doux 40 à 45 minutes, jusqu'à ce que le chou soit bien tendre. Surveillez la cuisson et, si nécessaire, ajoutez 60 ml d'eau. Il ne doit pas rester trop de liquide en fin de cuisson, mais le chou ne doit pas non plus risquer de brûler. Servez avec une viande, de préférence du porc.

# Choux de Bruxelles émincés au lard

*Même si vous n'aimez pas ce légume, vous devrez l'admettre : émincé et cuisiné avec du lard, du ghee et du citron, il est tout simplement à se pâmer.*

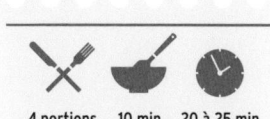

4 portions — 10 min — 20 à 25 min

**Ingrédients**

500 g de choux de Bruxelles
2 cuill. à soupe (30 g) de saindoux, de ghee ou de suif, fondu
2 gousses d'ail, écrasées
2 cuill. à soupe (30 ml) de jus de citron fraîchement pressé
Sel et poivre noir du moulin
6 fines tranches de lard (90 g)

**Infos nutritionnelles par portion**
Glucides totaux : 12,1 g
Fibres : 4,8 g
Glucides nets : 7,3 g
Protéines : 7,4 g
Matières grasses : 13,5 g
Énergie : 188 kcal
Répartition des macronutriments : calories provenant des glucides (16 %), des protéines (16 %), des matières grasses (68 %)

Préchauffez le four à 200 °C (thermostat 6-7). Lavez les choux de Bruxelles et enlevez les feuilles fanées ou décolorées. Mettez les choux dans un robot équipé d'un disque éminceur et émincez-les finement. Mélangez l'ail et le saindoux fondu.

Répartissez les choux de Bruxelles émincés sur une grande plaque de cuisson et arrosez-les de saindoux fondu à l'ail et de jus de citron. Salez et poivrez. Ajoutez le lard et mélangez soigneusement.

Enfournez pour 15 à 20 minutes, en remuant à deux reprises pour que la cuisson soit homogène. Lorsque la préparation est prête, sortez-la du four et réservez quelques minutes avant de servir en accompagnement, ou bien avec un œuf sur le plat pour un délicieux petit déjeuner cétogène.

# Légumes braisés au curcuma

Dans cette spécialité préparée en un tour de main, les épices indiennes et le curcuma donnent aux légumes frais une couleur éclatante tout en les parfumant.

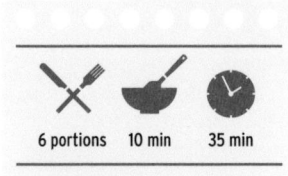

6 portions — 10 min — 35 min

## Ingrédients

3 courgettes de taille moyenne (600 g)
1 aubergine de taille moyenne (500 g)
2 tomates de taille moyenne (200 g)
1 petit oignon blanc (70 g)
56 g de ghee, de saindoux ou de suif
2 gousses d'ail, écrasées
1 cuill. à café de curcuma moulu
½ cuill. à café de coriandre moulue
½ cuill. à café de cumin moulu
¼ cuill. à café de gingembre moulu
1 étoile d'anis
½ cuill. à café de cannelle
Sel et poivre noir du moulin

## Infos nutritionnelles par portion

Glucides totaux : 11,4 g
Fibres : 4,8 g
Glucides nets : 6,6 g
Protéines : 2,7 g
Matières grasses : 9,9 g
Énergie : 136 kcal
Répartition des macronutriments : calories provenant des glucides (21 %), des protéines (8 %), des matières grasses (71 %)

Lavez tous les légumes. À l'aide d'un épluche-légumes ou d'un couteau bien aiguisé, découpez des lanières de courgettes. Vous pouvez aussi les détailler en dés de taille moyenne. Lavez l'aubergine et découpez-la en morceaux de 2,5 cm d'épaisseur. Concassez les tomates. Pelez et émincez finement l'oignon.

Huilez une grande casserole à fond épais ou une cocotte avec le ghee et faites revenir l'ail et l'oignon 5 à 8 minutes jusqu'à ce qu'ils soient bien dorés, en remuant régulièrement pour qu'ils ne brûlent pas.

Baissez légèrement le feu et incorporez l'aubergine et les courgettes. Ajoutez toutes les épices, le sel et le poivre, puis mélangez soigneusement. Couvrez et laissez mijoter 15 à 20 minutes. Incorporez les tomates concassées et prolongez la cuisson de 5 à 10 minutes, jusqu'à ce que les légumes soient tendres. Retirez du feu. Servez ces légumes avec une viande.

# Copeaux d'asperges au parmesan

Cet accompagnement croquant et frais se marie très bien au poisson et à la volaille. À savoir : l'asperge crue est riche en prébiotiques qui améliorent la digestion et favorisent la perte de poids.

4 portions — 5 min — 5 min

### Ingrédients
600 g d'asperges
120 g de parmesan râpé ou en copeaux
2 cuill. à soupe (30 ml) de jus de citron
3 cuill. à soupe (45 ml) d'huile d'olive vierge extra
Sel et poivre noir du moulin

### Infos nutritionnelles par portion
Glucides totaux : 7,3 g
Fibres : 3,2 g
Glucides nets : 4,1 g
Protéines : 14,1 g
Matières grasses : 18,1 g
Énergie : 238 kcal
Répartition des macronutriments : calories provenant des glucides (7 %), des protéines (24 %), des matières grasses (69 %)

Lavez les asperges et coupez-les en fines lanières à l'aide d'un épluche-légumes. Répartissez sur les assiettes et parsemez de parmesan. Arrosez d'un filet d'huile d'olive et d'un trait de jus de citron. Salez et poivrez. À servir en garniture d'un plat de viande.

**Conseil**

*Vous n'êtes pas fan de l'asperge crue ? Alors faites-la cuire au four ! Préchauffez le four à 220 °C (thermostat 7-8). Enlevez les extrémités dures des asperges. Arrosez les asperges d'huile et de jus de citron, salez, poivrez et mélangez. Parsemez de parmesan et enfournez pour 5 à 7 minutes.*

Plus de gras moins de sucre

# Desserts et boissons

Trouver des desserts et des boissons pauvres en glucides et cétogènes est parfois bien difficile. Heureusement qu'il y a les recettes de ce chapitre ! Si vous mangez cétogène, la préparation de vos repas demande souvent un peu de temps. C'est pourquoi des boissons céto-compatibles, comme des smoothies pour le petit déjeuner, peuvent remplacer un repas lorsque vous êtes pressé. Et pour les desserts, sachez que ce chapitre présente des merveilles low-carb, sans céréales et sans sucre. De quoi apaiser vos fringales de sucreries (attention toutefois à ne pas en abuser) !

# Céto-smoothie onctueux

Savourez ce sublime smoothie pauvre en glucides qui va vous booster : grâce à sa dose d'huile TCM, il donne de l'énergie très rapidement.

1 portion   5 min   5 min

## Ingrédients
120 ml de lait de coco
ou de crème fraîche épaisse
120 ml de lait d'amande
1 cuill. à soupe (15 g) d'huile TCM
1 gousse de vanille ou 1 cuill.
à café d'extrait de vanille
sans sucre
35 g de framboises, de mûres
ou de fraises, fraîches
ou surgelées
25 g de protéines de lactosérum
ou de blanc d'œuf en poudre
Quelques glaçons
Facultatif : 3 à 5 gouttes
de stévia liquide ou 1 cuill.
à soupe (10 g) d'érythritol
Facultatif : 1 cuill. à soupe (16 g)
de beurre de noix de
macadamia ou de beurre
de fruits à coque grillés (p. 38)

## Infos nutritionnelles par portion
Glucides totaux : 7,5 g
Fibres : 1,2 g
Glucides nets : 6,3 g
Protéines : 23,1 g
Matières grasses : 38,6 g
Énergie : 452 kcal
Répartition des macronutriments :
Calories provenant des glucides (5 %), des protéines (20 %), des matières grasses (75 %)

Lavez les fruits rouges. Réunissez tous les ingrédients dans le bol d'un blender et mixez jusqu'à obtention d'une préparation homogène. Voilà, c'est prêt ! Vous pouvez ajouter quelques gouttes de stévia liquide ou d'érythritol si vous appréciez les saveurs plus sucrées. Une cuillerée de beurre de fruits à coque rendra le smoothie plus riche en matières grasses et lui donnera une consistance plus épaisse.

### Conseil
*Les triglycérides à chaîne moyenne (TCM) sont des graisses saturées que l'organisme digère très rapidement. Les TCM, qu'on trouve essentiellement dans l'huile de noix de coco, ne se comportent pas comme les autres graisses dans l'organisme : une fois ingérées, elles passent directement dans le foie, pour être aussitôt utilisées comme énergie. On les retrouve aussi dans le beurre et dans l'huile de palme, en plus petites quantités toutefois. Les TCM sont utilisées par les sportifs pour améliorer leurs performances. Elles sont aussi précieuses pour qui veut perdre de la masse graisseuse. Contrairement à l'huile de noix de coco et au beurre, les huiles TCM pures ne se figent pas lorsqu'elles sont froides, ce qui permet de les utiliser pour la préparation de smoothies frais.*

# Ice-tea rafraîchissant aux glaçons de fruits rouges

Cette boisson fraîche sans sucre, à siroter par temps chaud, contient de la menthe fraîche. Elle est servie avec de jolis glaçons renfermant des fruits rouges.

4 portions    5 min    2 heures

### Ingrédients

475 à 700 ml d'eau frémissante
4 sachets de thé vert, blanc ou noir haut de gamme
3 à 4 cuill. à soupe (24 à 32 g) de gingembre
2 petites poignées de feuilles de menthe
140 g de fruits rouges, comme des mûres, des framboises, des fraises ou des myrtilles
1 litre d'eau, et un peu plus pour les glaçons
120 ml de jus de citron frais
Facultatif : 5 à 10 gouttes de stévia liquide ou 2 cuill. à soupe (20 g) d'érythritol

### Infos nutritionnelles par portion

Glucides totaux : 3,9 g
Fibres : 0,5 g
Glucides nets : 3,4 g
Protéines : 1 g
Matières grasses : 0,2 g
Énergie : 20 kcal
Répartition des macronutriments : calories provenant des glucides (70 %), des protéines (21 %), des matières grasses (9 %)

Versez l'eau frémissante sur les sachets de thé. Laissez infuser 3 à 5 minutes, puis retirez les sachets et jetez-les. Versez le thé dans un grand pichet, puis ajoutez le gingembre et la menthe, en réservant quelques feuilles de menthe pour garnir. Laissez reposer et infuser le thé jusqu'à ce qu'il ait refroidi.

Pendant ce temps, préparez les glaçons aux fruits rouges. Lavez les fruits, et mettez-en 1 ou 2 dans chaque compartiment du bac à glaçons. Remplissez celui-ci d'eau, et placez-le 2 heures au congélateur, jusqu'à ce que les glaçons soient prêts.

Lorsque le thé est prêt, filtrez-le à l'aide d'une passoire, ajoutez le jus de citron et réservez au réfrigérateur une heure au moins, jusqu'à ce que la boisson soit bien fraîche. Servez avec les glaçons aux fruits rouges et garnissez avec la menthe fraîche ou des rondelles de citron. Si vous le souhaitez, vous pouvez ajouter de l'édulcorant.

# Café aux épices et au potiron

À quoi bon acheter des latte à emporter, bourrés de sucre ? Riche en matières grasses bénéfiques pour la santé, ce café crémeux et épicé est un véritable repas qui tient dans une tasse !

1 portion   5 min   5 min

Préparez le café. Mettez-le dans le bol d'un blender, avec tous les autres ingrédients. Mixez jusqu'à obtention d'un mélange lisse et mousseux. Ajoutez les édulcorants. Si vous le souhaitez, garnissez de crème fouettée ou de lait de coco.

## Ingrédients
120 ml de café noir
1 cuill. à soupe (20 g) de purée de potiron
60 ml de crème fraîche épaisse ou de lait de coco
1 cuill. à soupe (15 ml) d'huile TCM ou d'huile de noix de coco
½ cuill. à café d'extrait de vanille sans sucre
1 cuill. à café de mélange d'épices pour potiron (cannelle moulue, noix de muscade, clous de girofle, gingembre, piment de la Jamaïque)
3 à 5 gouttes de stévia liquide ou 1 cuill. à soupe (10 g) d'érythritol
Facultatif : crème fouettée ou lait de coco pour garnir

## Infos nutritionnelles par portion
Glucides totaux : 5 g
Fibres : 1,7 g
Glucides nets : 3,3 g
Protéines : 1,6 g
Matières grasses : 36,1 g
Énergie : 347 kcal
Répartition des macronutriments : calories provenant des glucides (4 %), des protéines (2 %), des matières grasses (94 %)

# Latte au chaï et au curcuma

Ce latte onctueux préparé avec du chaï contient une épice aux propriétés anti-inflammatoires reconnues. On prête aussi au curcuma des vertus bénéfiques pour l'estomac, le foie et la peau.

1 portion — 5 min — 5 min

### Ingrédients

½ cuill. à café de gingembre moulu (ou 1 cuill. à café de gingembre frais)
¼ cuill. à café de cannelle
2 gousses de cardamome
1 gousse de vanille ou 1 cuill. à café d'extrait de vanille en poudre
1 pincée de poivre noir du moulin
1 pincée de sel
360 ml d'eau
60 ml de lait de coco ou de crème fraîche épaisse
1 cuill. à café de curcuma moulu
1 cuill. à soupe (15 ml) d'huile TCM ou d'huile de noix de coco
Facultatif : 3 à 5 gouttes de stévia liquide ou 1 cuill. à soupe (10 g) d'érythritol
Facultatif : crème fouettée ou lait de coco saupoudré de cannelle

### Infos nutritionnelles par portion

Glucides totaux : 3,9 g
Fibres : 0,7 g
Glucides nets : 3,2 g
Protéines : 1,4 g
Matières grasses : 25,3 g
Énergie : 237 kcal
Répartition des macronutriments :
calories provenant des glucides (5 %), des protéines (2 %), des matières grasses (93 %)

Commencez par préparer le concentré de chaï. Réunissez le gingembre, la cannelle, la cardamome, l'extrait de vanille (ou les graines d'une gousse de vanille), le poivre noir et le sel dans une casserole. Ajoutez l'eau et portez à ébullition. Réduisez le feu et laissez frémir jusqu'à ce que le mélange ait réduit de moitié. Lorsque le concentré est prêt, retirez la casserole du feu et filtrez le mélange à l'aide d'une passoire fine. Jetez les épices.

Préparez le lait au curcuma. Dans une casserole, mélangez le lait de coco et le curcuma moulu, et portez à ébullition. Laissez frémir à feu doux 5 minutes environ. Versez le concentré de chaï, le lait au curcuma, l'huile TCM et la stévia liquide, le cas échéant, dans le bol d'un blender et mixez jusqu'à obtention d'un mélange mousseux (en mixant, vous empêcherez l'huile de rester à la surface). Versez dans un verre et dégustez chaud. Si vous le souhaitez, garnissez la boisson de crème fouettée ou de lait de coco.

# Chocolat chaud onctueux

Faites-vous plaisir avec ce chocolat low-carb, à déguster un soir d'hiver ou au petit déjeuner. Cette boisson chaude est aussi suffisamment consistante pour faire un repas à part entière.

1 portion  5 min  5 min

### Ingrédients
60 ml de lait de coco ou de crème fraîche épaisse
180 ml d'eau ou de lait d'amande
2 cuill. à soupe (30 g) de beurre de fruits à coque grillés (p. 38) ou de beurre de noisette au chocolat (p. 42)
2 cuill. à soupe (10 g) de cacao en poudre sans sucre
1 pincée de piment de Cayenne
1 cuill. à soupe (15 ml) d'huile TCM ou d'huile de noix de coco
Facultatif : 3 à 5 gouttes de stévia liquide ou 1 cuill. à soupe (10 g) d'érythritol
Facultatif : crème fouettée ou lait de coco et chocolat noir râpé, pour garnir

### Infos nutritionnelles par portion
Glucides totaux : 13,4 g
Fibres : 7 g
Glucides nets : 6,4 g
Protéines : 7,1 g
Matières grasses : 46,7 g
Énergie : 453 kcal
Répartition des macronutriments : calories provenant des glucides (5 %), des protéines (6 %), des matières grasses (89 %)

Versez le lait de coco et l'eau dans une casserole, et portez à ébullition à feu moyen. Ajoutez le beurre de fruits à coque, le cacao en poudre et le piment de Cayenne, et mélangez soigneusement. Retirez du feu et ajoutez l'huile TCM.

Mélangez bien jusqu'à obtention d'une boisson homogène, puis servez dans une tasse ou dans un verre. Si vous le souhaitez, ajoutez l'édulcorant facultatif, puis couronnez de crème fouettée ou de lait de coco et parsemez d'un peu de chocolat noir râpé.

# Lait de poule

Cette boisson inspirée du lait de poule traditionnel permet de se faire plaisir tout en conservant une alimentation pauvre en glucides : n'attendez pas les fêtes de fin d'année pour la siroter !

2 portions — 5 min — 5 min

### Ingrédients
- 2 gros jaunes d'œufs de poules élevées en liberté
- 10 à 15 gouttes de stévia liquide ou 2 cuill. à soupe (20 g) d'érythritol en poudre
- 240 ml de crème fraîche épaisse ou de lait de coco
- 240 ml de lait d'amande
- 60 ml de rhum vieux agricole ou 1 cuill. à café d'arôme de rhum
- 1 gousse de vanille ou 1 cuill. à café d'extrait de vanille
- ½ cuill. à café de noix de muscade moulue
- ¼ cuill. à café de cannelle moulue
- Facultatif : 2 blancs d'œufs (de poules élevées en liberté) en neige couronnés de 56 g de crème fouettée

### Infos nutritionnelles par portion
- Glucides totaux : 6,2 g
- Fibres : 1,6 g
- Glucides nets : 4,6 g
- Protéines : 5,6 g
- Matières grasses : 51,8 g
- Énergie : 581 kcal
- Répartition des macronutriments : calories provenant des glucides (4 %), des protéines (4 %), des matières grasses (92 %)

Voici quatre variations sur le thème du lait de poule :

**Classique :** fouettez les jaunes d'œufs avec la stévia liquide ou l'érythritol jusqu'à obtention d'un mélange crémeux. Ajoutez la crème, le lait d'amande et le rhum, et mélangez soigneusement. Complétez avec la noix de muscade, la cannelle et la vanille. Servez glacé ou avec des glaçons.

**Lait de poule sans alcool :** suivez la recette ci-dessous, mais remplacez l'alcool par de l'arôme de rhum. Si besoin, utilisez plus d'eau, de lait d'amande et de crème.

**Aux blancs d'œufs :** pour utiliser les blancs des œufs, battez-les en neige jusqu'à ce qu'ils forment des pics souples. Si nécessaire, ajoutez davantage d'édulcorant. Servez les œufs en neige sur le lait de poule ou incorporez-les à la boisson, pour lui donner une texture mousseuse.

**Avec des œufs cuits :** dans un récipient résistant à la chaleur, mélangez les jaunes d'œufs, la moitié du lait d'amande et la moitié de la crème. Ajoutez la vanille, la noix de muscade, la cannelle et l'édulcorant. Posez le récipient sur une casserole contenant de l'eau frémissante et faites cuire 5 à 8 minutes, en remuant sans discontinuer. Retirez du feu et incorporez ce qui reste de crème et de lait d'amande. Ajoutez le rhum. Servez chaud ou laissez refroidir, réservez au réfrigérateur et servez avec des glaçons.

### Conseil

*Pour éviter tout risque avec des préparations à base d'œufs crus, utilisez des œufs pasteurisés. Pour réaliser la pasteurisation vous-même, c'est très simple : il suffit de mettre les œufs à température ambiante dans une casserole et d'y verser suffisamment d'eau pour que les œufs, lorsque vous les ajouterez, soient couverts. Chauffez l'eau à 60 °C environ. Lorsque cette température est atteinte, posez délicatement les œufs dans l'eau, à l'aide d'une cuillère, et laissez-les dans la casserole 3 minutes environ. Cela devrait suffire à pasteuriser les œufs et à détruire d'éventuelles bactéries. Laissez refroidir les œufs et conservez-les au réfrigérateur, où ils se garderont 6 à 8 semaines.*

# Barres aux mûres et à la noix de coco

Riches en matières grasses bénéfiques pour la santé, ces barres sont une alternative idéale au chocolat. C'est aussi un excellent en-cas low-carb, à consommer avant de faire du sport.

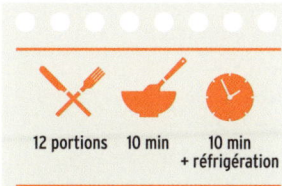

12 portions — 10 min — 10 min + réfrigération

## Ingrédients

30 g de noix de coco séchée, en copeaux
250 g de beurre de noix de coco
55 ml d'huile de noix de coco vierge extra
60 g de beurre ou davantage d'huile de noix de coco
70 g de mûres, non sucrées et surgelées
¼ cuill. à café de sel
Facultatif : 2 cuill. à soupe (20 g) d'érythritol et 15 à 20 gouttes de stévia liquide

## Infos nutritionnelles par portion

Glucides totaux : 5,5 g
Fibres : 3,8 g
Glucides nets : 1,7 g
Protéines : 1,5 g
Matières grasses : 21,7 g
Énergie : 211 kcal
Répartition des macronutriments : calories provenant des glucides (3 %), des protéines (3 %), des matières grasses (94 %)

Faites dorer les copeaux de noix de coco à sec dans une poêle, à feu moyen. Remuez régulièrement pour les empêcher de brûler. Lorsque les copeaux sont prêts, réservez-les.

Dans un saladier, réunissez le beurre de noix de coco, l'huile de noix de coco, le beurre (ou davantage d'huile de noix de coco), l'érythritol en poudre et la stévia liquide si vous vous en servez, et faites fondre le tout au bain-marie. Attention, utilisez bien du beurre de noix de coco (préparé avec la chair de la noix), et non de la crème obtenue à partir du lait de coco. Pour réaliser le bain-marie, placez tout simplement le saladier sur une casserole contenant de l'eau frémissante et remuez jusqu'à ce que tous les ingrédients aient fondu. Le saladier doit être plus grand que la casserole et ne pas être en contact direct avec l'eau. Seule la vapeur d'eau chauffe le récipient.

Posez une feuille de papier cuisson sur une assiette. Versez-y la préparation et garnissez-la de copeaux de coco grillés et de mûres surgelées. Salez. Vous pouvez utiliser du sel fin ou du gros sel.

Réservez au réfrigérateur 30 minutes au moins, jusqu'à ce que la préparation se soit figée. Lorsqu'elle est prête, coupez-la en 12 et conservez-la au réfrigérateur. Se garde trois jours au réfrigérateur et trois mois au congélateur.

### Conseil

*Si le cœur vous en dit, remplacez les mûres par des framboises, des fraises ou des myrtilles.*

# Granola aux épices, au chocolat et à l'orange

Facile à préparer, le granola sans céréales est un excellent dessert ou en-cas.

10 portions — 5 min — 1 h

### Ingrédients
140 g d'amandes
100 g de noix de pécan
75 g de noix de coco séchée en poudre
60 g de noix de coco séchée en copeaux
50 g de farine d'amande
30 g de graines de chia
30 g de graines de potiron
50 g de protéines de lactosérum en poudre ou de protéines de blanc d'œuf en poudre provenant de poules élevées en liberté, nature ou au chocolat
80 g d'érythritol
20 g de cacao en poudre, non sucré
2 cuill. à soupe (12 g) de zeste frais d'orange bio (ou 1 cuill. à soupe/6 g de zeste séché)
1 cuill. à soupe (7 g) de cannelle
½ cuill. à café de sel

### Ingrédients humides
1 gros blanc d'œuf de poule élevée en liberté
56 g de beurre, de ghee ou d'huile de noix de coco, fondu
15 à 20 gouttes de stévia liquide
2 cuill. à soupe (30 ml) d'eau

Préchauffez le four à 150 °C (thermostat 5). Hachez grossièrement les amandes et les noix de pécan. Réunissez tous les ingrédients secs – c'est-à-dire des amandes jusqu'au sel – dans un saladier, et mélangez soigneusement.

Ajoutez le blanc d'œuf, le beurre fondu, le ghee ou l'huile, la stévia liquide et l'eau. Mélangez soigneusement, jusqu'à ce que l'ensemble donne une pâte friable.

Posez le mélange sur une plaque de cuisson tapissée de papier cuisson. Enfournez pour 30 à 40 minutes, en retournant la plaque de cuisson à mi-cuisson. Sortez le granola du four et laissez refroidir.

Lorsqu'il est à température ambiante, mettez-le dans un récipient en verre. Savourez-le au petit déjeuner, accompagné de lait de coco, de lait d'amande, de crème, de yaourt entier ou de crème aigre.

**Infos nutritionnelles par portion**
(80 g)
Glucides totaux : 15,7 g
Fibres : 10,6 g
Glucides nets : 5,1 g
Protéines : 13,2 g
Matières grasses : 28,9 g
Énergie : 344 kcal
Répartition des macronutriments : calories provenant des glucides (6 %), des protéines (16 %), des matières grasses (78 %)

# Truffes au chocolat

Ces truffes sont céto-compatibles : savourez-en quelques-unes si vous avez du mal à consommer suffisamment de matières grasses.

15 truffes — 10 min — 10 min + réfrigération

## Ingrédients

125 g de beurre de noix de coco
55 ml d'huile de noix de coco vierge extra
110 g de beurre ou davantage d'huile de noix de coco
3 cuill. à soupe (25 g) de cacao en poudre sans sucre
15 à 20 gouttes de stévia liquide
Facultatif : 2 cuill. à soupe (20 g) d'érythritol en poudre
Facultatif : 1 cuill. à café d'arôme de noisette, de cerise ou d'amande, ou 1 pincée de piment de Cayenne

## Infos nutritionnelles par truffe

Glucides totaux : 2,7 g
Fibres : 1,8 g
Glucides nets : 0,9 g
Protéines : 0,9 g
Matières grasses : 14,4 g
Énergie : 134 kcal
Répartition des macronutriments : calories provenant des glucides (3 %), des protéines (2 %), des matières grasses (95 %)

Laissez ramollir le beurre de noix de coco, l'huile de noix de coco et le beurre à température ambiante (attention, ils ne doivent pas fondre). Veillez à bien utiliser du beurre de coco pour cette recette, qui est préparé avec la chair de la noix de coco, et non de la crème de lait de coco.

Mélangez tous les ingrédients dans le bol d'un robot, en réservant un peu de cacao pour plus tard. Mixez jusqu'à obtention d'un mélange homogène.

Tapissez une plaque de cuisson avec du papier cuisson (ou servez-vous d'un tapis à pâtisserie antiadhésif) et formez 15 petites truffes à l'aide d'une cuillère. Réservez au réfrigérateur 30 à 60 minutes.

Sortez les truffes du réfrigérateur et parsemez-les avec ce qui reste de cacao. Elles se gardent une semaine au réfrigérateur ou trois mois au congélateur.

# Crème brûlée céto

Ma version low-carb et paléo-compatible de ce célèbre dessert comprend un ingrédient spécial permettant d'obtenir une croûte caramélisée qui n'a rien à envier à l'original !

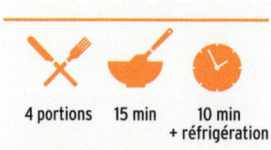

4 portions — 15 min — 10 min + réfrigération

### Ingrédients

**Crème**
480 ml de crème fraîche épaisse ou de lait de coco
2 gousses de vanille ou 2 cuill. à café d'extrait de vanille sans sucre
5 gros jaunes d'œufs de poules élevées en liberté
40 g d'érythritol
15 à 20 gouttes de stévia liquide

**Croûte**
6 cuill. à café (20 g) d'érythritol

### Infos nutritionnelles par portion

Glucides totaux : 5,6 g
Fibres : 0,7 g
Glucides nets : 4,9 g
Protéines : 5,7 g
Matières grasses : 51,2 g
Énergie : 513 kcal
Répartition des macronutriments :
calories provenant des glucides (4 %), des protéines (5 %), des matières grasses (91 %)

Préchauffez le four à 160 °C (thermostat 3). Mettez la crème dans une casserole et faites-la chauffer à feu moyen.

Fendez les gousses de vanille en deux dans le sens de la longueur, ouvrez-les et prélevez les graines pour les incorporer à la crème (ou ajoutez l'extrait de vanille sans sucre). Laissez frémir 5 minutes environ. Baissez le feu si nécessaire pour empêcher la crème de déborder. Retirez du feu et réservez.

Séparez les blancs des jaunes d'œufs et réservez les blancs, vous vous en servirez dans une autre recette. Dans un bol, fouettez les jaunes avec l'érythritol et la stévia liquide. Réservez un peu d'érythritol pour le dessus (1½ cuillère à café par portion).

Incorporez lentement la crème chaude aux jaunes d'œufs, sans cesser de fouetter. Ne versez pas tout d'un coup, vous risqueriez de faire cuire les jaunes d'œufs. Servez-vous d'une passoire pour retirer les petites graines de vanille et jetez-les.

Placez quatre ramequins dans un plat profond allant au four et contenant 250 à 500 ml d'eau frémissante. L'eau doit arriver à un tiers environ de la hauteur des ramequins, qui doivent être remplis aux trois quarts. Couvrez le plat de papier cuisson, sans fermer complètement.

Enfournez pour 40 à 45 minutes. La crème doit être figée à l'extérieur et moelleuse à l'intérieur. Lorsqu'elle est prête, sortez-la du four. Retirez les ramequins du plat et laissez-les refroidir. Lorsque les crèmes sont à température ambiante, réservez-les au réfrigérateur jusqu'à ce qu'elles soient froides.

Sortez les ramequins du réfrigérateur 30 minutes avant de les servir et saupoudrez chaque crème de 1 ½ cuillère à café d'érythritol. Passez-les sous le gril pendant 3 à 5 minutes environ, pour les caraméliser, ou servez-vous d'un chalumeau de cuisine.

# Glace express à la framboise

Cette crème glacée estivale, excellente pour la santé, se prépare sans sorbetière, en moins de 5 minutes chrono !

1 portion — 5 min — 5 min

### Ingrédients

75 g de framboises, sans sucre et surgelées

25 g de protéines de lactosérum ou de blanc d'œuf en poudre : arôme fruits rouges, vanille ou nature

60 ml de lait de coco ou de crème fraîche épaisse

1 cuill. à soupe (15 ml) d'huile TCM

Facultatif : 5 à 10 gouttes de stévia liquide

### Infos nutritionnelles par portion

Glucides totaux : 7,7 g
Fibres : 1,9 g
Glucides nets : 5,8 g
Protéines : 21,9 g
Matières grasses : 25,3 g
Énergie : 330 kcal
Répartition des macronutriments : calories provenant des glucides (7 %), des protéines (26 %), des matières grasses (67 %)

Réunissez tous les ingrédients dans le bol d'un blender et mixez jusqu'à obtention d'un mélange homogène. À déguster sans attendre. Vous pouvez aussi mettre la glace dans un récipient hermétique et la conserver au congélateur.

### Conseil

*N'hésitez pas à décliner cette recette avec d'autres fruits rouges : les fraises, les mûres et les framboises sont les variétés contenant le moins de glucides nets. Vous n'aurez peut-être même pas besoin d'édulcorant, les fruits étant suffisamment sucrés pour donner une saveur douce à la crème glacée.*

# Crumble à la mûre et à la rhubarbe

Les mûres et la rhubarbe comptent parmi les fruits les plus pauvres en glucides. Associez-les dans ce crumble sans céréales, à servir garni d'une cuillerée de yaourt entier ou de crème aigre.

12 portions   20 min   1 h

### Ingrédients
300 g de rhubarbe, fraîche ou surgelée
300 g de mûres, fraîches ou surgelées
40 g d'érythritol
15 à 20 gouttes de stévia liquide
½ cuill. à café de cannelle moulue
½ cuill. à café de gingembre moulu
2 cuill. à soupe (16 g) de graines de chia moulues

**Pâte**
150 g de farine d'amande
150 g de noix de macadamia, grossièrement hachées
50 g de noix ou de noix de pécan, grossièrement hachées
25 g de protéines de lactosérum ou de blanc d'œuf en poudre, nature ou à la vanille
½ cuill. à café de cannelle
¼ cuill. à café de sel
50 g d'érythritol
1 gros blanc d'œuf
56 g de beurre ou d'huile de noix de coco, froide
10 à 15 gouttes de stévia liquide

Préchauffez le four à 200 °C (thermostat 6-7). Lavez, pelez la rhubarbe et coupez-la en morceaux.

Si vous utilisez des mûres fraîches, lavez-les. Réunissez les fruits dans un plat allant au four. Parsemez-les d'érythritol, de cannelle et de gingembre, arrosez-les de stévia liquide et mélangez soigneusement. Enfournez pour 20 minutes environ. Remuez une ou deux fois pour empêcher la préparation de brûler. Lorsque la cuisson des fruits est achevée, réservez-les.

Réduisez la température du four à 150 °C (thermostat 3). Ajoutez les graines de chia moulues aux fruits cuits et mélangez.

Préparez la pâte du crumble. Hachez grossièrement les noix. Dans un saladier, réunissez la farine d'amande, les noix hachées, la poudre de protéines, la cannelle, le sel et l'érythritol, et mélangez soigneusement. Ajoutez le blanc d'œuf, le beurre froid et la stévia liquide.

Malaxez les ingrédients avec vos mains, jusqu'à obtention d'une pâte friable. Parsemez les fruits cuits avec des morceaux de pâte, puis remettez le plat au four. Enfournez pour 20 minutes, jusqu'à ce que la pâte soit dorée. Surveillez-la attentivement – les fruits à coque brûlent rapidement. Sortez le crumble du four et laissez-le reposer quelques minutes avant de servir.

### Infos nutritionnelles par portion
Glucides totaux : 9,7 g
Fibres : 5,4 g
Glucides nets : 4,3 g
Protéines : 7,1 g
Matières grasses : 22,2 g

Énergie : 248 kcal
Répartition des macronutriments : calories provenant des glucides (7 %), des protéines (11 %), des matières grasses (82 %)

# Pain à la crème de fraises

Cette recette est inspirée de mon pain à la crème de potiron et d'orange, l'une des recettes fétiches de mon blog.

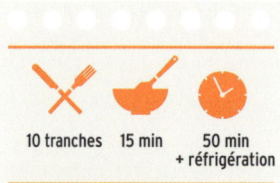

10 tranches   15 min   50 min + réfrigération

### Ingrédients

**Pain**

3 gros œufs de poules élevées en liberté, séparés

50 g d'érythritol

15 à 20 gouttes de stévia liquide

1 gousse de vanille ou 1 cuill. à café d'extrait de vanille sans sucre

3 cuill. à soupe (45 g) de beurre, de ghee ou d'huile de noix de coco, mou

75 g de farine d'amande

30 g de farine de noix de coco

½ cuill. à café de bicarbonate de soude

60 ml de lait de coco ou de lait d'amande

1 cuill. à café de crème de tartre

**Crème**

225 g de fraises, fraîches ou surgelées

500 g de cream cheese

60 g de crème aigre

1 cuill. à soupe (15 ml) de jus de citron

1 gousse de vanille ou 1 cuill. à café d'extrait de vanille sans sucre

50 g d'érythritol

15 à 20 gouttes de stévia liquide

60 ml d'eau très chaude

2 cuill. à soupe (14 g) de gélatine ou 2 cuill. à café d'agar-agar en poudre

**Infos nutritionnelles par portion**
Glucides totaux : 7,4 g
Fibres : 2,4 g
Glucides nets : 5 g
Protéines : 9,1 g
Matières grasses : 25,7 g
Énergie : 268 kcal
Répartition des macronutriments :
calories provenant des glucides (7 %), des protéines (13 %), des matières grasses (80 %)

Préchauffez le four à 175 °C (thermostat 5-6). Tapissez un moule à cake de papier cuisson ou utilisez un moule en silicone. Commencez par préparer l'épaisseur de pain. Séparez les blancs des jaunes d'œufs et mettez-les dans deux saladiers différents. Dans celui contenant les jaunes, ajoutez l'érythritol en poudre et la stévia liquide. Fendez la gousse de vanille en deux dans le sens de la longueur et grattez les graines à l'aide d'un couteau pour les mettre dans le récipient contenant les jaunes d'œufs. Mélangez soigneusement. Ajoutez le beurre mou et fouettez jusqu'à obtention d'une préparation homogène.

Incorporez la farine d'amande, la farine de noix et le bicarbonate de soude, et mélangez bien. Si nécessaire, tamisez les ingrédients secs, pour éviter la formation de grumeaux.

Dans un autre saladier, battez les blancs d'œufs avec la crème de tartre jusqu'à ce qu'ils forment des pics souples. Ajoutez-les dans la pâte et incorporez-les délicatement, en vous efforçant de ne pas les faire retomber.

Versez la pâte dans le moule et enfournez pour 30 minutes environ, jusqu'à ce que la pâte soit ferme et dorée sur le dessus. Lorsqu'elle est prête, sortez-la du four et laissez-la refroidir sur une grille à pâtisserie avant d'ajouter la crème.

Préparez la crème. Lavez les fraises et réduisez-les en purée. Versez celle-ci dans un saladier, et ajoutez le cream cheese, la crème aigre, le jus de citron, l'extrait de vanille, l'érythritol et la stévia liquide.

Versez l'eau chaude dans un saladier et faites-y dissoudre la gélatine. Ensuite, ajoutez lentement la préparation au cream cheese, sans cesser de fouetter. Utilisez un mixeur et mixez à vitesse élevée pour empêcher la gélatine de s'agglutiner.

Si vous vous servez d'agar-agar, faites dissoudre ½ cuillère à soupe (5 g) de poudre (et non de flocons d'agar-agar entiers) dans 60 ml d'eau chaude et portez à ébullition. Laissez frémir 1 ou 2 minutes, puis versez lentement la préparation dans le saladier contenant le cream cheese tout en continuant à mixer à vitesse élevée.

Versez la préparation sur la couche de pain refroidie et laissez l'ensemble se figer au réfrigérateur pendant 4 heures au moins ou une nuit entière. Coupez le dessert en tranches avant de servir.

# Petits roulés à la cannelle

Savourez ces petits roulés légers et sucrés pour terminer un repas léger : riches en fibres, ils rassasient bien.

4 portions    10 min    50 à 60 min

### Ingrédients

**Pâte**
200 g de farine d'amande
40 g de farine de noix de coco
25 g de protéines de lactosérum en poudre ou de protéines de blanc d'œuf en poudre, nature ou vanille, ou davantage de farine d'amande
80 g de téguments de psyllium en poudre
80 g d'érythritol en poudre
15 à 20 gouttes de stévia liquide
¼ cuill. à café de sel
1 cuill. à café de bicarbonate de soude
2 cuill. à café de crème de tartre
2 gros œufs de poules élevées en liberté
6 blancs d'œufs de poules élevées en liberté
300 ml d'eau très chaude

**Garniture**
2 cuill. à soupe (30 g) d'huile de noix de coco, de ghee ou de beurre, mou mais non fondu
1 cuill. à soupe (8 g) de cannelle
40 g d'érythritol
1 pincée de sel

**Glaçage**

80 g de beurre de noix de coco, fondu

1 cuill. à soupe (15 g) d'huile de noix de coco, fondue

Facultatif : 10 à 15 gouttes de stévia liquide ou 2 cuill. à soupe (20 g) d'érythritol en poudre

### Infos nutritionnelles par portion

Glucides totaux : 14,7 g
Fibres : 10,4 g
Glucides nets : 4,3 g
Protéines : 7,7 g
Matières grasses : 19,6 g
Énergie : 230 kcal
Répartition des macronutriments : calories provenant des glucides (8 %), des protéines (14 %), des matières grasses (78 %)

---

Préchauffez le four à 165 °C (thermostat 5-6). Préparez la pâte : dans le bol d'un robot, réunissez la farine d'amande, la farine de noix de coco, les protéines en poudre et les téguments de psyllium en poudre (à savoir : n'utilisez pas de téguments de psyllium entiers ; si nécessaire, réduisez-les en poudre au blender ou dans un moulin à café). Ajoutez l'érythritol en poudre, le sel, la stévia liquide, le bicarbonate de soude et la crème de tartre, puis mixez jusqu'à obtention d'un mélange homogène. Incorporez les œufs et les blancs d'œufs, et mixez soigneusement. Ajoutez l'eau chaude et mixez jusqu'à ce que le mélange soit homogène.

Étalez une feuille de papier cuisson ou une feuille d'aluminium sur une surface plane. Posez la pâte sur le papier et aplatissez-la avec vos mains. Posez une autre feuille de papier cuisson ou d'aluminium sur la pâte. Abaissez-la jusqu'à ce qu'elle fasse environ 1,3 cm d'épaisseur, en lui donnant une forme carrée d'environ 35 cm de côté.

Préparez la garniture. Mélangez l'huile de noix de coco fondue, la cannelle, l'érythritol et le sel jusqu'à ce que l'ensemble soit crémeux. Étalez la préparation à la cannelle sur la pâte, en laissant un bord de 1,5 à 2,5 cm sur chaque côté. Roulez la pâte, puis coupez-la en deux. Ensuite, coupez chaque morceau en 5, de manière à obtenir 10 parts de taille égale.

Posez tous les roulés sur une grande plaque de cuisson, face coupée vers le bas, à l'exception de la première et de la dernière tranche : celles-ci seront posées sur la plaque face coupée vers le haut. Enfournez la plaque de cuisson pour 40 minutes environ. Lorsque la cuisson est achevée, retirez la plaque du four et laissez refroidir les roulés.

Préparez le glaçage. Mélangez le beurre de noix de coco fondu et l'huile de noix de coco. Si vous le souhaitez, ajoutez de la stévia ou de l'érythritol et mélangez soigneusement. Lorsque les roulés ont refroidi, arrosez-les de beurre de noix de coco. Ils se gardent 3 jours à un emplacement frais ou 1 semaine au réfrigérateur.

### Conseil

*Ne jetez pas les jaunes d'œufs ! Utilisez-les dans d'autres recettes, comme l'agneau à l'avgolemono (p. 170), la crème brûlée céto (p. 206), la mayonnaise (p. 28), ou la sauce hollandaise (p. 32).*

# Crêpes au chocolat à la chantilly

Ces exquises crêpes servies avec une sauce au chocolat, de la crème chantilly et des amandes grillées sont un dessert de fête — l'idéal pour un anniversaire ou une autre grande occasion.

4 portions — 10 min — 50 à 60 min

## Ingrédients

**Crêpes**
25 g de cacao en poudre sans sucre
25 g de protéines de lactosérum ou de blanc d'œuf en poudre
2 cuill. à soupe (20 g) d'érythritol en poudre
1 pincée de sel
1 gousse de vanille ou 1 cuill. à café d'extrait de vanille sans sucre
4 gros œufs de poules élevées en liberté
3 cuill. à soupe (45 g) de beurre, de ghee ou d'huile de noix de coco et davantage pour huiler la poêle
60 ml de lait d'amande
10 à 15 gouttes de stévia liquide

**Sauce au chocolat**
50 g de chocolat extra-noir (85 % de cacao ou plus)
1 cuill. à soupe (15 g) de beurre ou d'huile de noix de coco
2 cuill. à soupe (30 ml) de crème ou de lait de coco
30 g d'amandes effilées et grillées

## Crème chantilly

240 ml de crème fraîche épaisse ou de crème de lait de coco
40 g d'érythritol en poudre
10 à 15 gouttes de stévia liquide
1 gousse de vanille ou 1 cuill. à café d'extrait de vanille sans sucre

### Infos nutritionnelles par portion

Glucides totaux : 8,5 g
Fibres : 3,3 g
Glucides nets : 5,2 g
Protéines : 11,4 g
Matières grasses : 36,7 g
Énergie : 395 kcal
Répartition des macronutriments : calories provenant des glucides (5 %), des protéines (12 %), des matières grasses (83 %)

---

Commencez par la pâte à crêpes. Tamisez le cacao dans un saladier, puis ajoutez la poudre de protéines, l'érythritol en poudre et le sel. Mélangez soigneusement.

Fendez la gousse de vanille en deux dans le sens de la longueur et prélevez les graines pour les mettre dans le saladier. Ajoutez les œufs, deux cuillères à soupe (28 g) de beurre fondu ou d'huile de noix de coco, le lait d'amande et la stévia liquide. Mélangez soigneusement jusqu'à obtention d'une pâte lisse et crémeuse. Laissez reposer 10 minutes environ avant de commencer la préparation des crêpes.

Pendant ce temps, préparez la sauce au chocolat. Cassez le chocolat en petits morceaux et mettez-les dans un récipient résistant à la chaleur. Ajoutez l'huile de noix de coco ou le beurre. Posez le récipient sur une casserole contenant de l'eau frémissante. Attention : l'eau ne doit pas toucher le récipient. C'est la vapeur d'eau qui va le chauffer. Faites fondre lentement le chocolat, en remuant régulièrement. Retirez du feu, ajoutez lentement la crème ou le lait de coco et mélangez soigneusement. Réservez au chaud.

Si les amandes que vous utilisez ne sont pas déjà grillées, faites-les dorer à sec dans une poêle pendant 1 ou 2 minutes, jusqu'à ce qu'elles soient croustillantes.

Préparez la chantilly. Fouettez la crème fraîche, puis incorporez petit à petit l'érythritol en poudre, la stévia liquide et l'extrait de vanille, sans cesser de fouetter. Réservez au réfrigérateur.

Huilez une poêle antiadhésive de taille moyenne avec un peu d'huile de noix de coco ou de ghee (n'utilisez pas de beurre, qui brûlerait). Remuez de nouveau la pâte à crêpe, pour qu'elle soit bien homogène. Lorsque la poêle est bien chaude, versez-y une petite louchée de pâte, pour obtenir une crêpe d'environ 20 cm de diamètre.

Faites tourner la poêle ou servez-vous de la louche pour répartir la pâte. Laissez cuire une minute environ, jusqu'à ce que la pâte soit figée. Retournez la crêpe à l'aide d'une spatule, puis faites cuire l'autre côté 30 secondes environ. Transférez la crêpe sur une assiette et couvrez-la avec un torchon pour la maintenir au chaud. Renouvelez l'opération pour les cinq crêpes restantes, en huilant de nouveau la poêle entre deux crêpes si nécessaire.

Pour servir, répartissez la chantilly sur une moitié de chaque crêpe. Rabattez l'autre moitié sur la crème, puis pliez de nouveau, en quartiers. Nappez de sauce au chocolat et parsemez d'amandes grillées.

# Pancakes au lard croustillant

Voici un délicieux dessert sucré-salé, adapté au régime cétogène et parfait pour les adeptes des plats originaux.

8 pancakes　15 min　30 min

### Ingrédients

**Pancakes**
8 fines tranches de lard (120 g)
30 g de farine de noix de coco
75 g de farine d'amande
25 g de protéines de lactosérum ou de protéines de blanc d'œuf provenant de poules élevées en liberté, nature ou à la vanille
40 g d'érythritol en poudre
½ cuill. à café de bicarbonate de soude
1 cuill. à café de crème de tartre
4 gros œufs de poules élevées en liberté
55 g d'huile de noix de coco, de ghee ou de beurre, fondu, et un peu plus pour la cuisson
120 ml de lait d'amande (ou 60 ml de lait de coco plus 60 ml d'eau)
10 à 15 gouttes de stévia liquide

**Dip au chocolat**
2 cuill. à soupe (10 g) de cacao en poudre, non sucré
55 g d'huile de noix de coco vierge extra
2 cuill. à soupe (20 g) d'érythritol en poudre

Commencez par préparer le lard croustillant. Préchauffez le four à 190 °C (thermostat 6-7). Tapissez une plaque de cuisson avec du papier de cuisson. Posez les tranches de lard à plat sur le papier, sans qu'elles se chevauchent. Enfournez et laissez dorer 10 à 15 minutes, jusqu'à ce que le lard soit bien croustillant. Sortez la plaque de cuisson du four et posez le lard sur une assiette.

Préparez les crêpes : dans un saladier, mélangez soigneusement la farine de noix de coco, la farine d'amande, les protéines de lactosérum en poudre, l'érythritol, le bicarbonate de soude et la crème de tartre.

Dans un autre saladier, cassez les œufs, puis ajoutez l'huile de noix de coco fondue, le lait d'amande et la stévia liquide. Incorporez lentement les ingrédients secs au mélange, en remuant jusqu'à obtention d'une pâte homogène.

Huilez une grande poêle avec l'huile de noix de coco. Lorsqu'elle est chaude, versez-y la pâte : utilisez une poche à douille pour obtenir une forme précise ou une cuillère pour des pancakes ovales.

Pendant que les pancakes cuisent, garnissez chacun d'une tranche de lard croustillant et laissez-les dorer jusqu'à ce que des petites bulles apparaissent sur les bords. Retournez-les et prolongez la cuisson de 1 minute.

Pour le dip au chocolat, mélangez le cacao en poudre, l'huile de noix de coco fondue et l'érythritol, puis servez-le avec les pancakes.

**Infos nutritionnelles par portion**
(2 pancakes)
Glucides totaux : 9,7 g
Fibres : 4,9 g
Glucides nets : 4,8 g
Protéines : 21,3 g
Matières grasses : 51,2 g
Énergie : 564 kcal
Répartition des macronutriments : calories provenant des glucides (3 %), des protéines (15 %), des matières grasses (82 %)

# Parfait aux graines de chia, à la vanille et aux fruits rouges

Riches en fibres et en sels minéraux, les graines de chia sont aussi pauvres en glucides nets, ce qui leur permet de rassasier tout en favorisant la perte de poids. Enfin une solution saine pour déguster de parfaits desserts !

2 portions — 5 min — 5 min + réfrigération

## Ingrédients
1 gousse de vanille (ou 1 cuill. à café d'extrait de vanille sans sucre)
30 g de graines de chia
180 ml de lait d'amande
60 ml de lait de coco
5 à 10 gouttes de stévia liquide
Facultatif : 2 cuill. à soupe (20 g) d'érythritol en poudre
70 g de confiture de fruits rouges épicée (p. 40)
115 g de crème aigre ou de crème de lait de coco

## Infos nutritionnelles par portion
Glucides totaux : 13,9 g
Fibres : 7,9 g
Glucides nets : 6 g
Protéines : 5,8 g
Matières grasses : 23,8 g
Énergie : 279 kcal
Répartition des macronutriments : calories provenant des glucides (9 %), des protéines (9 %), des matières grasses (82 %)

Fendez la gousse de vanille en deux dans le sens de la longueur, et prélevez les graines. Mélangez les graines de vanille, les graines de chia, le lait d'amande et le lait de coco (si vous préférez une texture plus lisse, utilisez des graines de chia moulues, et non entières). Sucrez avec de la stévia liquide selon votre goût et ajoutez l'érythritol, le cas échéant. Laissez reposer le mélange au réfrigérateur 15 minutes au moins, ou une nuit entière.

Ensuite, réalisez le parfait : répartissez une moitié du « pudding » à base de graines de chia dans deux bocaux en verre, et réservez l'autre moitié pour plus tard. Ajoutez une couche de confiture de fruits rouges épicée, puis une couche de crème aigre. Continuez ainsi jusqu'à ce qu'il ne reste plus d'ingrédients. Vous pouvez servir ce dessert aussitôt. Il se garde aussi 3 jours au réfrigérateur.

### Comment préparer de la crème de lait de coco
*Vous pouvez remplacer la crème aigre par de la crème de coco. Pour en préparer, il suffit de laisser la conserve de lait de coco au réfrigérateur une nuit entière. Ensuite, ouvrez la conserve et prélevez la partie figée à la cuillère. Jetez ce qui est liquide. Ne secouez pas la conserve avant de l'ouvrir !*

# Gaufres protéinées à la vanille

Qui n'aime pas les gaufres ? Celles-ci sont ultrafaciles à préparer. Confectionnez-en à l'avance et conservez-les au congélateur : ainsi, vous en aurez toujours sous la main.

4 gaufres — 10 min — 15 min

### Ingrédients

30 g de farine de noix de coco
25 g de protéines de lactosérum en poudre ou de blanc d'œuf en poudre provenant de poules élevées en liberté, nature ou à la vanille
¼ cuill. à café de bicarbonate de soude
½ cuill. à café de crème de tartre
1 cuill. à soupe (10 g) d'érythritol
2 gros œufs de poules élevées en liberté
120 ml de lait d'amande
2 cuill. à soupe (30 ml) d'huile de noix de coco vierge extra fondue
1 gousse de vanille ou 1 cuill. à café d'extrait de vanille sans sucre
10 à 15 gouttes de stévia
Facultatif : 4 cuill. à soupe (80 g) de confiture de fruits rouges épicée (p. 40) ou 2 cuill. à soupe (30 g) de beurre

---

Tamisez la farine de noix de coco pour éviter les grumeaux. Réunissez tous les ingrédients secs dans un saladier et mélangez soigneusement.

Dans un autre saladier, mettez les œufs, le lait d'amande, l'huile de noix de coco fondue, la vanille et la stévia liquide, puis mélangez soigneusement. Ajoutez les ingrédients secs à la préparation à base d'œufs et mélangez bien.

Versez la pâte dans un gaufrier, puis refermez-le et laissez cuire 1 minute ou 2 (le temps exact dépend de l'appareil). Servez avec du beurre ou de la confiture de fruits rouges épicée.

S'il vous reste des gaufres, conservez-les au réfrigérateur, dans un récipient hermétique. Elles se gardent cinq jours, ou plus longtemps au congélateur.

### Conseil

*Pour les protéines en poudre, je conseille l'isolat de protéines de lactosérum, exempt d'édulcorants de synthèse, de colorants, d'OGM et d'hormones. Si vous préférez les préparations contenant des édulcorants, choisissez-en sans aspartame, ni additifs artificiels. Souvenez-vous que la quantité de glucides totaux pour 100 g ne devrait pas dépasser 6 g. À la place des protéines de lactosérum, on peut aussi utiliser du blanc d'œuf en poudre ou de la gélatine en poudre provenant de bovins nourris à l'herbe.*

### Infos nutritionnelles par portion

Glucides totaux : 7,2 g
Fibres : 3,8 g
Glucides nets : 3,4 g
Protéines : 19 g
Matières grasses : 20,7 g
Énergie : 294 kcal
Répartition des macronutriments : calories provenant des glucides (5 %), des protéines (27 %), des matières grasses (68 %)

# Brownies chocolat-menthe

Ces brownies résolument décadents vont assouvir toutes vos fringales de sucre ! De plus, un seul rassasie pendant des heures.

4 portions — 10 min — 50 à 60 min

### Ingrédients

**Brownie**
100 g de chocolat extra-noir (85 % de cacao ou plus)
125 g de beurre, de ghee ou d'huile de noix de coco
3 gros œufs de poules élevées en liberté
15 à 20 gouttes de stévia liquide
120 g d'érythritol en poudre
100 g de farine d'amande
45 g de cacao en poudre sans sucre
30 g de graines de chia moulues
½ cuill. à café de bicarbonate de soude
1 cuill. à café de crème de tartre

**Garniture à la menthe**
200 g de beurre de noix de coco, mou
75 g de noix de coco séchée en poudre
40 g d'érythritol en poudre
60 ml de lait de coco ou de crème fraîche épaisse
10 à 15 gouttes de stévia liquide
24 g de menthe fraîche ou davantage
1 cuill. à café à 1 cuill. à soupe d'extrait de menthe sans sucre

**Glaçage au chocolat**
50 g de chocolat extra-noir (85 % de cacao ou davantage)
2 cuill. à soupe (30 g) de beurre ou d'huile de noix de coco vierge extra
60 ml de lait de coco ou de crème fraîche épaisse

**Infos nutritionnelles par portion**
Glucides totaux : 11 g
Fibres : 5,9 g
Glucides nets : 5,1 g
Protéines : 6,3 g
Matières grasses : 25,8 g
Énergie : 284 kcal
Répartition des macronutriments :
calories provenant des glucides (7 %), des protéines (9 %), des matières grasses (84 %)

Commencez par préparer la pâte à brownie. Préchauffez le four à 175 °C (thermostat 5-6). Cassez le chocolat en petits morceaux et mettez-les dans un récipient résistant à la chaleur, avec le beurre. Placez le récipient sur une casserole remplie d'eau frémissante. Il ne doit pas toucher l'eau, seule la vapeur va le chauffer. Faites fondre le beurre et le chocolat, en remuant. Le mélange ne devra pas être trop chaud lorsque vous le verserez dans la pâte. Mettez les œufs, la stévia liquide et l'érythritol en poudre dans un saladier et remuez jusqu'à obtention d'un ensemble homogène. Incorporez le chocolat fondu, puis ajoutez petit à petit la farine d'amande, le cacao, les graines de chia moulues, le bicarbonate de soude et la crème de tartre. Mélangez soigneusement.

Tapissez de papier cuisson un moule de 20 × 20 cm ou utilisez un moule en silicone. Versez-y la pâte puis enfournez pour 20 à 25 minutes. Lorsque le brownie est cuit, retirez-le du four et laissez-le refroidir sur une grille.

Pendant que le brownie refroidit, préparez la garniture à la menthe. Dans le bol d'un blender, réunissez le beurre de noix de coco mou, la noix de coco en poudre, l'érythritol en poudre, le lait de coco, la stévia liquide, la menthe et l'extrait de menthe, et mixez jusqu'à obtention d'une préparation lisse. Si vous préférez qu'elle ait une texture plus grossière, réservez un peu de noix de coco en poudre, que vous ajouterez à la préparation après l'avoir mixée. La quantité de menthe à utiliser est affaire de goût et n'influe pas sur la teneur en glucides par portion. Une fois le brownie refroidi, laissez-le dans le moule et garnissez-le de préparation à la menthe.

Préparez le glaçage au chocolat. Cassez le chocolat en petits morceaux et mettez-les dans un saladier avec l'huile de noix de coco. Versez le lait de coco ou la crème dans une petite casserole et chauffez à feu moyen. Lorsque le contenu de la casserole frémit, transférez-le dans le saladier contenant le chocolat et l'huile, et mélangez jusqu'à obtention d'une préparation lisse et crémeuse. Laissez refroidir. Lorsque le mélange a refroidi et légèrement épaissi, répartissez-le sur la préparation à la menthe, puis réservez le brownie au réfrigérateur 1 ou 2 heures, jusqu'à ce qu'il soit figé, avant de le détailler en carrés.

# Cookies à l'orange et aux pépites de chocolat

L'association des agrumes et du chocolat est injustement méconnue. Elle est pourtant délicieuse, comme dans ces cookies sans céréales, faciles à préparer.

12 cookies · 10 min · 25 min

### Ingrédients
100 g de farine d'amande
½ portion (environ 200 g) de beurre de fruits à coque grillés (p. 38)
40 g d'érythritol
15 à 20 gouttes de stévia liquide
2 cuill. à soupe (12 g) de zeste d'orange frais (ou 1 cuill. à soupe de zeste séché)
1 cuill. à soupe (8 g) de gingembre moulu
1 gros œuf
½ cuill. à café de cannelle
½ cuill. à café de bicarbonate de soude
1 cuill. à café de crème de tartre
¼ cuill. à café de sel
60 g de pépites de chocolat extra-noir (85 % de cacao ou davantage)

### Infos nutritionnelles par portion
Glucides totaux : 6,9 g
Fibres : 3,5 g
Glucides nets : 3,4 g
Protéines : 5 g
Matières grasses : 17,6 g
Énergie : 191 kcal
Répartition des macronutriments : calories provenant des glucides (7 %), des protéines (10 %), des matières grasses (83 %)

Préchauffez le four à 175 °C (thermostat 5-6). Réunissez tous les ingrédients, à l'exception des pépites de chocolat, dans un saladier, et mélangez soigneusement. Ajoutez les pépites et remuez jusqu'à ce qu'elles soient bien incorporées.

Formez 12 boulettes de pâte de même taille, puis posez-les sur une plaque de cuisson tapissée de papier cuisson. Aplatissez-les avec la main ou avec une spatule, pour former les cookies. Si des morceaux de chocolat se détachent de la pâte, remettez-les sur les cookies en appuyant légèrement.

Enfournez pour 12 à 15 minutes, jusqu'à ce que les biscuits soient dorés sur le dessus. Sortez-les du four et laissez-les refroidir.

### Conseil
*Façonnez un rouleau d'environ 5 cm d'épaisseur avec la pâte et coupez-le en rondelles de 1,5 cm. Entourez-les de papier cuisson, torsadez les extrémités des « paquets » de pâte et conservez-les au réfrigérateur, où ils se garderont trois jours, ou au congélateur. Lorsque vous aurez envie de cookies frais, il suffira de placer la pâte sur une plaque de cuisson tapissée de papier cuisson et de l'enfourner pour 12 à 15 minutes si elle sort du réfrigérateur ou pour 15 à 18 minutes pour de la pâte congelée.*

# Muffins ultrachocolatés

Des muffins chocolatés à l'avocat ? Cette recette n'est pas aussi étrange qu'on pourrait le croire ! Gorgé de bonnes graisses, l'avocat rend ces pâtisseries délicieusement crémeuses et moelleuses.

8 muffins — 10 min — 30 à 35 min

## Ingrédients

**Ingrédients secs**
40 g de farine de noix de coco
100 g de farine d'amande
30 g de cacao en poudre sans sucre
80 g d'érythritol
1 cuill. à café de cannelle
1 cuill. à café de bicarbonate de soude
2 cuill. à café de crème de tartre
60 g de chocolat extra-noir (85 % de cacao ou davantage)

**Ingrédients humides**
2 avocats de taille moyenne (250 g)
15 à 20 gouttes de stévia liquide
4 gros œufs de poules élevées en liberté
2 cuill. à soupe (30 ml) de lait de coco ou de crème fraîche épaisse

## Infos nutritionnelles par portion
Glucides totaux : 12,2 g
Fibres : 6,6 g
Glucides nets : 5,6 g
Protéines : 9 g
Matières grasses : 19 g
Énergie : 237 kcal
Répartition des macronutriments : calories provenant des glucides (10 %), des protéines (16 %), des matières grasses (74 %)

---

Préchauffez le four à 175 °C (thermostat 5-6). Coupez les avocats en deux, dénoyautez-les et pelez-les. Mettez-les dans le bol d'un robot et mixez jusqu'à obtention d'une purée lisse et crémeuse.

Dans un saladier, tamisez la farine de noix de coco, la farine d'amande et le cacao. Ajoutez l'érythritol, la cannelle, le bicarbonate de soude et la crème de tartre. Mélangez soigneusement.

Incorporez la stévia liquide, les œufs, le lait de coco et la purée d'avocat, en remuant bien. Hachez le chocolat et intégrez-le à la pâte, en réservant quelques morceaux pour garnir.

Versez la pâte dans un moule à muffins en silicone ou dans un moule à muffins tapissé de barquettes aux dimensions adaptées, huilées avec une goutte d'huile de noix de coco ou de ghee.

Garnissez la pâte avec le chocolat réservé et enfournez pour 25 minutes environ : le dessus des muffins doit être croustillant et l'intérieur ferme.

Sortez-les du four et laissez-les refroidir sur une grille à pâtisserie avant de servir. Conservez-les à température ambiante, couverts d'un torchon. Vous pouvez aussi les placer dans un récipient hermétique et les garder au réfrigérateur, où ils se conserveront plus longtemps.

# Omelette soufflée au cacao et aux fruits rouges

Une omelette sucrée, légère comme un nuage de chocolat, qui enchantera les papilles.

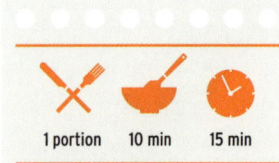

1 portion    10 min    15 min

### Ingrédients
2 cuill. à soupe (20 g) d'érythritol en poudre
Facultatif : 5 à 10 gouttes de stévia liquide, pour une saveur plus sucrée
3 gros œufs de poules élevées en liberté
1 cuill. à soupe (5 g) de cacao en poudre
¼ cuill. à café de crème de tartre
1 cuill. à soupe (15 g) de ghee ou d'huile de noix de coco
50 g de fruits rouges mélangés (fraises, framboises, myrtilles ou mûres)
Facultatif : une cuillerée de crème fouettée, de crème aigre ou de crème de lait de coco

### Infos nutritionnelles par portion
Glucides totaux : 10 g
Fibres : 2,8 g
Glucides nets : 7,2 g
Protéines : 20,3 g
Matières grasses : 30 g
Énergie : 383 kcal
Répartition des macronutriments : calories provenant des glucides (8 %), des protéines (21 %), des matières grasses (71 %)

Préchauffez le four sur gril, à 260 °C (thermostat 8-9). Pour donner une texture bien lisse à l'omelette, mettez l'érythritol dans un blender et mixez-le jusqu'à ce qu'il soit réduit en poudre.

Séparez les blancs d'œufs des jaunes. Réservez les jaunes dans un bol. À l'aide d'un mixeur électrique ou d'un fouet, battez les blancs en neige et incorporez progressivement la crème de tartre. Ajoutez l'érythritol, la stévia liquide (le cas échéant) et le cacao, puis battez jusqu'à ce que les blancs d'œufs forment des pics souples.

Dans un autre saladier, fouettez les jaunes d'œufs à la fourchette, puis incorporez délicatement les blancs en neige. Mélangez doucement, pour ne pas faire retomber le mélange.

Lavez les fruits rouges et séchez-les avec du papier absorbant. Huilez une poêle allant au four avec le ghee, puis faites-la chauffer. Versez-y la préparation à l'œuf, puis parsemez de fruits rouges. Faites cuire à feu doux 5 minutes environ, jusqu'à ce que le fond de l'omelette commence à dorer. Retirez du feu, enfournez et passez sous le gril 5 minutes environ.

Lorsque l'omelette est cuite, le dessus doit être légèrement doré et croustillant, tandis que l'intérieur reste tendre. Si vous le souhaitez, vous pouvez la garnir de crème fouettée, de crème aigre ou de crème de lait de coco.

# Porridge céto servi chaud

Riche en matières grasses et en protéines excellentes pour la santé, ce porridge sans sucre et sans céréales se déguste après un repas léger.

2 portions — 5 min — 10 min

Réunissez tous les ingrédients dans une casserole et mélangez soigneusement. Faites cuire 3 à 5 minutes environ, en remuant, jusqu'à ce que l'œuf soit figé. Si vous le souhaitez, ajoutez quelques gouttes de stévia liquide ou servez avec un peu de chocolat noir ou de fruits rouges.

### Ingrédients

65 g de beurre de fruits à coque grillés (p. 38)
2 cuill. à soupe (12 g) de noix de coco séchée en poudre
2 cuill. à soupe (20 g) de noix de pécan, grossièrement hachées
2 cuill. à soupe (16 g) de graines de chia
2 cuill. à soupe (30 ml) de lait de coco ou de crème fraîche épaisse
60 ml de lait d'amande
1 gros œuf de poule élevée en liberté
½ cuill. à café de cannelle
Facultatif : 5 à 10 gouttes de stévia
30 g de chocolat noir ou 25 g de fruits rouges

### Infos nutritionnelles par portion

Glucides totaux : 13,1 g
Fibres : 8,7 g
Glucides nets : 4,4 g
Protéines : 11,3 g
Matières grasses : 36,8 g
Énergie : 408 kcal
Répartition des macronutriments : calories provenant des glucides (4 %), des protéines (12 %), des matières grasses (84 %)

# Mug cake au potiron

Ça vous tente, des muffins de potiron chauds, pauvres en glucides et prêts en deux minutes chrono ?

1 portion    5 min    5 min

Réunissez tous les ingrédients dans un mug allant au four à micro-ondes, et mélangez à la cuillère. Faites cuire au four à micro-ondes, à la puissance maximale, 2 minutes environ. Servez, accompagné de yaourt entier, de crème aigre ou de crème de lait de coco.

### Ingrédients

2 cuill. à soupe (40 g) de purée de potiron
1 cuill. à soupe (12 g) de farine de noix de coco
2 cuill. à soupe (16 g) de farine d'amande
1 cuill. à soupe (8 g) de graines de chia, moulues
1 gros œuf de poule élevée en liberté
1 cuill. à soupe (15 g) d'huile de noix de coco, de ghee ou de beurre
2 cuill. à soupe (20 g) d'érythritol
½ cuill. à café de mélange d'épices pour potiron (cannelle, muscade, gingembre, clous de girofle et piment de la Jamaïque)
⅛ cuill. à café de bicarbonate de soude
Facultatif : 5 à 10 gouttes de stévia liquide
Facultatif : une cuillère de yaourt entier, de crème fouettée, de crème aigre ou de lait de coco

### Infos nutritionnelles par portion

Glucides totaux : 14,6 g
Fibres : 8,2 g
Glucides nets : 6,4 g
Protéines : 13,9 g
Matières grasses : 31,3 g

Énergie : 385 kcal
Répartition des macronutriments : calories provenant des glucides (7 %), des protéines (15 %), des matières grasses (78 %)

Plus de gras moins de sucre

# Boston cream pie

Cette spécialité américaine est un gâteau au chocolat dont la préparation demande un peu de temps. Mais croyez-moi, le jeu en vaut la chandelle ! Avec ses deux épaisseurs de génoise séparées par de la crème pâtissière et son glaçage en ganache de chocolat, il fera le bonheur des gourmands.

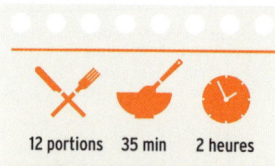

12 portions — 35 min — 2 heures

### Ingrédients

**Génoise**
- 30 g de farine de noix de coco
- 200 g de farine d'amande
- 25 g de protéines de lactosérum ou de blanc d'œuf, à la vanille ou nature
- 1 cuill. à café de bicarbonate de soude
- 2 cuill. à café de crème de tartre
- ¼ cuill. à café de sel
- 80 g d'érythritol
- 56 g de beurre ou d'huile de noix de coco, ramolli
- 4 gros œufs de poules élevées en liberté
- 1 gousse de vanille ou 1 cuill. à café d'extrait de vanille sans sucre
- 120 ml de lait d'amande
- 15 à 20 gouttes de stévia liquide
- 56 g de beurre ou d'huile de noix de coco

Préchauffez le four à 175 °C (thermostat 5-6). Tapissez un moule à gâteau à fond amovible avec du papier cuisson.

Réunissez les ingrédients secs de la génoise dans un saladier en les tamisant et mélangez bien.

Dans un bol, mélangez l'érythritol et le beurre mou ou l'huile de noix de coco en les fouettant. Ajoutez les œufs un par un en battant, jusqu'à obtention d'un mélange léger et crémeux. Fendez la gousse de vanille en deux dans le sens de la longueur et prélevez les graines pour les incorporer au mélange. Ajoutez lentement le lait d'amande. Sans cesser de fouetter, intégrez la stévia liquide, puis les ingrédients secs.

Versez la pâte dans le moule et enfournez pour 30 à 35 minutes, jusqu'à ce que le dessus soit doré et l'intérieur gonflant et ferme.

Pendant ce temps, préparez la crème pâtissière. Versez la crème et 60 ml du lait d'amande dans une casserole et portez à ébullition à feu moyen. Dans un bol, mélangez ce qui reste de lait d'amande avec la poudre d'arrow-root et réservez.

Dans un autre saladier, mélangez les jaunes d'œufs, l'érythritol en poudre, la stévia liquide, l'extrait de vanille et le sel. Versez deux louchées de crème chaude dans les œufs battus, en les ajoutant une par une, sans cesser de remuer. Ensuite, transférez la préparation aux œufs dans ce qui reste de crème chaude et mélangez énergiquement, pour empêcher les œufs de cuire.

Laissez sur le feu, en fouettant sans discontinuer jusqu'à ce que le mélange commence à épaissir. Ajoutez l'arrow-root délayé dans le lait d'amande – il vous faudra peut-être le mélanger de nouveau avant de le verser dans la casserole. Prolongez la cuisson d'une minute et retirez du feu. Ajoutez le beurre ou l'huile de noix de coco et mélangez jusqu'à obtention d'une préparation homogène. Couvrez la surface avec du film étirable, laissez refroidir, puis réservez au réfrigérateur.

**Crème pâtissière à la vanille**
240 ml de crème fraîche épaisse ou de lait de coco
120 ml de lait d'amande
1 cuill. à soupe (9 g) de poudre d'arrow-root
4 gros jaunes d'œufs de poules élevées en liberté
40 g d'érythritol en poudre
10 à 15 gouttes de stévia liquide
1 gousse de vanille ou 1 cuill. à café d'extrait de vanille sans sucre
1 pincée de sel

**Ganache au chocolat**
100 g de chocolat extra-noir (85 % de cacao ou davantage)
2 cuill. à soupe (30 g) de beurre ou d'huile de noix de coco
1 gousse de vanille ou 1 cuill. à café d'extrait de vanille sans sucre
60 ml de crème fraîche épaisse ou de lait de coco

### Infos nutritionnelles par portion
Glucides totaux : 9 g
Fibres : 3,2 g
Glucides nets : 5,8 g
Protéines : 10,2 g
Matières grasses : 35,4 g
Énergie : 386 kcal
Répartition des macronutriments : calories provenant des glucides (6 %), des protéines (11 %), des matières grasses (83 %)

Vous pouvez aussi poser la casserole dans de l'eau glacée et laisser refroidir le mélange en remuant.

Pour assembler le gâteau, préparez la ganache. Cassez le chocolat en petits morceaux, puis mettez-le dans un saladier, avec le beurre ou l'huile de noix de coco et l'extrait de vanille. Dans une casserole, faites chauffer la crème, à feu moyen. Lorsqu'elle est frémissante, versez-la sur le chocolat et le beurre. Mélangez jusqu'à obtention d'une préparation lisse et crémeuse. Laissez refroidir légèrement.

Tranchez le gâteau en deux, horizontalement, en deux morceaux de même taille, puis étalez la crème vanillée sur une moitié. Posez l'autre moitié par-dessus. Lorsque la ganache au chocolat a légèrement refroidi, versez-la sur le gâteau, en la laissant couler sur les côtés. Laissez la ganache se figer avant de servir, ou réservez-la au réfrigérateur. Coupez en parts pour servir.

### Conseils
- *Dans la plupart des recettes, vous pouvez, si vous le souhaitez, remplacer le beurre ou le ghee par de l'huile de noix de coco. Sachez simplement qu'en refroidissant, cette huile devient plus dure que le beurre. Pensez-y en préparant glaçages et ganaches.*
- *Ne jetez pas les blancs d'œufs ! Vous pourrez vous en servir pour préparer du pain léger aux graines de tournesol, sans céréales (p. 20), du céto-pain ultime (p. 19) ou des petits céto-pains ultimes (p. 26).*

# Tartelettes au citron meringuées

Promis, vous allez adorer la pâte croustillante aux amandes, la crème corsée au citron et la meringue légère de ces tartelettes sans céréales et sans sucre.

4 portions   10 min   50 à 60 min

## Ingrédients

**Crème au citron**
Le zeste de 3 citrons
Le jus de 4 citrons (180 ml)
6 gros jaunes d'œufs de poules élevées en liberté
80 g d'érythritol en poudre
15 à 20 gouttes de stévia liquide
1 cuill. à soupe (9 g) de poudre d'arrow-root
2 cuill. à soupe d'eau
100 g de beurre ou d'huile de noix de coco vierge extra

**Fonds de tartelettes**
175 g de farine d'amande
25 g de protéines de lactosérum ou de blanc d'œuf en poudre
40 g d'érythritol en poudre
1 gros œuf
2 cuill. à soupe (30 g) d'huile de noix de coco ou de beurre, fondu
1 pincée de sel

**Meringue**
4 gros blancs d'œufs de poules élevées en liberté
¼ cuill. à café de crème de tartre
50 g d'érythritol en poudre

**Infos nutritionnelles par tartelette**
Glucides totaux : 9,2 g
Fibres : 2,9 g
Glucides nets : 6,3 g
Protéines : 12,4 g
Matières grasses : 29,1 g
Énergie : 332 kcal
Répartition des macronutriments : calories provenant des glucides (7 %), des protéines (15 %), des matières grasses (78 %)

Commencez par préparer la crème au citron. Prélevez les zestes des citrons, pressez-les et réservez. Dans un récipient résistant à la chaleur, réunissez les jaunes d'œufs, l'érythritol en poudre et la stévia liquide, et mélangez soigneusement. Posez le récipient sur une casserole remplie d'eau frémissante et remuez sans discontinuer. Attention : l'eau ne doit pas toucher le fond du récipient.

Ajoutez le jus et le zeste de citron, et continuez à remuer, pendant 8 à 10 minutes, jusqu'à ce que la crème commence à épaissir. Délayez la poudre d'arrow-root dans 2 cuillères à soupe d'eau, et versez le tout dans la crème au citron, sans cesser de remuer. Prolongez la cuisson une ou deux minutes, puis retirez du feu. Ajoutez le beurre et mélangez bien. Couvrez de film étirable et réservez au réfrigérateur, jusqu'à ce que la crème ait épaissi.

Préchauffez le four à 175 °C (thermostat 5-6). Préparez la pâte des fonds de tartelettes. Dans un saladier, réunissez la farine d'amande, la poudre de protéines, l'érythritol en poudre, l'huile de noix de coco, l'œuf et le sel, et mélangez.

Divisez la pâte en huit parts de taille égale et garnissez-en des moules à tartelettes de 10 cm de diamètre (utilisez des moules à fond amovible ou en silicone, ou bien prenez un moule traditionnel pour réaliser une grande tarte). Si la pâte est trop collante, mouillez vos doigts pour l'étaler dans les moules. Faites-la remonter sur les bords, pour contenir la garniture. Vous devriez pouvoir créer des fonds très fins et croustillants, avec des bords. Veillez à ce qu'il n'y ait pas de trous dans la pâte, pour éviter que la garniture ne fuie.

Enfournez les tartelettes 10 minutes environ. Surveillez-les attentivement, car l'amande brûle facilement. Lorsqu'elles sont prêtes, laissez-les refroidir sur une grille.

Lorsque la crème citronnée est froide et suffisamment épaisse, préchauffez le four à 160 °C (thermostat 5-6). Préparez la meringue. Battez les blancs d'œufs avec la crème de tartre, puis incorporez progressivement l'érythritol en poudre, jusqu'à ce que les œufs en neige forment des pics souples. Attention à ne pas trop les battre, la meringue deviendrait trop ferme.

Garnissez chaque fond de tartelette d'environ 2 cuillères à soupe (28 g) de crème, puis répartissez uniformément ce qui reste. Couronnez de meringue et enfournez pour 15 à 20 minutes, jusqu'à ce que les meringues commencent à dorer (vous pouvez aussi vous servir d'un chalumeau de cuisine pour dorer le dessus). Lorsque les tartelettes sont prêtes, sortez-les délicatement du four et laissez-les refroidir. Elles se garderont cinq jours au réfrigérateur.

# Tiramisu en verrines

Cette version low-carb du célèbre dessert italien est du plus bel effet dans des petits récipients en verre.

4 portions    10 min    50 à 60 min

### Ingrédients

**Boudoirs**
3 gros œufs de poules élevées en liberté, séparés
2 cuill. à soupe (20 g) d'érythritol en poudre
15 à 20 gouttes de stévia
1 gros blanc d'œuf
35 g de farine de noix de coco
35 g de farine d'amande

**Crème au mascarpone**
4 gros œufs de poules élevées en liberté, séparés
1 pincée de sel
80 g d'érythritol en poudre
10 à 15 gouttes de stévia
250 g de mascarpone ou de crème de lait de coco
6 cuill. à café (10 g) de cacao en poudre sans sucre

**Liqueur de café**
120 ml de café noir fort fraîchement préparé
60 ml de rhum vieux agricole ou de cognac (ou 1 cuill. à soupe d'arôme de rhum)
2 cuill. à soupe (20 g) d'érythritol
10 à 15 gouttes de stévia

**Infos nutritionnelles par verrine**
Glucides totaux : 7,7 g
Fibres : 3,5 g
Glucides nets : 4,2 g
Protéines : 13 g
Matières grasses : 24,4 g
Énergie : 318 kcal
Répartition des macronutriments : calories provenant des glucides (6 %), des protéines (18 %), des matières grasses (76 %)

Préchauffez le four à 190 °C (thermostat 6-7). Commencez par préparer les boudoirs. Tapissez un moule de 25 × 25 cm de papier cuisson. Séparez les blancs d'œufs des jaunes. Fouettez les jaunes dans un saladier, avec l'érythritol en poudre et la stévia liquide, jusqu'à ce qu'ils soient clairs et crémeux.

Dans un autre saladier, battez les quatre blancs d'œufs en neige jusqu'à ce qu'ils forment des pics souples, puis incorporez-les aux jaunes. Ajoutez la farine de noix de coco et la farine d'amande en les tamisant, puis mélangez soigneusement.

Versez la pâte dans le moule, en la répartissant uniformément, et enfournez pour 15 minutes environ. Lorsque la cuisson est achevée, sortez le moule du four et laissez refroidir. Coupez la pâte en bâtonnets ou en carrés.

Pendant ce temps, préparez la crème au mascarpone. Séparez les jaunes des blancs d'œufs. Battez les blancs en neige avec une pincée de sel, en incorporant progressivement la moitié de l'érythritol en poudre, jusqu'à ce qu'ils forment des pics fermes. Réservez.

Mettez les jaunes d'œufs dans un récipient résistant à la chaleur. Fouettez-les, avec la stévia liquide et ce qui reste d'érythritol, jusqu'à ce qu'ils soient clairs et crémeux. Posez le récipient sur une casserole remplie d'eau frémissante et faites cuire au bain-marie 10 minutes environ, en remuant sans discontinuer. En cuisant ainsi, les jaunes d'œufs donneront à la préparation au mascarpone une consistance ferme et crémeuse.

Retirez du feu et continuez à fouetter les jaunes d'œufs pour les faire refroidir. Ajoutez le mascarpone et mélangez. En vous servant d'une grande cuillère, incorporez délicatement une partie des œufs en neige, puis ajoutez ce qui reste.

Préparez le café. Mélangez le café, le rhum ou l'arôme de rhum, l'érythritol en poudre et la stévia liquide. Remuez soigneusement, puis trempez brièvement les boudoirs, un par un, dans le liquide : ils doivent s'en imprégner, sans être gorgés de café.

Préparez le tiramisu en mettant un peu de crème au mascarpone dans une verrine. Saupoudrez de cacao, puis ajoutez 1 ou 2 boudoirs imbibés de café. Poursuivez avec une autre couche de mascarpone, du cacao et des boudoirs. Terminez avec du mascarpone et du cacao.

Réservez au réfrigérateur pendant quelques heures au moins, ou une nuit entière. Couvrez chaque verrine de film étirable, pour empêcher le contenu de se dessécher.

Desserts et boissons

# Panna cotta au chaï

Vos invités vont adorer ce dessert au thé légèrement épicé ! Très pauvre en glucides, il est aussi ultrafacile à préparer.

6 portions — 10 min — 20 min + réfrigération

### Ingrédients
480 ml de lait d'amande
360 ml de crème fraîche épaisse ou de lait de coco
1 cuill. à soupe (7 g) de gélatine en poudre, de préférence provenant d'animaux nourris à l'herbe, ou 1 cuill. à café de poudre d'agar-agar
60 ml d'eau
40 g d'érythritol en poudre
10 à 15 gouttes de stévia

### Épices pour le chaï
1 gousse de vanille
2 bâtonnets de cannelle
4 clous de girofle
4 grains de poivre noir
8 gousses de cardamome, écrasées
1 cuill. à café de graines de fenouil
1 cuill. à café de gingembre moulu (ou 1 cuill. à soupe de gingembre frais râpé)
¼ cuill. à café de piment de la Jamaïque
¼ cuill. à café de noix de muscade
¼ cuill. à café de sel
2 à 3 cuill. à soupe (4 à 6 g) de thé noir en vrac

Fendez la gousse de vanille en deux dans le sens de la longueur et extrayez les graines à l'aide d'un couteau aiguisé, pour les mettre dans une casserole. Ajoutez les épices, le sel et le thé, puis le lait d'amande et la crème : c'est ce qui servira à préparer le concentré de chaï.

Portez à ébullition à feu doux et laissez frémir 10 minutes environ. Retirez la casserole du feu, couvrez et laissez infuser 20 minutes environ. Filtrez la crème à l'aide d'un tamis fin ou d'une toile à fromage, en la versant dans une autre casserole. Jetez les épices.

Répartissez la gélatine dans l'eau et mélangez soigneusement. Ajoutez l'érythritol et la stévia liquide dans le mélange de crème et de chaï, et portez à ébullition à feu doux. Retirez du feu, ajoutez la gélatine délayée et fouettez jusqu'à dissolution complète.

Versez la crème au chaï dans six verrines et réservez au réfrigérateur 3 heures au moins ou une nuit entière. Couvrez chaque verrine de film étirable pour empêcher le dessus du dessert de sécher. Avant de servir, saupoudrez de noix de muscade moulue ou de cannelle.

### Infos nutritionnelles par portion
Glucides totaux : 3,5 g
Fibres : 0,9 g
Glucides nets : 2,6 g
Protéines : 2,6 g
Matières grasses : 23,8 g

Énergie : 239 kcal
Répartition des macronutriments : calories provenant des glucides (4 %), des protéines (5 %), des matières grasses (91 %)

# Crème aux fruits rouges

Voici un genre de cheese-cake aux fruits rouges, sans pâte à tarte et low-carb ! Succès assuré auprès de vos invités. Vous pouvez le préparer à l'avance et le conserver au réfrigérateur.

6 portions   5 min   25 min

### Ingrédients

2 gros œufs de poules élevées en liberté
250 g de cream cheese
115 g de crème aigre
60 ml de crème fraîche épaisse ou de lait de coco
2 cuill. à soupe (20 g) d'érythritol en poudre
10 à 15 gouttes de stévia
1 cuill. à soupe (15 ml) de jus de citron fraîchement pressé
1 gousse de vanille ou 1 cuill. à café d'extrait de vanille sans sucre
300 g de fruits rouges frais ou surgelés (framboises, fraises, mûres et myrtilles)

### Infos nutritionnelles par portion

Glucides totaux : 7,7 g
Fibres : 1,5 g
Glucides nets : 6,2 g
Protéines : 6,1 g
Matières grasses : 20,9 g
Énergie : 218 kcal
Répartition des macronutriments : calories provenant des glucides (10 %), des protéines (10 %), des matières grasses (80 %)

Préchauffez le four à 150 °C (thermostat 5). Lavez les fruits et séchez-les avec du papier absorbant. Dans un saladier, réunissez les œufs, le cream cheese, la crème aigre, la crème fraîche épaisse, l'érythritol en poudre, la stévia liquide, le jus de citron et la vanille. Mélangez soigneusement, puis incorporez les fruits rouges. Versez la pâte dans un plat allant au four ou dans 6 ramequins, et enfournez pour 20 minutes environ, jusqu'à ce que le dessus soit caramélisé. Dégustez chaud, ou laissez refroidir et conservez au réfrigérateur.

# Table des recettes

Céto-pain ultime 19
Pain léger aux graines de tournesol, sans céréales 20
Pain au levain pauvre en glucides 22
Céto-crêpes incontournables 24
Tortillas sans céréales 25
Petits céto-pains ultimes 26
Mayonnaise 28
Ketchup 29
Bouillon d'os 30
Moutarde de dijon 31
Sauce hollandaise 32
Sauce marinara 33
Sauce barbecue épicée au chocolat 34
Pesto, trois variantes 35
Riz de chou-fleur 36
Beurre de fruits à coque grillés 38
Confiture de fruits rouges épicée 40
Beurre de noisette au chocolat 42
Truffes salées 45
Röstis low-carb 46
Hoummous céto 48
Frittata 49
Œufs mimosa au lard 50
Crêpes aux épinards et à la feta 52
Chips de coco au curry 53
Crackers à l'oignon et aux graines de pavot 54
Crackers au pesto 55
Rillettes de poisson fumé 56
Œufs bénédicte céto 59
Scotch eggs au four 60
Œufs au four à l'espagnole 62
Mug cake à l'œuf 63
Roulé saumon épinards 64

Bagels santé au saumon 66
Muffins de viande au guacamole 68
Beignets de légumes 70
Wraps de blette au poulet 71
Rouleaux de saumon au nori 72
Sandwich Reuben 74
Sandwiches « nuage » express 76
Lasagnes de courgettes 77
Barres de granola épicées à la noix de coco 78
Pâtés de foie au lard 79
Barres protéinées au chocolat fondant 80
Gaspacho vert velouté 83
Soupe slovaque à la choucroute 84
Velouté de courgettes 86
Minestrone de poulet 87
Velouté de chou-fleur au chorizo 88
Soupe de « nouilles » thaïe épicée 90
Coleslaw céto crémeux 91
Avocats farcis végétariens 92
Cobb salad dans sa coupe en « tortilla » 93
Salade César dans sa coupe en fromage 94
Avocats farcis au poulet au curry 96
Salade de légumes verts râpés à la feta 98
Nuggets de poulet paléo 101
Poulet grillé en crapaudine 102
Poulet à la Kiev 104
Ailerons de poulet Buffalo, sauce Ranch 106
Pilons de poulet grillés 108
Poulet sauté à la thaï 110
Boulettes de poulet au curry 112
Blanc de poulet émietté 114

Plus de gras moins de sucre **237**

Poulet satay, sauce à la « cacahuète » 115

Ragoût de poulet 116

Cuisses de dinde à l'estragon 117

Boulettes de dinde, salsa de concombre 118

Saumon et asperges au four sauce hollandaise 120

Canard rôti au chou braisé 121

Saumon braisé, sauce à la crème d'épinard 122

« Tagliatelles » au thon gratinées 123

Brochettes de maquereau piquantes 124

Barquettes de salade verte aux sardines 125

Crevettes pimentées aigres-douces 126

Bâtonnets de poisson, sauce tartare 128

Poisson et légumes rôtis aux herbes aromatiques 130

Sushis au thon épicés 132

Boulettes de poisson à l'asiatique, sauce aigre-douce pimentée 134

Poêlée d'Europe centrale 136

Truite grillée, beurre aux herbes et au citron 137

Poêlée aux courgettes et au potiron 138

Bœuf korma braisé 139

Poêlée au chorizo et au kale 140

Bœuf effiloché à la cubaine (ropa vieja) 141

Boulettes de viande et « spaghettis » de courgettes 142

Boulettes de bœuf à l'asiatique épicées 144

Bœuf teriyaki en barquettes de salade verte 145

Guacburger ultime 146

Entrecôte exquise, sauce chimichurri 148

« Pizzachée » italienne 150

Ragoût de queue de bœuf 151

Entrecôtes parfaites, sauce au raifort 152

Effilochée de porc 153

Friands à la saucisse 154

Céto-enchiladas 155

Brochettes de porc aux asperges, mayo orange 156

Agneau vindaloo 157

Poitrine de porc rôtie, salade de choufleur express 158

Boulettes de viande à la danoise, sauce tomate 160

Filet de porc farci au kale et à l'ail 162

Carré d'agneau en croûte d'herbes 164

Curry de porc tout en un 166

Shepherd's pie 168

Agneau à l'avgolemono 170

Agneau rôti à la grecque 171

Boulettes d'agneau à la feta 172

Mini-quiches à la viande de porc hachée 173

Pizza au pepperoni 174

« Risotto » crémeux aux champignons 176

Céto-falafels 177

Riz de chou-fleur, 3 variations 179

Purée de légumes onctueuse 180

Légumes méditerranéens grillés 181

Galettes de brocoli 182

Frites de courgettes 183

Brocoli vapeur, sauce au bleu 184

Chou-fleur à l'ail et aux herbes 186

Mini-pizzas de chou-fleur 187

Chou braisé à la pancetta 188

Choux de Bruxelles émincés au lard **189**

Légumes braisés au curcuma **190**

Copeaux d'asperges au parmesan **191**

Céto-smoothie onctueux **193**

Ice-tea rafraîchissant aux glaçons de fruits rouges **194**

Café aux épices et au potiron **196**

Latte au chaï et au curcuma **197**

Chocolat chaud onctueux **198**

Lait de poule **200**

Barres aux mûres et à la noix de coco **201**

Granola aux épices, au chocolat et à l'orange **202**

Truffes au chocolat **204**

Crème brûlée céto **206**

Glace express à la framboise **208**

Crumble à la mûre et à la rhubarbe **209**

Pain à la crème de fraises **210**

Petits roulés à la cannelle **212**

Crêpes au chocolat à la chantilly **214**

Pancakes au lard croustillant **216**

Parfait aux graines de chia, à la vanille et aux fruits rouges **218**

Gaufres protéinées à la vanille **219**

Brownies chocolat-menthe **220**

Cookies à l'orange et aux pépites de chocolat **222**

Muffins ultrachocolatés **223**

Omelette soufflée au cacao et aux fruits rouges **224**

Porridge céto servi chaud **226**

Mug cake au potiron **227**

Boston cream pie **228**

Tartelettes au citron meringuées **230**

Tiramisu en verrines **232**

Panna cotta au chaï **234**

Crème aux fruits rouges **235**

Plus de gras moins de sucre **239**

# Également chez Marabout

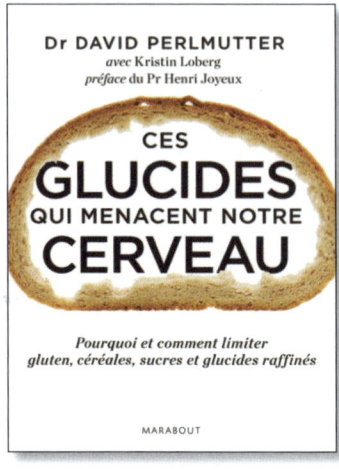

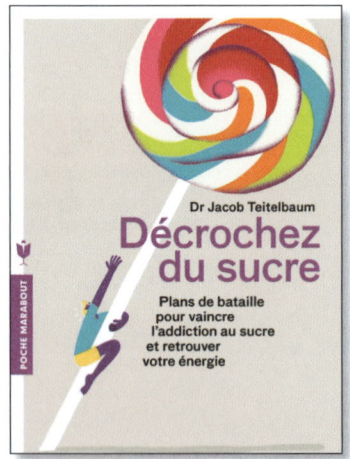
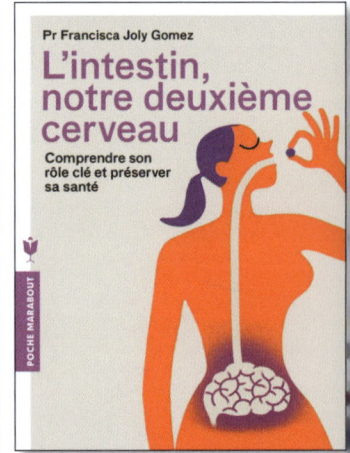

Dépôt légal : avril 2016
69-8187-0/01
978-2-501-11205-5

Mise en pages : Fred Voisin
Imprimé en Espagne chez Graficas Estella
en mars 2016.

**MARABOUT** s'engage pour l'environnement en réduisant l'empreinte carbone de ses livres.
Celle de cet exemplaire est de :
**800 g éq. CO₂**
Rendez-vous sur
www.marabout-durable.fr